GUT
Extra
Olio extra vergine
750 ml e
Abgefüllt in Italien

Viel Freude
mit diesem Bildband
wünschen Dir
Heidrun mit Reinhard
Edeltraud mit Helmut
Roswitha mit Gerhard.
- Februar 2002 -

Horst Schöck · Frauke Napierala

KINZIGTAL

im Schwarzwald Qualität erleben

Menschen · Landschaften · Spezialitäten

Verlag Straub Druck, Schramberg

Inhalt

Kinzigtal –
im Schwarzwald Qualität erleben

ISBN
3-980 7406-2-5

Idee und Konzeption:
Horst Schöck

Umschlaggestaltung: Jutta Ruf

Umschlagfoto: Photo Löffler, Schramberg

Gestaltung und Herstellung:
Horst Schöck

Gesamtherstellung:
Straub Druck+Medien, Schramberg

Technische Umsetzung: Hans Schranzhofer

Technische Leitung: Michael Ruf

Fotos:
Rudi Plenzig, Schramberg
Frauke Napierala
Franz Huber, Zell-Unterentersbach (S. 209 o.r.)
Otto Krämer, Zell a. H., (S. 181 u.l.)

Verantwortlich für den Inhalt:
Horst Schöck, Schramberg

1. Auflage · Printed in Germany

1. Vorsatz: Weinfest in Gengenbach
2. Vorsatz: Produkte aus dem Kinzigtal
1. Nachsatz: Wildpastete aus Schenkenzell
2. Nachsatz: Winzeressen über Gengenbach

Vorwort von Alois Krafczyk

Wer im Schwarzwald Qualität erleben will, der kommt am Kinzigtal nicht vorbei, jenem Tal, durch welches einst um 74 n. Chr. schon die Römer eine Militärstraße bauten, durch welches über Jahrhunderte hindurch harte Männer auf ihren Kinzigflößen dem Rhein zusteuerten und durch welches heute Bahnlinien und touristische Straßen führen. Stellt schon seit Jahren für die Tourismusfachleute im Kinzigtal diese Route zugleich die „schnellste

Verbindung in den Schwarzwald" dar, so stellen im nun vorliegenden „Kinzigtal-Buch" Horst Schöck und Frauke Napierala das Kinzigtal in einer wohl noch nie da gewesenen Vielfalt vor, in Wort und Bild. „Kinzigtal – im Schwarzwald Qualität erleben", so der viel versprechende Titel für ein Buch, das mit brillanten Fotos die Menschen, die Landschaft und natürlich auch die hier typischen Spezialitäten vorstellt und preist. Den beiden Autoren ist es gelungen, diese Landschaft zwischen Ursprung und Mündung der Kinzig in

dem Lichte darzustellen, in dem sie sich dem Besucher und den hier lebenden Menschen zeigt; von ihrer allerbesten Seite.
Vergangenheit und Gegenwart bilden in diesem Landstrich um Kinzig und deren Nebenflüsse wie Schiltach, Wolf, Gutach oder Harmersbach eine gelungene Komposition, und dies bedeutet, dass die Menschen dieses gesegneten Landstriches, in welchem kirchliche und weltliche Macht viele kunsthistorisch interessante Bauwerke hat entstehen lassen, dem Vergangenen treu bleiben und dem Neuen sich ebenso gerne öffnen.
Gerade die vielfältigen Sitten und Gebräuche, von den Vorfahren übernommen und heute noch immer wichtiger Bestandteil im Lebensrhythmus der Bevölkerung, diese finden im neuen Kinzigtal-Buch ihre Darstellung. Die bunte Palette reicht dabei von den traditionellen Fastnachtsbräuchen und Fastnachtsspielen über das Scheiben-

schlagen und Fronleichnam bis hin zu Erntedank und Jahresende.
„Man soll die Feste feiern wie sie fallen", so eine alte gebräuchliche Feststellung, und Feste gibt es genug im Tal der Kinzig und seinen Seitentälern. Feste aber brauchen stets auch Orte der Gastlichkeit, Gasthöfe und Herbergen, so wie sie oft schon seit Jahrhunderten bestehen, und auch sie sind ein weiteres Mosaiksteinchen in der „Qualitätskrone" des Kinzigtales.
„Der bedeutendste Stand ist der Bauernstand", diese Feststellung von dem im Kinzigtalstädtchen Haslach geborenen Heinrich Hansjakob – Pfarrer

und Schwarzwälder Schriftsteller – drückt sich aus in den vielfältigen Bauernspezialitäten und in den an Festtagen noch vielfach getragenen Volkstrachten, deren Ursprung und Geschichte im Kinzigtal gar ein Museum gewidmet ist.
Dies alles bildet zusammen mit einer einzigartigen Landschaft, bestehend aus dunklen Tannenwäldern, aussichtsreichen Höhen und tief eingeschnittenen Tälern das Kinzigtal, den Mittelpunkt im (Bilder-)Buch von Horst Schöck und Frauke Napierala. Das vorliegende Werk ist kein Heimatbuch im herkömmlichen Sinne, aber ein Buch über ein Stück Schwarzwälder Heimat, über das Kinzigtal. Die dargebotene Vielfalt an Texten, Informationen und vor allem an erstklassigen Fotos macht dieses Buch lesenswert und beweist, dass das Kinzigtal ein erlebenswertes Stück Schwarzwald ist.
Dem Autorenteam, und dazu gehört auch der Fotograf Rudi Plenzig, sei an dieser Stelle ein herzliches Wort des Dankes ausgesprochen für die ausgezeichnete Arbeit, und Anerkennung gebührt auch dem Verlag Straub Druck in Schramberg für den Mut, ein solches Werk in sein Verlagsprogramm aufzunehmen.
Das vorliegende Buch öffnet dem Leser die Tür zum Kinzigtal und damit zu einem bedeutenden Stück „Schwarzwald-Qualität"...

Eine Reise durch das Kinzigtal

Eine Reise durch das Kinzigtal, beginnend in Loßburg auf 800 Meter über dem Meeresspiegel, vermittelt jedem ganz persönliche Eindrücke. Jeder sieht die Landschaft, die Architektur und die Menschen etwas anders. Eines jedoch dürfte gleich sein: die Faszination einer Erlebnisreise durch eine wunderschöne Gegend, die so vielfältig geprägt ist, dass es auch in einem solch umfangreichen Buch nicht möglich sein kann, alles, was es Schönes zu entdecken gibt, zu beschreiben.
Deshalb kann unsere Reise durch das Kinzigtal und seine Nebentäler nur ein subjektiver Eindruck des Tales und seiner Menschen im Jahre 2001 sein.

Natur und Industrie
Landschaft und Natur sind nur ein Teil, das Leben im Tal wird durch die Menschen bestimmt, die ihre Heimat gestalten, Traditionen bewahren, aber der Moderne immer aufgeschlossen sind.
Modernste Industrie und zahlreiche kleine, aber innovative Firmen sowie eine moderne Land- und Forstwirtschaft stehen unzähligen geschichtsträchtigen Einrichtungen gegenüber. Vielleicht ist es das, was die Menschen prägt. Viele, die tief in ihrem Glauben verwurzelt sind, kirchliche Feiertage nicht nur als willkommene Freizeit betrachten, leben aber überzeugt in der Welt von heute.

Im Glauben verwurzelt
Die Bürger von Mühlenbach zum Beispiel. Mit wie viel Aufwand, Kreativität, Zeit und Liebe zum Detail verwandeln sie an Fronleichnam ihr Dorf in einen grandiosen Blumenteppich. Vielleicht ist es auch eine Demonstration der Vergänglichkeit, der Schnelllebigkeit unserer Zeit – tagelanges Arbeiten für einen einzigen Tag und immer mit der Ungewissheit, ob Regen nicht alles zunichte macht. Idealismus und Glaube, auch das gehört zu vielen Menschen im Kinzigtal und zu ihrem Alltag.

Feiern – ein Stück Lebensqualität
Und Freude am Leben. Keine Stadt und kein Dorf lassen eine Gelegenheit aus, um zu feiern und dafür die nötigen Voraussetzungen zu schaffen. Tausende von Festen ziehen sich zwölf Monate im Jahr wie ein roter Faden durch die Kalender. Und es ist den Menschen gleichgültig, ob es regnet oder schneit (siehe unten über das Jörgenfest in Berghaupten).
Überall gibt es Spezialitäten und Besonderheiten – jeder hat das Beste, Schmackhafteste und Originellste. Es sind nicht wenige Gemeinden, die sich als die Heimat der Striebele bezeichnen. Ein Schmalzgebäck, das in der kalten Jahreszeit ideal zu Glühwein passt. Jedes Striebele ist ein Original, das, durch ein Sieb gedrückt, unter ständigem Kreisen bizarre Formen erhält. Auf dem Wolfacher Weihnachtsmarkt mit der lebendigen Krippe findet man diese Spezialität fast in Vollendung.
Es ist auch höchst interessant, wie sich von Loßburg bis Ohlsbach die

Dieses wunderschön restaurierte Schwarzwaldhaus steht mitten in Fischerbach.

Hornberg: Internationales Bad-Design von Duravit.

Das Jörgenfest in Berghaupten

Der heilige Georg, der Drachenkämpfer, ist der Schutzpatron von Berghaupten, und so wird hier jedes Jahr am Sonntag nach dem Georgstag (23. April) ihm zu Ehren ein Fest, salopp „Jörgenfest“ genannt, gefeiert.

Schon am Samstag geht es los, denn ab Samstagabend werden zu festgelegten Zeiten Böllerschüsse vom über dem Ort gelegenen Berghang abgeschossen.
Am Sonntag ziehen dann die Berghauptener Vereine in einer gemeinsamen Prozession in die Kirche zum Gottesdienst zu Ehren „ihres“ Heiligen. Heute macht es das Funkgerät möglich, früher war es einfach ein großes Taschentuch, mit dem den Böllerschützen oben am Berg Signal gegeben wurde, dass pünktlich zu Beginn des Gottesdienstes, zur Wandlung und zum Ende des Kirchgangs die Böller knallen. Mit Musik ziehen die Vereine aus dem Gotteshaus. Ein bunter Krämermarkt, ergänzt durch einen kleinen Jahrmarkt für die Kinder, lässt das Fest dann auch einen weltlich-fröhlichen Verlauf nehmen.

Bananenstauden in Bollenbach.

Delikatesse: Datschkuchen in Hausach.

Feste ändern. Bedingt durch die klimatischen Unterschiede und landschaftlichen Gegebenheiten gibt es wohl nirgendwo in weitem Umkreis unterschiedlichere Anlässe zum Feiern, zum Essen und Trinken.

Loßburg mit an die 900 Höhenmeter und einem völlig konträren Klima zum Rest des Tales, bietet anderes als zum Beispiel Gengenbach tief unten im Tal, wo nicht nur der Weinbau beginnt, sondern auch Bananenstauden in den oft blauen Himmel ragen.

Um Gengenbach herum feiert das Tal den Wein, der sich durch intensiven Ausbau zu einem ausgezeichneten Tropfen entwickelt hat, der keine Wünsche offen lässt. Die Hänge, an denen der Wein bei weitem nicht immer von der Sonne verwöhnt wird, erinnern durch ihre Formationen oft an die Toskana, und die Winzer und ihre Genossenschaften im unteren Kinzigtal stehen im Ehrgeiz um eine immer bessere Qualität den toskanischen Edelerzeugern in nichts nach. Das Weingut Huber in Gengenbach-Reichenbach ist ein Paradebeispiel dafür.

Und ab Hausach regiert bei allen Festivitäten der Datschkuchen. In Hausach selbst ist er während der närrischen Zeit Pflichtessen für alle, während weiter oben im Tal der Zwiebelkuchen zum Grundnahrungsmittel erhoben wird. Je weiter man sich jedoch der französischen Grenze nähert, desto mehr löst der Flammkuchen den Datschkuchen ab. Um Zell und Gengenbach leben ganze Familien von der Flammkuchenherstellung, während der Datschkuchen eher in alten Backhäusern von engagierten Frauen und Männern gebacken wird. Eine Reise durch das Kinzigtal ist also auch eine kulinarische Reise, die den Wandel der landschaftsbedingten Essgewohnheiten herrlich dokumentiert.

Schwarzwaldforellen – Markenzeichen einer Region

Von Loßburg bis Ohlsbach sind es rund 60 Kilometer, wenn man auch die im Buch beschriebenen Seitentäler bis Hornberg oder bis hinauf ins Harmersbachtal mitrechnet, dann kommt man auf etwa 100 Kilometer, die so abwechslungsreich sind wie die traditionelle Gastronomie mit all ihren Spezialitäten. Eines haben die meisten Gasthöfe aber gemeinsam: die Forelle aus dem Wasser des Schwarzwaldes. In allen Variationen wird sie angeboten, und viele Tagestouristen kommen nur wegen ihr in den Schwarzwald. So wundert es nicht, dass man beinahe von einer „Forellen-Industrie“ sprechen kann, obwohl dieser Begriff völlig falsch ist. Aber die Mengen, die täglich von Feinschmeckern verzehrt werden, haben Dimensionen erreicht, die einen schon fragen lassen: „Wo kommen denn die alle her?“

Wer es genau wissen will, der sollte Forellenzüchter Rösch in Gengenbach-Haigerach einen Besuch abstatten. Hier kann man sehen, mit wie viel Aufwand eine gute Forelle gezüchtet werden muss.

Dies kann man auch bei Joachim Schindler in Alpirsbach-Ehlenbogen sehen, der mit seiner Forellenzucht Lohmühle auf einem Areal von etwa 500 Metern Länge in 30 Teichen Speiseforellen heranzieht. Hier erhält man die küchenfertig ausgenommenen, filetierten, heiß oder kalt geräucherten Lachsforellenfilets und sogar Kaviar von der Bachforelle.

Doch kaum zu zählen sind die vielen anderen Züchter, die mit nicht weniger Aufwand Forellen züchten. Erstaunlich ist auch die Zahl der privaten Forellen-Direktvermarkter, die

Weinlehrstunde mit Erwin Huber in Gengenbach.

Forellenzucht Rösch in Haigerach.

Direktvermarkter auf dem Bauernmarkt in Ohlsbach.

Schnapsbrennen auf dem Schornhof.

Ein Angebot, das kaum überschaubar ist.

überwiegend auf Bauernmärkten verkaufen. In welcher Gemeinde sich Züchter befinden, erfahren Sie bei der jeweiligen Tourist-Information.
Wer aber selbst die Angel in die Hand nimmt, dem wird sein eigener Fang wegen des Erfolgserlebnisses noch besser schmecken. Angelkarten gibt es bei jedem Verkehrsverein oder man wendet sich an einen Anglerverein.

Schnaps: das Kinzigtal zum Trinken
Kann man die Forellenzüchter gerade noch überschauen, ist dies bei den Schnapsbrennern kaum mehr möglich.
Im ganzen Tal wird so viel Schnaps gebrannt, dass man sich fragen muss, wer diese Unmengen von Alkohol trinkt. Einige haben sich dem „Genuss-Brennen" aber versagt und brennen Alkohol für die Industrie, was andere wiederum als sehr bedauerlich betrachten. Es ist beinahe unmöglich, die vielen Sorten zu würdigen, die im Tal gebrannt werden. In einem sind sich jedoch alle einig, das traditionelle Schwarzwälder Kirschwasser ist auf dem Rückzug und der Altvordere aller Schnäpse, der Rossler, auf dem Vormarsch bis in die feinsten Lokale. Oder fragen Sie Frau Schätzle vom gleichnamigen Obsthof in Schnellingen, sie erklärt den Topinambur zum Allheilmittel gegen allerlei Krankheiten. Schon mancher Übernachtungsgast ist durch ihre Radikalanwendung genesen.
Wer in das schöne Tal von Steinach nach Welschensteinach fährt, der erlebt Schnaps kompakt. Es gibt kaum eine Garage, einen Schuppen oder einen Keller, wo nicht gebrannt wird. Und so wundert es nicht, dass Steinach über ein kleines, aber feines Kleinbrennermuseum verfügt, wo man die Geschichte und den Werdegang eines Schnapses erleben kann.
Überall hängen die Werbeschilder, auf denen das hauseigene Getränk angeboten wird. Wer nur auf dieser Strecke in jedem schnapsbrennenden Haus eine Probe machen würde, der müsste dies mit seinem Leben wegen einer Alkoholvergiftung bezahlen. Trotzdem, scheuen Sie sich nicht einfach zu klingeln oder beim Brennen zuzuschauen. Die Steinacher und Welschensteinacher Brenner sind so freundlich und auskunftsbereit, dass eine Schnapsprobe auch immer zu einer lebendigen Lehrstunde wird.
Dabei ist das Brennrecht ein höchst kompliziertes. Da geht es um Kontingente, die vom Zoll penibel überwacht werden. Die Brenner dürfen nicht mal die Türen abschließen, um den Beamten jederzeit Zutritt in die Räumlichkeiten zu ermöglichen. Brennrechte, die schon vor mehreren Generationen erteilt wurden, werden an die nachfolgende übertragen, dies gilt wiederum nur für das jeweilige Gebäude. Würde das Gebäude gewechselt, wäre auch das Brennrecht verloren, das aber verkauft werden darf und so weiter und so weiter.
Man kann sich des Eindrucks nicht erwehren, dass das Brennrecht eine der letzten Bastionen der bürokratischen Daseinsberechtigung ist. Nirgendwo wird die abzuführende Steuer vor Ort so streng kontrolliert wie in diesem Bereich. Die Brenner aber müssen damit leben, und sie haben sich mehr oder weniger daran gewöhnt.

Autoschlangen und Idylle
An eines kann man sich im ganzen Kinzigtal aber nur schwer gewöhnen: an das unglaublich hohe Verkehrsaufkommen.
Die West-Ost-Achse vom Rhein an den Neckar trifft das Tal in voller Härte – mit steigender Tendenz. Lastwagenkolonnen wälzen sich ununterbrochen in beiden Richtungen. Zum Glück für die Menschen, haben die meisten Gemeinden eine Umgehung erhalten, die den Verkehr weitgehend fern hält. Im unteren Kinzigtal leidet nur noch Haslach darunter, aber auch Loßburg, Alpirsbach und Schenkenzell haben einiges auszuhalten. Hornbergs Umgehung ist im Bau.
Aber kaum hat man die Bundesstraße verlassen, findet man das Kinzigtal wie aus dem Prospekt: mit Ruhe, schönen Höfen, reizvollen Dörfern: das ist das Schöne im Tal.

Busse und Bahnen als sinnvolle Alternative
Für den Urlauber, noch immer Kurgast genannt, und den Tagestouristen ist es aber empfehlenswert, auf Busse und Bahnen umzusteigen. Hier bietet das Kinzigtal ein gutes engmaschiges Netz, das selbst die Seitentäler gut bedient.
Ist es bis Hornberg die Schwarzwaldbahn, so bietet die Ortenau-S-Bahn ab Hausach Verbindungen bis Oberharmersbach oder ganz an den Rhein nach Kehl. Die Bundesbahn dagegen bedient die romantische Strecke von Hausach, Wolfach über Schiltach und Schenkenzell bis nach Loßburg und Freudenstadt – von den vielfältigen Busstrecken abgesehen.
Modern, kundenfreundlich und ortsnah stellt sich die Ortenau-S-Bahn dem Tal. So zum Beispiel im Har-

Nah am Fahrgast: Die S-Bahn fährt mitten durch die Gemeinden des Harmersbachtales.

mersbachtal. Mitten in Oberharmersbach liegt die Haltestelle, von der aus viele Pendler und Schüler ihre Fahrt nach Haslach oder Offenburg schon in den frühen Morgenstunden antreten. Diese Strecke, von Biberach bis Oberharmersbach, ist vielleicht eine der schönsten. Auch deshalb, da die Bahn nur in kleinem Tempo fahren darf und dem Betrachter auch die Zeit lässt, die Schönheit dieses Tales zu bewundern.
So erhält man mit der S-Bahn auch das Gefühl, ein heimeliges, aber sehr modernes Verkehrsmittel benutzen zu können, dessen Sicherheitsstandard höchste Ansprüche erfüllt. Und wenn der eine oder andere Fahrer in den frühen Morgenstunden an den unbeschrankten Bahnübergängen nicht ganz so laut und nicht ganz so lange hupen würde, dann wären auch die Anlieger und Feriengäste rundum glücklich mit ihrer S-Bahn.

Rad fahren, Wandern und Skaten

Es gibt aber auch unzählige Talbesucher, die sich lieber mit eigener Körperkraft fortbewegen – und es werden immer mehr. Radfahrer, Wanderer oder Skater prägen an den Wochenenden das Bild entlang der Kinzig. In Loßburg sind es die herrlichen Waldfahrten mit unglaublichen Ausblicken, im Tal dagegen kommt auch der Normal-Radfahrer auf seine Kosten. Auf gut ausgebauten Radwegen kann man bequem der Kinzig folgen, denn man folgt dem Flusslauf talwärts, ohne auch nur eine einzige Steigung nehmen zu müssen.
Und zurück? Natürlich mit der Bahn, die sich auf Fahrradtransporte eingestellt hat. Da lachen die eingefleischten Mountainbiker und Extremfahrer nur, die den Weg hin- und zurückfahren und zur „Entspannung“ mal kurz über den Brandenkopf fahren.
Die Skater haben die Radwege im Kinzigtal schon lange entdeckt. Wo sonst im Schwarzwald gibt es solch lange Strecken, in denen es keine Steigung gibt. Und man kann immer mehr beobachten, wie rücksichtsvoll Radfahrer, Skater und Wanderer miteinander umgehen.
Der Wanderer, der den Wald und die Einsamkeit liebt, wird das obere Kinzigtal bevorzugen und zum Beispiel in Loßburg zu den Riesentannen oder zum Stausee „Kleine Kinzig“ wandern, der Wanderer, der gerne Gleichgesinnte trifft, wird sich wohl eher an der Kinzig, der Gutach oder am Harmersbach auf dem Reichspfad bewegen.
Berühmte Wanderwege gibt es genug. Allen voran der Hansjakobweg, den man in Teilstücken einmal im Jahr, meist im September, mit dem wohl profundesten „Hansjakob-Kenner“ Alois Krafczyk aus Haslach erwandern kann. Auch der Jakobusweg und die berühmten Westwege führen durch das Tal.

Radler und Gänse: am besten schnell vorbeifahren.

Landschaftspflege mit der Sense: Futter fürs Kleinvieh.

Toskanisches Flair in Loßburg: Ein Traum wird wahr.

Die Menschen im Kinzigtal

„Je weiter sich das Tal öffnet, desto freundlicher und offener sind die Menschen!“ Diesen Satz hört man öfter, wenn man mit „Bergbewohnern“ über das Kinzigtal redet. Hierfür gibt es eine einfache Erklärung: Wenn man in den höher gelegenen Gemeinden noch mit Minusgraden kämpft, sitzen im unteren Tal die Menschen schon in den Straßenlokalen und plaudern über Gott und die Welt. Das gibt schon optisch ein fast südländisches Bild.
Vielleicht sind die Bewohner des oberen Kinzigtales etwas verschlossener, vielleicht haben sie etwas mehr vom

Der neue Kinzigtäler wird vom Storch gebracht. Dies ist auch in Mühlenbach der Brauch.

Ehrenamtliches Engagement, hier der 1. Vorsitzende des MSC Berghaupten, im Großen …

Immer am 1. Mai: Grillfest der Wanderfreunde Reichenbach mit dem beladenen Schwenkgrill. Schnell werden Feste zu alljährlichen Höhepunkten.

Kaum kommen im März die ersten warmen Sonnenstrahlen nach Gengenbach, da hält es auch Schiltacher nicht mehr in den Höhen.

… aber auch im Kleinen – Verantwortung in allen Bereichen. Das internationale Grasbahnrennen wäre ohne die vielen Helfer nicht möglich.

Lebensstil einer Bergbevölkerung, aber an Herzlichkeit und Hilfsbereitschaft stehen sie dem Rest der Kinzigtalbewohner in nichts nach.
Und es gibt noch eine große Gemeinsamkeit: der Verein. Fast jeder ist in irgendeinem Verein organisiert, findet hier eine sinnvolle Freizeitbeschäftigung und immer die dazugehörige Geselligkeit. Es sind die Vereine und ihre Mitglieder, die Feste organisieren, freiwillige Arbeiten leisten und lieb gewordene Traditionen pflegen. Alleine Loßburg hat über 40 Vereine – andere Gemeinden stehen dem nicht nach. Die Menschen in den Vereinen erfüllen das Tal mit Leben und Lebensfreude.
Berghaupten hat einmal im Jahr mit dem berühmten Grasbahnrennen ein sportliches Großereignis, und fast das ganze Dorf hilft mit. Ohne diesen Zusammenhalt gäbe es diese Veranstaltung nicht, sie wäre ohne die vielen ehrenamtlichen Helfer nicht mehr finanzierbar.

Mit dem Heimatort verwurzelt

Wenn man die Menschen kennen lernt, trifft man auf engagierte Bürger, die bereit sind, einen Großteil ihrer Freizeit für die Gemeinschaft zu opfern. Es ist aber auch immer wieder beeindruckend, wie eng die Bürger mit ihren Gemeinden verbunden sind. Man bekennt sich zu seinem Heimatort, und wenn man auch über dies und jenes meckert, kann man doch Aussagen wie: „Ich bin ein Wolfacher, und damit hat sich's!" auf jede andere Gemeinde übertragen. Auch die heute zum Teil noch unbeliebten Gemeindereformen haben daran nichts geändert. Im Gegenteil, diese Reform hat die Bürger eher noch zusammengeschweißt.
Auch wenn man es nicht glauben will: Davon profitiert das ganze Tal. Es entstand ein reger Konkurrenzkampf, ein Wettbewerb der Kreativität unter den Gemeinden, die sich in ihren Festen, in der Aufrechterhaltung von Traditionen, aber auch in ihrer Gastfreundlichkeit Jahr für Jahr zu übertreffen versuchen. Und da sind sie alle wieder gleich. Die Autoren dieses Buches können dies aus eigener Erfahrung nur bestätigen: Es gibt Gott sei Dank die kleinen Mentalitätsunterschiede im Kinzigtal, sie gehören zur erwähnten Vielfältigkeit, sie machen das ganze Tal so interessant.

Schwarzwälder und badische Küche

Etwa ab Haslach trinkt man auch im Mantel mit dickem Schal im Freien seinen Kaffee – davon können die Gastronomen im oberen Tal nur träumen.
Während man im oberen Tal oft die traditionelle Schwarzwaldgastronomie im Familienbesitz suchen muss, findet man, je mehr man nach unten kommt, noch viele Gasthöfe, die seit Generationen im Familienbesitz sind. Es besteht noch eine enge Bindung zu Wirtinnen und Wirten. Das Aufsuchen einer Gaststätte im oberen Tal – von Stammtischen einmal abgesehen – beschränkt sich oft auf „Wir gehen heute einmal essen!" Das ist im unteren Tal nicht so, das Angebot an Gaststätten ist größer und vielfältiger. Dabei gibt es in Loßburg, Alpirsbach, Schenkenzell oder Schiltach hervorragende Lokale mit wirklich ausgezeichneten Spezialitäten und kreativen Köchen.
Gerhard Sum mit seinem Winter-

Die Gengenbacher „Pfeffermühle". Motto der Armbrusters: Was die Heimat hergibt, auf den Tisch.

Gottfried Schätzle vom Obsthof in Schnellingen. Blütenmeer und Äpfel vom letzten Jahr.

Gerhard Sum vom Schenkenzeller „Winterhaldenhof" macht Essengehen zum Erlebnis.

Noch echte Handarbeit, das Mosten in der Trotte von Schnellingen.

haldenhof in Schenkenzell zeigt, wie man's richtig macht. Er hat ein umfangreiches Programm zusammengestellt, das weit über unsere regionalen Grenzen hinaus Beispiel für erfolgreiche Erlebnisgastronomie ist: Kuschelwochenende, Wellness-Anti-Stress-Tage, Familienerlebniswoche usw. Hinzu kommen in regelmäßigen Abständen tolle Büfetts: für Langschläfer, für Romantiker, für Liebhaber der deftigen oder der feinen Küche. Für jeden etwas.
Oder Michael Mogler vom Flößergasthof zur Alten Brücke in Schiltach, der mit seinen hausgemachten Maultaschen eine richtige Fangemeinde hat (siehe im Buch „Schwarzwald – Qualität erleben", dem Vorgängerband dieses Buches, ebenfalls erschienen im Verlag Straub Druck, Schramberg).

Aber man fährt oft lieber ins Tal hinunter, in dem alles etwas früher zu erleben ist: Frühling und Wärme, Blüte und Ernte, Sommer und Badevergnügen.
Der Winter ist oft lang und schmuddelig, der Frühling lässt auf sich warten, da treibt es die Menschen der Sonne und Wärme entgegen. Als es noch richtige Winter gab, da ging man auf die Höhen zum Skifahren und kehrte nachher richtig ein. Doch diese Winter sind selten – und darunter leidet der Tourismus. Es gibt keine schneesicheren Gebiete in unserer Gegend mehr!
Doch die Verkehrsvereine und Kurdirektionen im oberen Kinzigtal sind ein Ausbund an Kreativität. Sie erstellen Angebote für ihre Gäste, die keinen Vergleich zu scheuen brauchen. Der Schwerpunkt liegt zwar eindeutig im Sommer, die Wintergäste kommen doch gerne aufgrund des touristischen Angebotes an Weihnachten, aber zum Skifahren wandern sie in noch höhere Lagen ab.

Obst – das Gold des Kinzigtals

Wenn oben noch Schnee liegt, verwandelt sich das Tal erst zaghaft, dann aber mit voller Kraft in ein unglaubliches Blütenmeer, das den Menschen signalisiert, dass der Nachschub für allerlei Genüsse gesichert ist. Dies ist auch die Zeit, in der die ersten Touristenbusse gesichtet werden, denn die Obstblüte im Kinzigtal hat bundesweiten Ruhm erlangt. Für Landwirte und Obstbauern ist es die Grundlage ihrer Existenz.
Unterschätzt wird aber oft der Obstanbau in den höher gelegenen Regionen. Hier blüht alles etwas später, hier erntet man noch, wenn unten im Tal bereits die Fässer gefüllt sind. Ein Plus für die Region, man hat von allem etwas länger.
Die Landwirte im oberen Tal haben es viel schwerer als ihre Kollegen im Tal. Sie haben einen Feind: den oft zur ungünstigsten Zeit eintretenden Frost. Nicht selten vernichtet er die erhoffte Ernte, in dem er schon den Blüten den Garaus macht. Aber etwas rettet sich immer in die wärmere Jahreszeit. So wird auch hier gemostet, was die Natur hergibt.

Das Ende der Reise

Im wunderschönen Dorf Ohlsbach endet unsere Reise durch das Tal. Hier, wo der Storch noch ein festes Zuhause hat, wo Brigitte Benz einen hervorragenden Ziegenkäse macht, spiegelt sich viel vom Leben im Kinzigtal wider. Märkte, Feste und innovative Firmen; Tradition, Fortschritt und eine Landschaft wie aus dem Bilderbuch; Kulinarisches, so vielfältig wie das Tal selbst, abwechslungsreich, deftig und leicht.
Eine Landschaft mit ihren Menschen, die nicht nur Gäste aus fernen Gegenden einlädt, sondern auch für Menschen der umliegenden Gegenden ein verlockendes Naherholungsgebiet mit unendlich vielen Sehenswürdigkeiten ist.

Ein unschätzbares Kapital für Loßburg ist der die Stadt umgebende Wald. Nicht nur als richtiges Erholungsgebiet zum Entspannen und Entdecken, auch als Holzlieferant und somit Arbeitsplatz für viele Menschen.

Tipp: *Fahren Sie mit dem Panoramabähnle und Kurdirektor Lehmann zu den Riesentannen, ein schönes und eindrucksvolles Erlebnis – bei weitem nicht nur für Kinder.*

Loßburg und sein Ferienland

Theoretisch kommt auf einen Hektar der Gemeindefläche etwa ein Einwohner. Das heißt, es gibt Natur, Natur und nochmals Natur bis auf eine Höhe von 800 m über dem Meeresspiegel. Dieses Prädikat hat Loßburg so vollkommen ausgeschöpft, dass ein wahres Ferienland entstand: das Loßburger Ferienland – ausgezeichnet als Bundessieger für Familienferien. Aber wer glaubt, dass die Gemeinde sich auf diesen Lorbeeren ausruhen würde, der kennt nicht die vorbildlichen Aktivitäten von Kurdirektor Lehmann und seinem Team oder die Aktivitäten der rund 40 Loßburger Vereine.

Schon am frühen Morgen steht das KinzigHaus mit der Loßburg Information für die Gäste zur Verfügung. Service fast rund um die Uhr.

Loßburg, staatlich anerkannter Luftkurort, zählt rein geografisch zum nördlichen Schwarzwald. Doch Loßburgs Fee an der Kinzigquelle gibt sozusagen den Startschuss zu einer Reise entlang dem Fluss, fast bis an den Rhein. Und vielfältiger, unterschiedlicher, aber auch interessanter kann eine Region kaum sein – das ist es auch, was einen Besuch so lohnenswert macht.

Loßburg, das ist die landschaftliche Alternative zum breiten, klimatisch milderen Tal. Loßburg ist Schwarzwald pur – mit um die 120 Kilometer Wanderwegen, einem 23 Grad warmen Freizeitbad, einem Erlebnis-Hallenbad und einem eigenen Kurorchester. Im Winter sind in Loßburg die Loipen gespurt, aber wer wirklich sicher sein will, ob die Schneelage entsprechend ist, der sollte vorher bei der Kurdirektion anrufen.

Doch dies alles ist nur die halbe Beschreibung, denn die Stadt wird auch von ihrer Industrie geprägt. Zum Beispiel hat der weltweit führende Maschinenbauer Aarburg den Namen der Stadt in alle Welt getragen und das Gesicht der Stadt wesentlich mitgeprägt.

Die Land- und Forstwirtschaft ist ein traditioneller Arbeitsbereich der

Eine vielfältige Gastronomie, mit zum Teil jahrhundertealter Tradition, ist die oft willkommene Alternative zum Selberkochen.

Stadt, und wer mehr über den Wald und seine Geheimnisse wissen will, der kann den ganzen Sommer über geführte Touren zu Bauernhöfen machen oder an Holzfällerexkursionen teilnehmen, die die Kurverwaltung anbietet.

Zentrum des Tourismus ist das KinzigHaus mitten in der Stadt: Kurkonzerte, Gästetreff und vieles mehr. Es lohnt sich auch für Einheimische Loßburg zu besuchen, denn alle Angebote, die für die Touristen ausgedacht wurden, können von jedermann genutzt werden.

KinzigHaus
Loßburg Information
Hauptstraße 46
72290 Loßburg
Tel.: (0 74 46) 95 06-0
Fax: (0 74 46) 95 06-14
www.lossburg.de

Die Quelle der Kinzig: mystischer Ort mit einer richtigen Fee

Karl Lehmann, Kurdirektor in Loßburg, hatte einen Traum, den er am nächsten Morgen seiner Frau erzählte. Sie ermunterte ihn, die geträumte Geschichte von der Kinzigfee aufzuschreiben.
Als die Bären noch im Loßburger Wald hausten, zu dieser Zeit lebte der siebenjährige Hans, der mit seinem Vater immer den beschwerlichen Weg zur Mühle nach Alpirsbach gehen musste. Einmal aber schaute der Hans in die sprudelnde Quelle der Kinzig und er bedauerte, dass das Wasser nur nach Alpirsbach hinunter und nicht nach Loßburg hinauf floss. Da erschien ihm eine wunderschöne Frau mit langem blonden Haar, die ihm sagte, dass sie die Quelle beschütze. Sie sah aber auch, dass Hans sehr traurig war, und fragte ihn warum. Hans sagte ihr, dass er sich nichts mehr wünsche, als dass das Wasser nach Loßburg hinauf laufen solle.
Nichts leichter als das, sagte die Fee, es gibt einen einzigen ebenen Weg nach Loßburg. Sie ging mit ihm über eine Wiese und zeigte ihm den Weg. Hans rannte nach Hause und erzählte seinem Vater von seiner Begegnung. Zuerst wollte der die Geschichte nicht glauben, ließ sich aber dann doch überzeugen und zog einen tiefen Graben, der mitten durch Loßburg führte. Jetzt hatte der Vater genug Wasser für eine eigene Mühle. Die Quelle selbst führte aber so viel Wasser, dass es auch noch für Alpirsbach reichte.
Und Karl Lehmann wäre kein guter Kurdirektor, wenn er diese Geschichte nicht in die Vermarktung der Stadt eingebaut hätte.
Dank seiner guten Kontakte zur mystischen Welt nahm er Kontakt zur Kinzigfee auf, die heute unter dem Namen Christiane Schweizer in Loßburg lebt und von Beruf Lehrerin ist. Während der Sommermonate führt Karl Lehmann Gruppen von Kindern zur Quelle der Kinzig.
Wenn diese dann rufen: „Eins, zwei, drei, Fee komm herbei!“, steigen aus dem Quelltopf dichte Nebel auf, aus denen wie aus Zauberhand die Kinzigfee erscheint.
Der Kurdirektor und die Fee erzählen den Kindern die Geschichte der Kinzigfee, und zwar umhüllt von Nebelschwaden, die sich über den ganzen Bach verteilen.
Am Ende der Geschichte begleitet die schöne Fee die Kinder an den Waldrand und beantwortet die unzähligen Fragen.

Der idyllische Kinzigsee, der aus der Kinzigquelle gespeist wird.

Kurdirektor Lehmann führt die Kinder zur Kinzigquelle und zur Fee.

„Eins, zwei, drei, Fee komm herbei!“, rufen die Kinder und aus der Quelle steigt der Nebel …

… und aus dem Nebel erscheint in weißem Kleide die wunderschöne Kinzigfee, …

… die zusammen mit Karl Lehmann ihre Geschichte und die Sage über die Quelle erzählt.

Am Waldesrand verabschiedet sich die Fee mit einem kleinen Geschenk.

Kontakt zur Kinzigfee über die
Loßburg Information
Hauptstraße 46
72290 Loßburg
im KinzigHaus
Tel.: (074 46) 95 06-0

Loßburger Allerlei und
Hotel-Gasthof zum Hirsch: Evi Rehfuß

Die Stadt ist in einer Urkunde des Stadtarchives St. Paul in Kärnten im Jahre 1282 erstmals genannt. Sowohl der Ortsname Loßburg als auch der deutlich sichtbare Schlossbuckel halten die Erinnerung an die von 1252 bis 1272 erbaute Burg wach, sonst weist nichts mehr darauf hin.
Den Kurgast interessiert dies aber auch nur sehr begrenzt. Er sucht Erholung und eine ausgezeichnete Gastronomie, die er in Loßburg und in den Stadtteilen leicht findet.
Stellvertretend für viele soll der Landgasthof Hirsch sein, der eine der aktivsten Wirtinnen der Region hat.

Tipp

Uralt ist der „Kraftort" Kinzigquelle. Starke Kräfte erfuhr durch Zufall auch Kurdirektor Lehmann, der die Kraft an der Quelle gerne mit einem Pendel demonstriert und dazu sein Erlebtes erzählt.

eine geheimnisvolle Kraft und ihre unerschöpfliche Kreativität

Es ist immer wieder erstaunlich, was sich einzelne Gastronomen für ihre Gäste einfallen lassen. In Loßburg ist es Hirsch-Wirtin Evi Rehfuß, die das ganze Jahr über Loßburg und ihren Gasthof unter ein anderes Motto stellt, um den Gästen einen abwechslungsreichen Urlaub zu gewährleisten. Das Hirsch-Angebot ist aber auch für den Kurzurlauber aus der Region hervorragend geeignet: Golf- und Schlemmerfestival; Faschings-Arrangement; Genießerwochenenden; schwäbische und französische Genießertage; Osterhasen-Festival; Frühlings-Sinfonie; Sommerträume; Hüttenzauber (der Gasthof wird zur Hütte! Herzhafte, ländliche Kost vom blanken Holztisch, urige Deko, Kuhglockengebimmel, zünftige Musik und komische Geschichten); Goldener Herbst; Hubertus-Woche, Gänse-Festival; Fiesta Mexikana; neuer Wein und Zwiebelkuchen; Erntedankbrunch und noch vieles mehr.

Landgasthof Hotel Hirsch
Familie Rehfuß
72290 Loßburg im Schwarzwald
Tel.: (0 74 46) 9 50 50
Fax: (0 74 46) 9 50 55 55
www.hirsch-lossburg.de

In Loßburg hat es die Polizei am schönsten im ganzen Kinzigtal. Die Polizeiwache ist im gleichen Gebäude wie das Gasthaus zur „Alten Post". Bei Durst oder Hunger haben es die Beamten nicht weit – sie haben's sich aber verdient.

„Zur Alten Kirche" in Loßburg-Unterbrändi
Idyll am „Ende der Welt"

Es war einmal eine richtige Kirche, und zwar die zu „Unserer lieben Frau" der Herrschaft Sterneck der Herren von Brandeck. Im Zuge der Reformation wurde die gotisch-romanische Kirche aber schon 1777 geschlossen und ab 1814 in ein Bauernhaus umgebaut. Sie führte bis 1972 ein tristes Dasein mit unterschiedlichsten Verwendungszwecken. Ab diesem Jahr übernahm der Schreinermeister Erwin Seeger die alte Kirche. Er sicherte die Bausubstanz, versuchte, so viel wie möglich zu erhalten. In diesem einmaligen Ambiente gelang es ihm ein Café-Gasthaus der besonderen Art zu errichten, und zwar mitten in der ehemaligen, hochmittelalterlichen Saalkirche.
Und dies alles am Ende der Welt. Es ist nicht einfach, auf Anhieb die alte Kirche oder Unterbrändi zu finden.

Unterbrändi, ein richtiges Bauerndorf, ist nicht einmal allen Einheimischen bekannt, aber die, die einmal dort waren, kommen immer wieder. Nicht nur der Einsamkeit dieser Schwarzwaldgegend wegen, sondern auch wegen der guten Küche von Wilma Werz, der Tochter von Erwin und Ruth Seeger. Sie hat 1987 das Lokal, zusammen mit ihrem Mann Bernd, von den Eltern gepachtet. Bernd Werz, von Beruf Schlosser, ist in seiner Freizeit für den Service zuständig. Er hat die Schwäbische Alb mit dem Schwarzwald getauscht, Wilma geheiratet und lebt jetzt mit seiner Frau und den Kindern Jessica und Timon in Unterbrändi.
Die bodenständige Küche von Wilma Werz hat sich schon weit herumgesprochen. Das sieht man auch an den Autokennzeichen auf dem Parkplatz, wenn am Wochenende gewandert wird. Man weiß, in der Alten Kirche bekommt man nicht nur ein hervorragendes Essen, sondern auch die inzwischen legendäre Schwarzwälder Kirschtorte mit einem ausgezeichneten Kaffee.
Wilma Werz ist bemüht, die jahreszeitliche Küche zu pflegen. So gehört im Frühjahr Bärlauch auf jeden Fall

auf die Speisekarte. Das ist typisch für die Küchen-Philosophie von Wilma Werz: So gut es im etwas rauen Klima von Unterbrändi eben geht, versucht sie ihre Zutaten selbst anzupflanzen.
Man sollte es sich nicht entgehen lassen, die verschiedensten Bärlauchgerichte im Frühjahr zu probieren. Wobei man sagen muss, dass Bärlauch heute wieder Einzug in die Gourmet-Tempel Europas gehalten hat. Wilma Werz hat Bärlauch schon immer auf ihrer Speisekarte.
Die Akkustik der Alten Kirche lädt immer wieder Musiker ein, hier Konzerte zu geben (Konzerttermine am besten telefonisch erfragen). Und immer wieder kommt auch das Fernsehen, um hier zu drehen. Wer sich also einen vielleicht schon langen Wunsch erfüllen möchte, in einer Kirche ein Bier zu trinken und dazu noch wirkliche Hausmannskost zu verkosten, der sollte sich auf die Suche nach dem Ende der Welt machen und im Gasthaus zur Alten Kirche einkehren.

So macht's Wilma Werz:

Bärlauchpfannkuchen

Was man braucht:

375–500 g Mehl
4–6 Eier
1/2 bis 3/4 Liter Milch
150–200 g Käse
(Emmentaler oder Edamer)
Fett zum Ausbacken
1 kleines Bündel Bärlauch

Wie man's macht:

Bärlauchpfannkuchen sind ein recht einfaches Gericht, das sich geradezu anbietet, gemeinsam mit Kindern zubereitet zu werden.
Pfannkuchen machen kann praktisch jeder. Am besten schmeckt der Bärlauch natürlich frisch gepflückt, er eignet sich auch ganz hervorragend zum Einfrieren, damit man ihn das ganze Jahr über essen und genießen kann.

Café-Gasthaus Zur Alten Kirche
Unterbrändi 7
72290 Loßburg-Unterbrändi
Tel.: (0 74 46) 22 61
geöffnet ab 11.30 Uhr
Montag Ruhetag

Winterfreuden im Kinzigtal

Man verbindet das Kinzigtal auf den ersten Blick nicht mit dem Winter, aber man vergisst, dass Loßburg und das Tal bis hinunter nach Alpirsbach bis zu 800 Höhenmeter aufweist, die eine einigermaßen sichere Schneelage garantieren. Weiter unten kennt man den Winter eigentlich nur noch von Ausflügen in die Höhenlagen des Schwarzwalds oder ganz nah, auf den Brandenkopf. Aber was für den Schnee gilt, ist über eisige Temperaturen nicht zu sagen. Es kann kalt werden im Kinzigtal. In der Regel bis Ende April schauen die

Obstbauern des Öfteren sorgenvoll auf ihre Thermometer. Zu häufig schon hat der Frost eine halbe Ernte vernichtet.

Es ist aber kein Geheimnis mehr, dass die dramatischen Klimaveränderungen auch vor dem Schwarzwald nicht Halt machen. Die regelmäßigen Winter mit einer sicheren Schneelage sind vorbei – Ausnahmen bestätigen die Regel.

Wer also im Kinzigtal Wintersport betreiben will, der sollte auf jeden Fall bei der Loßburg-Information (Tel.: 0 74 46 / 95 06-0) anrufen und den Schneelagebericht abfragen.

Es kann aber auch sein, dass man in Loßburg nur in Daunenkleidung spazieren kann, während in Zell am Harmersbach oder in Gengenbach Gaststätten und Cafés noch im Freien bestuhlt haben. Diese Vorteile machen das Kinzigtal aus: Jeder kann seine Freizeit nach eigenen Wünschen gestalten. Und wer ein richtiger Wintersportler ist, der fährt höchstens eine Stunde und ist auf den Pisten des Hochschwarzwalds. Von Haslach aus sind es nur 69 Kilometer bis auf den Feldberg.

Aber welcher Landstrich bietet in der kalten Jahreszeit mehr als das Kinzigtal? Wenn im Tal die großen Holzlager gewässert werden, damit der Borkenkäfer abgehalten wird, und das Wasser gefriert, sind das Kunstwerke aus Eis, Freilichtmuseen der besonderen Art. Eiszeit im Kinzigtal, das ist ein besonderes Erlebnis, auch für Kinder. Wandern Sie durch die vielen Täler, entdecken Sie kleine Wirtschaften, die Sie mit Glühwein versorgen, und vor allem gehen Sie wachen Auges durch die Natur, und Sie werden sehen, dass der Winter sehr viele schönen Seiten hat, auch wenn man auf den Schnee verzichten muss.

Tipp:

Auf der Strecke von Loßburg nach Alpirsbach, kurz vor dem Ortsteil Ehlenbogen, finden Sie auf der rechten Seite den Vogtsmichelweiher. Ein herrliches Gebiet zum Winterwandern mit einer großen Reiherkolonie. Die Bäume sind dekoriert mit unzähligen Graureihern. Aber leise sein, die Vögel sind ausgesprochen scheu!

Alpirsbach
geprägt von Kloster und Brauerei

Das Bier gleichen Namens und das Benediktinerkloster aus dem 11. Jahrhundert, das sind die ersten Assoziationen mit dem Namen Alpirsbach. Und da liegt man ja auch nicht so ganz falsch. Über viele Jahrhunderte war das Kloster Alpirsbach dominierend für die ganze Umgebung, hatte die Herrschaft über einen weit gestreuten Besitz inne. Von hier kamen die geistigen Impulse, nicht zuletzt, weil das Alpirsbacher Kloster auch eine Schule hatte, aber von hier wurden auch alle weltlichen Dinge geregelt.

Heute ist das Kloster kultureller Mittelpunkt des regen Städtchens. Hier finden im Sommer die berühmten Kreuzgangkonzerte statt, auch Ausstellungen unterschiedlichster Richtungen. Im ehemaligen Pfarrsaal hat das Subiaco-Kino seine Heimat gefunden. Eine Dauerausstellung über die Geschichte des Klosters ist vor allem für diejenigen interessant, die das Kloster zum ersten Mal besichtigen.

Gleich gegenüber kann man bei der Alpirsbacher Klosterbräu das Brauereimuseum besuchen oder sich durch das Abfüllwerk führen lassen, mit anschließender Verkostung, versteht sich.

Mit der Alpirsbacher Galerie, in der wechselnde Ausstellungen stattfinden, und dem Brauerei-Shop steuert die Brauerei einiges zum kulturellen Leben und zur Attraktivität von Alpirsbach bei.

Doch hat sich Alpirsbach längst aus den Schatten von Kloster und Brauerei befreit, ist heute selbstbewusstes Zentrum des Raumes und bemüht sich mit seinen Ortsteilen, aber auch mit selbstständigen Umlandgemeinden, gemeinsam eine für alle sinnvolle Infrastruktur aufzubauen. Durch die Anbindung an das Eisenbahnnetz Mitte des 19. Jahrhunderts und die Industrialisierung erlebte die Stadt einen Aufschwung, der sich zwar erst langsam anließ, die Gemeinde aber seit den 1950er-Jahren stetig wachsen und zu einem Unterzentrum des Kreises werden ließ. Doch zur Freude der Einwohner und der Urlaubsgäste fielen in Alpirsbach die lange gewachsenen Innenstadtstrukturen nicht dem raschen Aufbruchsgedanken der Nachkriegsjahre zum Opfer. Der Alpirsbacher Kernstadtbereich ist mit seinen imposanten Fachwerkhäusern und seinen kleinen Gässchen ideale Kulisse für einen geruhsamen Bummel. Trotz Fortschritt und Modernität seine Wurzeln und seine Beschaulichkeit nicht verlieren – das ist den Alpirsbachern gelungen.

Wenn's im Städtle dampft
Eisenbahnnostalgie lockt Tausende an

Einmal im Jahr steht Alpirsbach unter Dampf. Dann treffen sich Eisenbahnfreunde aus nah und fern, um Schienen-Oldtimer zu bewundern und vor allem mit ihnen zu fahren.
Über Schenkenzell fährt der Dampf-Express nach Schiltach und wieder zurück. Da wird der Alpirsbacher Bahnhof zu einem richtigen Informationszentrum, so geben auch die Lokführer gerne Auskunft rund um ihre stählernen Ungetüme und ihre interessante Geschichte.
Termine bei der Tourist-Info Alpirsbach.

Tourist-Information
Haus des Gastes
Hauptstraße 20
72275 Alpirsbach
Tel.: (0 74 44) 95 16-281
Fax: (0 74 44) 95 16-283
www.alpirsbach.de

Der Meister des Filigranen und die „Rose von Alpirsbach"

Seit etlichen Jahren begeistert Horst Giesa seine Kunden mit den wunderschönen gläsernen Kostbarkeiten, die er aus nüchternen Glasröhren, Feuer und Luft schafft. „Vor der Lampe blasen" heißt seine Art der Glaskunst, und auch wenn das Prinzip das Gleiche ist wie in den großen Glashütten wie z. B. der Dorotheenhütte in Wolfach (siehe Seiten 92–95), so ist vor der Lampe alles ein bisschen kleiner, feiner, filigraner.

Horst Giesa machte eine Ausbildung zum Glasapparatebläser, produzierte Gläser für chemische Versuchsaufbauten und arbeitete mehrere Jahre bei Osram, bis er auf der Meisterschule in Zwiesel die Glaskunst für sich entdeckte. Er wagte den Sprung in die Selbstständigkeit und in die freie Kunst. Erst in München, dann, als das Großstadtleben den Giesas zu turbulent wurde, hier in Alpirsbach und im Nachbardorf Rötenberg, setzt er seine Ideen in Glas um. Und die Einfälle scheinen nie zu versiegen. In der Schauglasbläserei kann man nachmittags ab 14.30 Uhr dabei zusehen, wie aus Glas, Luft und Hitze Trinkgläser und Flaschen, ganze Menagerien an transparenten und auch bunten Tieren entstehen, dazu natürlich gläserner Weihnachtsbaumschmuck und anderes Dekorationswerk für die Wohnung.

Horst Giesa spielt mit seinem Material, geht an die Grenzen dessen, was noch machbar ist. Die Krönung sind gläserne Weberknechte, mit fadendünnen Beinen, auf denen sie jeden Moment flüchten zu wollen scheinen.

Auch menschliche Figuren gehören mittlerweile zum Repertoire. Besonders witzig: Diejenigen, die auf dem Rand von Bier- und Weingläsern balancieren und dort Wäsche waschen, angeln oder die Füße baden.

Die neueste Schöpfung von Horst Giesa passt ebenfalls in das Muster von „immer filigraner": Gläserne Rosen ranken sich in seinen Vitrinen, an

Glasstielen empor, um Flaschenhälse herum. Man ist versucht, den Atem anzuhalten, um diese zerbrechlichen Kostbarkeiten zu schützen. Doch das größte Wunderwerk steht noch nicht im Laden: Die fast mannshohe „Rose von Alpirsbach", die Stück für Stück unter den vorsichtigen Händen von Horst Giesa entsteht. Hunderte zarter, transparenter Blüten und Blätter bilden ein gläsernes Kunstwerk, das seinesgleichen sucht. Schon um dieses filigrane Wunderwerk zu betrachten, wird sich ein Besuch in der Schauglasbläserei lohnen.

Alpirsbacher Glasbläserei Giesa
Krähenbadstraße 3
72275 Alpirsbach
Tel.: (07444) 6009

Schauen, riechen, schmecken: Genießen mit allen Sinnen bei Max Heinzelmann

Es ist eine Idylle mitten in der Natur: ein alter Bauernhof, ein Pferdestall und – eine Confiserie. Dort, wo Fuchs und Hase sich gute Nacht sagen, Schokolade und Pralinen verkaufen? Wer soll denn das finden? Nun, allen Skeptikern, die solches fragten, hat Max Heinzelmann längst gezeigt, dass es ein Rezept gibt, das die Leute auch in so versteckte Winkel führt: Qualität, allerbeste, natürliche Zutaten und viel Liebe zu dem, was man macht.

Der gelernte Koch und Konditor entdeckte schon zu Beginn seiner beruflichen Karriere seine Leidenschaft für süße Naschereien. Und so kam es, dass Max Heinzelmann in seinem damals neu erworbenen Haus, in dem er seinen Traum vom naturnahen Leben verwirklichen wollte und konnte, seit 1990 auch die süßen Träume seiner Kunden erfüllt.

„Das erste Ostern war ein Chaos", erinnert er sich lächelnd. „Keiner von uns hätte gedacht, dass die Nachfrage sofort so riesig ist. Wir hatten schon Albträume von Osterhasen, weil wir vor lauter Arbeit nicht ein noch aus wussten."

Die Kunde von den exquisiten Schokoladen und Pralinen aus dem versteckten Tal verbreitete sich wie ein Lauffeuer, und so wurde der Anbau des großen Produktionsraumes notwendig, wo Max Heinzelmann und seine Frau Maria heute mit drei Mitarbeiterinnen arbeiten, immer unter den wachsamen Augen der Kundschaft.

„Das war mir sehr wichtig", erklärt Max Heinzelmann den Einbau der riesigen Glasscheibe zwischen Verkaufsraum und Herstellungsraum. „Hier kann jeder sehen, was in die

Unendlich scheint der Ideenreichtum von Max Heinzelmann zu sein. Es gibt für ihn praktisch nichts, das man nicht aus Schokolade nachbauen kann. Kaum zu unterscheiden ist sein Schokoladen-Hammer (linke Seite oben) von einem echten. Er hat aber auch noch eine komplette Werkzeugausrüstung geschaffen, und natürlich fehlt auch nicht die Flasche Alpirsbacher Bier, die in „süß" nachgeformt wird.

Ware reinkommt und wie produziert wird. Sahne, Butter, Kakao, Milch, das sind Zutaten, die jeder erkennt. Irgendwelche geheimnisvollen Pülverchen oder Tröpfchen oder gar etwas Chemisches wird keiner bei uns entdecken."

Nur Naturprodukte werden hier verarbeitet, der zarte Schmelz der Schokolade kommt vom ständigen Umwälzen in der Rührmaschine, nicht von Emulgatoren oder anderen Hilfsmitteln. „Es ist ganz einfach. Die natürlichen Zutaten kann man nicht verbessern, die sind gut so, wie sie sind. Also nehmen wir nur diese."

Dass man für Vielfalt nicht auf künstliche Aromen oder Sonstiges angewiesen ist, zeigt die große Palette der Heinzelmann'schen Pralinensorten, bis hin zur Bierpraline, die natürlich für Furore sorgte.

Der Erfolg gibt Max Heinzelmann recht. Unglaublich weite Anfahrtswege nehmen viele seiner Kunden in Kauf, um ihre Schleckereien mit ganzem Herzen genießen zu können. Ganz besonders glücklich über die Natur-Philosophie von Max Heinzelmann sind die Kunden, die an Neurodermitis leiden und sonst keine Schokolade essen dürfen.

Max Heinzelmann bereichert die Alpirsbacher Innenstadt

Einer nochmaligen Vergrößerung seiner Schau-Confiserie in Ehlenbogen konnte Max Heinzelmann ausweichen, als er in Alpirsbach Räume in der Krähenbadstraße angeboten bekam, wo er heute eine kleine Filiale unterhält.

Auch dort wird vor den Augen der Kunden Schokolade gegossen, und so empfängt einen auch hier als Erstes der unglaublich verführerische Duft nach Sahne und Kakao.

Am meisten freut sich Max Heinzelmann, der seine genauen Rezepte hütet wie seinen Augapfel, wenn Kinder in den Laden kommen. „Die geben dann für drei, vier Pralinen manchmal ihr halbes Taschengeld her. Und wenn die dann vor dem Laden stehen und mit geschlossenen Augen die erste Praline im Mund zergehen lassen – das ist bewusstes Genießen..."

Mit der Eröffnung seiner Schauconfiserie in der Alpirsbacher Innenstadt verlegte Max Heinzelmann seine gläserne Produktion noch mehr in die Öffentlichkeit. Die unzähligen Besuchergruppen, die täglich die Stadt besuchen, haben neben den vielen anderen Sehenswürdigkeiten der Stadt eine weitere Attraktion, die besonders für viele Damen eine willkommene Alternative zum Alpirsbacher Klosterbräu bietet.

Schau-Confiserie Heinzelmann
Am Lohmühlebach 20
72275 Alpirsbach-Ehlenbogen
Tel.: (07444) 1599
(Montags geschlossen)

Filiale
Krähenbadstraße 3
72275 Alpirsbach
Tel.: (07444) 916746

Subiaco – Kino im Kloster

Am Anfang war ein film- und kinobegeisterter Pfarrer. Und ein Pfarrsaal, der über das vorführtechnisch so wichtige „Fensterchen“ verfügte. Was dabei herauskommt, wenn diese zwei Komponenten zusammenkommen, hätte sich wohl kaum einer träumen lassen: Ein Fulltime-Programmkino, das ob seines Niveaus alljährlich deutsche und baden-württembergische Kinoprogrammpreise einheimst. Ein Kino, das schon wegen seiner tollen Atmosphäre in diesen wunderschönen Klosterräumen – bzw. im Sommer schier umwerfend: Open-Air-Kino im Kreuzgarten – besuchenswert ist. Ein Kino, dessen Programm die Leute auch von weiter weg nach Alpirsbach lockt. Und ein Kino, das von Idealen getragen wird: Die Arbeit wird von einer wackeren Gruppe Ehrenamtlicher erledigt, die Filmauswahl erfolgt über eine Vorschlagsliste, in der sich alle einbringen können, die Preise sind fair gestaffelt für Verdiener und Nichtverdiener, Knabberkram, Getränke, Kaffee gibt's zum Selbstkostenpreis, die Bezahlung erfolgt auf Vertrauensbasis ins „Opferstöckle“.

Das alles klingt fast zu schön, um wahr zu sein. Und doch – seit April 1997 hält sich das Subiaco als privatwirtschaftlich geführtes Kino in Alpirsbach. Dort, wo sich schon längst kein kommerzielles Kino mehr trägt, ist durch die Idee und den Idealismus von Michl Graff und Heinrich Braun und ihren Helfern ein atmosphärisch dichtes Kino entstanden, das vom Programm her höchsten Ansprüchen genügt und nicht zuletzt auch durch die Familiarität eine hohe Publikumsbindung besitzt. Schlussendlich tragen auch solche Gesten wie die Kinoplakat-Wunschliste zum Eintragen dazu bei, dem Publikum das Gefühl zu geben, dass den Kinobetreibern eben wirklich etwas an ihren Besuchern liegt und nicht nur an deren Geldbeutel.

Bleibt nur zu hoffen, dass der Idealismus und die Freude am Kinomachen noch für viele Jahre Subiaco reichen.

Subiaco – Kino im Kloster
Klosterplatz 2
72275 Alpirsbach
Büro-Tel.: (0 74 44) 9 12 63
Programmansage
(0 74 44) 91 67 40
www.subiaco.de

Dem Bier ein Denkmal gesetzt: das Brauereimuseum vom Klosterbräu

An was denken viele bei Alpirsbach zuerst? Oft an das Bier mit dem berühmten Brauwasser. Nicht alle wissen jedoch, dass die Familie Glauner im Herzen der Stadt ein Brauereimuseum eingerichtet hat, das den Besucher in vergangene Brauzeiten zurückführt.

Das Brauereimuseum vermittelt den Besuchern einen Einblick in die hohe traditionelle Kunst des Bierbrauens. Anhand von Exponaten wird dem Besucher gezeigt, welche Arbeiten für den Brauprozess nötig sind und welche Entwicklung das Brauwesen durchmachte. Im Sudhaus sieht der Besucher auf vielen Bildern, „wie es früher war", und der Blick über die Schultern eines Biersieders lässt erahnen, mit wie viel Stolz der „Bräu" seinen Sud durchführt – auch heute noch. In einem Keller sieht der Besucher den Kellermeister beim Befüllen von Literflaschen mit einem Handautomaten aus dem Jahr 1905.

Glauner'sche Familientradition

1877 traf der angesehene Freudenstädter Kaufmann Johann Gottfried Glauner, verheiratet mit der Tochter des Löwenwirts zu Alpirsbach, zwei Entscheidungen: Angesichts der entstehenden Eisenbahnlinie und der zunehmenden Zahl an Kurgästen kaufte er die längst stillgelegte Brauerei in Alpirsbach und schickte seinen 14-jährigen Sohn Carl Albert zu einem Braumeister in die Lehre. 1880, heimgekehrt von der Lehre, braute Carl Albert sein erstes eigenes Bier und setzte sich mit Können und beharrlicher Arbeit gegen immerhin acht Kleinbrauereien in Alpirsbach und gar 27 in Freudenstadt durch.

Sein dunkles Lagerbier wurde immer beliebter, sodass Carl Albert Glauner sehr bald erweitern musste. Die Eingliederung immer neuer Techniken zwang auch zur Erweiterung der Räumlichkeiten, ein Trend, der sich bis heute fortsetzt, über die Generationen hinweg. Inzwischen braut die Familie in der vierten Generation Bier.

Besichtigungen: Montag bis Sonntag.
In den Sommermonaten samstags und sonntags Führungen um 15 Uhr.
Alpirsbacher Klosterbräu
Marktplatz 1, 72275 Alpirsbach
Tel.: (0 74 44) 67-0
Fax: (0 74 44) 15 10
www.alpirsbacher.de
E-Mail: info@alpirsbacher.de

Idylle: Der Schwarzwälder Wasserpfad

Ein nicht unbedeutendes Gebiet im oberen Kinzigtal und um die Stadt Alpirsbach wird vom Zweckverband Wasserversorgung Kleine Kinzig mit Trinkwasser versorgt. Hierfür ist hinter Alpirsbach-Reinerzau ein Stausee angelegt worden, hinter dessen Staudamm das Wasserwerk zur Trinkwasseraufbereitung und zur Stromgewinnung mithilfe zweier Turbinen liegt. Seit 1997 führt von einem Wanderparkplatz in Reinerzau aus ein Rundweg entlang der Kinzig bis zum Stausee und zurück. Dieser Weg bietet für nahezu jeden Besucher einen Aspekt, der ihn ganz besonders lohnenswert macht.

Für den Wissbegierigen ist er mit 34 Lehrtafeln ausgestattet, auf denen man „Schritt für Schritt" alles Wissenswerte zum Thema Wasser erfährt, von der Ökologie von Fließgewässern, Fauna und Flora am und im Wasser, Flößerei und Kanalisation des Wassers z. B. für Mühlen, Technik des Wasserwerks, landwirtschaftliche Bedeutung und, und, und.

Für den Naturfreund bietet er neben der reizvollen Lage eine reich ausgestattete Pflanzenwelt, die durch spezielle Feuchtlebensräume wie Hangquellmoor, Farn- und Mooshänge und ehemalige Wässerwiesen an Reiz

gewinnt. Die dazugehörige Tierwelt kann mit genügend Geduld ebenfalls bewundert werden.
Der Romantiker wird vor allem den ersten Teil des Wegs, durch lichten Wald und entlang blühender Wiesen, ins Herz schließen. Der munter plätschernde Wasserlauf als ständiger Begleiter verleiht dem Weg eine fröhliche Atmosphäre.
Für den Techniker ist natürlich der Staudamm als Bauwerk interessant, dazu die Tafeln über die heutige Nutzung der Kleinen Kinzig für Trinkwasser- und Stromgewinnung. Auf dem Gelände des Wasserwerks steht das Modell eines alten Pumpwerks in Originalgröße.
Und für Kinder? Klar, die Mischung macht's. Ein schöner, nicht zu langer

Wanderweg (ungefähr 6 km, für wahre Wanderfreunde durch die Umrundung des Stausees überaus reizvoll erweiterbar auf gut das Doppelte), nebenbei eine Menge Interessantes zu erfahren, immer wieder Stellen, an denen man problemlos ans und ins Wasser kommt, um die Füße zu kühlen, zu spielen, ... Wer eine Becherlupe und ein Fangsieb mitnimmt, kann selbst versuchen, die auf den Tafeln vorgestellten Kleinlebewesen im Wasser zu erhaschen und zu beobachten. So kann man hier sicher leicht einen ganzen Tag verbringen. Eine Wegstrecke, auf der man sicher selten bis nie quengelnde Kinder erlebt, die verkünden, dass ihnen langweilig sei.

Tipp

Wer sich den Wasserpfad und alles, was man auf diesem Weg lernen kann, fachkundig erklären lassen will, kann an einer der Führungen teilnehmen, die regelmäßig angeboten werden.
Allein-Entdecker finden den Anfang des Pfads, wenn sie durch Reinerzau durchfahren Richtung Schömberg, bis dann links ein weißes Schild Richtung „Wasserwerk Kleine Kinzig" zeigt. Nach ungefähr 200 Metern liegt wieder links der Parkplatz, an dem der Wasserpfad beginnt.

Weitere Informationen

Tourist-Information
Haus des Gastes
Hauptstraße 20
72275 Alpirsbach
Tel.: (07444) 95 16-281
Fax: (07444) 95 16-283
www.alpirsbach.de

Wasser – Lebensquell einer ganzen Region

Die Kinzig ist Namensgeber, Sammelbecken und Ab-Fluss einer ungeheuren Menge Wasser, die dem Rhein zugeführt wird. Das kleine Rinnsal, das in der Quelle bei Loßburg entspringt, breitet sich nach unten hin zu einem breiten Fluss aus. Der Schwarzwald mit zum Teil sehr ergiebigen Niederschlägen führt ununterbrochen der Kinzig neues Wasser zu. Bis Hausach kann man noch den ursprünglichen Lauf der Kinzig bewundern, dann aber wurde sie zum Kanal umfunktioniert, mit einem Bett, das den Fluss um ein mehrfaches an Breite übertrifft und ein natürliches Überlaufbecken mit hohen Deichen bietet.

Die unzähligen Quellen fördern überwiegend ein klares und reines Wasser, das in Alpirsbach und Hornberg zur Bierherstellung verwendet wird. Die Werbung für diese Quellwasser ist absolut berechtigt.

Es ist einfach unmöglich, alle Bäche, die die Kinzig speisen, zu erwähnen, denn zu viele Gebiete werden so entwässert. Die Schiltach zum Beispiel, von Lauterbach über Schramberg fließend, mündet in der gleichnamigen Stadt in die Kinzig und bringt bei heftigem Regen das Bachbett fast zum Überlauf, um dann mit großem Getöse als Kinzig talabwärts zu donnern. Auch die Gutach, die normalerweise idyllisch Richtung Wolfach plätschert, kann durchaus „reißerische“ Momente haben.

Die Nutzung des Wassers hat ganze Gebiete mit Arbeit versorgt. Sägewerke, die zum Teil heute noch mit dem Wasser arbeiten, profitieren davon, und die riesigen Lagerplätze für das Sturmholz werden ununterbrochen bewässert: Wasser als natürliche Abwehrkraft gegen Schädlinge.

Doch wer offenen Auges durch das Tal fährt, wird immer wieder auf seichtes Gewässer stoßen, Beweis dafür, dass wieder ein Betrieb das Wasser der Kinzig abzweigt und für Küh-

lung oder Sonstiges verwendet. Es sind nicht wenige kleinere Kraftwerke, die heute noch mit Wasserkraft Energie erzeugen.
Mühlen werden heute nur noch zur Demonstration mit Wasser betrieben, aber sie vermitteln einen guten Eindruck, wie ehemals gearbeitet wurde. Die Bäche, Flüsse und Seen im Tal sind aber auch Lebensraum für Fische – und natürlich für die berühmte Schwarzwald-Forelle. So ist das gesamte Kinzigtal mit allen seinen Nebentälern ein wahres Paradies für Angler.
Bis etwa Mitte des 19. Jahrhunderts wurde der Fluss überwiegend durch die Flößerei geprägt. Hier bieten die Flößerei-Museen in Wolfach und Gengenbach hervorragendes Anschauungsmaterial.

Schenkenzell: Urlaubsort mit bester Gastronomie und viel Geschichte

Wer vom unteren Kinzigtal hinauf Richtung Loßburg fährt und Schenkenzell erreicht, der glaubt doch, schon auf den Höhen des Schwarzwaldes zu sein. Doch das täuscht gewaltig, Schenkenzell mit seinen Ortsteilen Vortal, Kaltbrunn und Wittichen und rund 2000 Einwohnern liegt nur 365 Meter über dem Meeresspiegel.
Schenkenzell selbst ist ein Dorf, das sich in vielen Bereichen dem Tourismus verschrieben hat. Der Ort bietet Ruhe, Ruhe und nochmals Ruhe – eben ein richtiger Erholungsort. Nur die Durchgangsstraße nach Alpirsbach bzw. Schiltach stört dieses Idyll. Der Gast jedoch bemerkt davon kaum etwas, denn die Unterkünfte liegen alle so weit abseits, dass nichts den Urlaub stören kann.
Und wer es noch ruhiger will, dem stehen sage und schreibe ca. 200 Kilometer Wanderwege zur Verfügung, die zum Teil auch ausgeschildert sind. Dort kann es passieren, dass man einen ganzen Tag lang keinem Menschen begegnet.
Was aber die Gemeinde so hervorhebt, ist das vielfältige und vor allem ausgezeichnete gastronomische Angebot. Das „Hotel Sonne", der älteste Gasthof Schenkenzells, ist nicht umsonst in den unterschiedlichsten Restaurantführern mit Sternen ausgezeichnet. Was Küchenchef Dorka auf den Teller zaubert, verdient alle Achtung.
Auch das Restaurant-Café „Waldblick" mit schöner Terrasse reiht sich nahtlos in die gute Gastronomie ein. Hier sind besonders die leckeren Kuchen zu erwähnen.
Was der „Winterhaldenhof", etwa ein Kilometer von der Ortsmitte entfernt, bietet, ist auf den folgenden Seiten zu lesen.
Im Ortsteil Wittichen dominiert das Kloster alles (siehe Seite 40/41). Im Klostermuseum Wittichen gibt es alte handgeschnitzte Grabkreuze, Ornamente und viele Kostbarkeiten zu sehen. Die Bergbaugeschichte von Wittichen findet ebenfalls ihren Platz. In Vitrinen sind Zeugen dieser uralten Vergangenheit ausgestellt, und in der Nähe gibt es noch Schürfmöglichkeiten und einen Geologischen Lehrpfad.
Wer aber einmal in einem richtigen Schwarzwaldsee baden will, der kann dies im Silbersee bei Reinerzau tun. Der See hat ein dunkles Wasser von ausgezeichneter Qualität. Wer den See durchschwimmt, kann am Ende eine Wasserfalldusche nehmen. Beachten sollte man aber, dass das Wasser recht kalt sein kann und die den See speisenden Quellen beim Schwimmen immer wieder für kalte Schauer sorgen.

Kurverwaltung Schenkenzell
Haus des Gastes
77773 Schenkenzell
Tel.: (0 78 36) 93 97 51
Fax: (0 78 36) 93 97 50

Das Ehepaar Schmieder hat die „Sonne" zu einer weit bekannten Lokalität gemacht.

Der Sonne-Küchenchef Arnold Dorka ist für seine Wildkreationen bekannt.

Schenkenburg: Das Wahrzeichen von Schenkenzell

Einige Minuten unterhalb von Schenkenzell Richtung Schiltach steht eine kräftige Bergnase vom rechtsseitigen Talhang in das Tal hervor und zwingt die Kinzig, dieselbe in weitem Bogen zu umfließen. Dieser Bergrücken gab genügend Raum zur Anlage einer Burg. Trotz geringer Höhe (391 m ü.M.) kann man vom Schlossberg aus das Kinzigtal von Schiltach bis in die Berge oberhalb von Schenkenzell überblicken. Ihre isolierte Lage auf dem schmalen Felsrücken machte sie zu einem sicheren Platz.
Auch ohne Urkunde, die das Jahr der Erbauung der Burg verbrieft, kann man die Entstehung in die erste Hälfte des 13. Jahrhunderts legen. Sie gehört wie die Burg Hohengeroldseck zu den ältesten Wehranlagen im Kinzigtal. Die Herren von Hohengeroldseck (vermutlich Walter I., gest. 1277) haben die Schenkenburg erbaut.

Die Herrschaft Schenkenzell

Zur Herrschaft Schenkenzell gehörte das Gebiet der Gemarkungen Schenkenzell, Kaltbrunn/Wittichen und Reinerzau. Die Herren von Geroldseck hatten seit 1327 über das Clarissinnen-Kloster Wittichen die Schirmvogtei und das Patronatsrecht der Kirchen in Schenkenzell und Roßberg. Es unterstanden ihnen somit die großen Waldgebiete im oberen Kinzigtal. Die geschichtlichen Quellen wurden ab 1277 zuverlässig wenn es sich um die Beziehungen des Hauses Geroldseck zur Schenkenburg handelt. Nach vielen Erbteilungen und teilweise derben Auseinandersetzungen innerhalb des Hauses Geroldseck starb das Geschlecht im Mannesstamm 1634 mit Graf Jakob aus.
Ihre Stammburg Hohengeroldseck wurde 1689 von den Franzosen völlig zerstört.

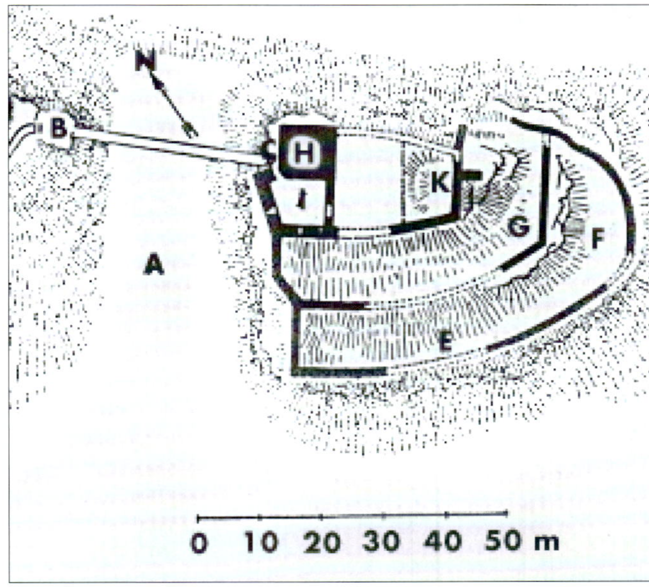

So sah die Schenkenburg einstmals aus: ein wahrlich imposantes Bauwerk über der Kinzig. Rechts der ehemalige Grundriss und unten in der Mitte der heutige Zustand der dicht bewachsenen Ruine. Wer heute die Burg besteigt, kann diesen interessanten Stein entdecken.

Die Zerstörung

Die Schenkenburg wurde im Jahre 1534 durch ihren damaligen Besitzer Graf Wilhelm von Fürstenberg durch seine eigenen Leute niedergebrannt, dies geschah weil die von Weitingen seiner Meinung nach ihrer Lehenspflicht nicht zur Genüge nachkamen und er sie nicht länger als Lehensträger auf der Schenkenburg dulden mochte. So fand in diesen schrecklichen Tagen diese einst bedeutende Burg ein plötzliches Ende. Sie wurde nicht wieder aufgebaut und blieb seitdem eine Ruine.

Die Schenken von Zell

1244 erschien erstmals ein H. Pincerna de Celle als Zeuge bei der Gründung einer Kirche in Vöhrenbach durch die Grafen von Freiburg. Er war vermutlich der Stammvater des geroldseckischen Schenkengeschlechts auf der Burg. 1251 und 1255 wird ein „dominus Hermannus pincerna Shenchencelle“ in zwei weiteren Urkunden wiederum als Zeuge in Sachen der Grafen von Freiburg genannt, so ist die Annahme auf diesen Stammvater wohl berechtigt. Mit Burkhart, der zum Ritter geschlagen wurde, starb wohl das Geschlecht der Schenken auf der Schenkenburg 1297 aus.

Tipp

Die Ruine Schenkenburg kann man über einen bequemen Wanderweg gut erreichen, nur der Schlussaufstieg ist auf schmalem Weg etwas beschwerlicher. Sie liegt idyllisch auf halber Strecke zwischen Schiltach und Schenkenzell. Steigt man den Berg Richtung Schiltach abwärts, erreicht man das Gasthaus „Schenkenburg“, wo man ausgezeichnete italienische Küche genießen kann.

Erich Walter aus Schenkenzell und das „Waldhorn"

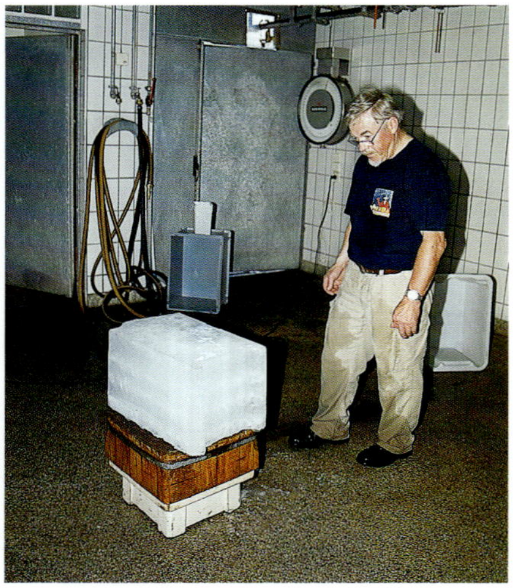

Das kurze Leben einer Eisskulptur beginnt im Schlachthaus. Nicht um den Weg alles Irdischen zu gehen, sondern um dort geboren zu werden. Erich Walter aus Schenkenzell lässt aus einem im Schlachthaus tiefgefrorenen Eisklotz ein wahres Kunstwerk entstehen. Nicht nur mit geschickten Fingern, sondern auch mit Meißel und Kettensäge. Und mit den Tücken des

Das Werkzeug des Eisskulpturen-Künstlers

Eises kämpfend, das schneller bricht als dem Künstler lieb ist. Dies zu vermeiden ist schon eine Kunst für sich. So außergewöhnlich Erich Walters Arbeitsmethoden sind, so ungewöhnlich ist auch sein Leben verlaufen. Metzger, Koch, Seemann – die ganze Welt hat er schon bereist, um letztendlich in Schenkenzell zu landen. Er bietet vieles für die Gastronomie: Schleifen aller Schneidewerkzeuge, Schädlingsbekämpfung, und natürlich Eisskulpturen für alle Anlässe.

Im Schlachthof Alpirsbach befindet sich sein „Atelier". Ohne Vorlage beginnt er mit einem Meißel die Konturen eines Schwanes auszuhauen. Für den Betrachter scheint es unvorstellbar, dass aus solch einem Eis-Ungetüm ein zarter Schwan werden soll. Vor allem, wenn Erich Walter die Kettensäge anwirft. Aber er arbeitet so präzise und so genau, dass nach einer

Metzgermeister Helmut Kübler staunt

dreiviertel Stunde ein Kunstwerk entstanden ist, das jetzt schnell in speziellen Kisten verpackt wieder in den

Scherenschleifen in Wolfach

Gefrierraum muss, denn es ist ein vergängliches Werk, das es so lange es geht zu schützen gilt.
Der Hotel-Gasthof „Waldhorn" in Alpirsbach arbeitet schon lange mit Erich Walter zusammen, und so ist es normal, dass für ganz spezielle Anlässe zur Dekoration von Büfetts Eisskulpturen den Tisch zieren. Heute sind es sogar zwei, denn als Zugabe meißelte Erich Walter auch noch einen Blumenkorb, der von Waldhorn-Mitarbeiterinnen wunderschön gefüllt wurde.

Aus dem Meer nach Alpirsbach

Auf Wunsch und auf Bestellung zaubern die Jäckles herrliche Platten, bei denen stets auch das Auge nicht zu kurz kommt. Eigentlich wird im Waldhorn und im „Grünen Baum" in Schiltach-Vorderlehengericht (der auch zu den Jäckles gehört) die einheimische jahreszeitliche Küche bevorzugt, denn Frische muss sein, aber auch vor edlen Meeresfrüchte-Platten macht die Küche nicht Halt. Und es sind nicht wenige Gäste, die sich zu besonderen Anlässen auch etwas Besonderes leisten wollen.
Dass aber alles funktioniert, verdankt der Gasthof nicht zuletzt einem gut harmonierenden Team, das nicht verbissen arbeitet, sondern mit dem nötigen Humor und der nötigen Fachkenntnis die Gäste verwöhnt.

n Alpirsbach: Gastronomische Kunst in Vollendung

Geschafft: Ein herrliches kaltes Büfett ziert jetzt den Gastraum im Waldhorn. Wenn alle Mitarbeiter zufrieden sind, dann fehlen nur noch die Gäste.

Eine Symbiose aus Meeresfrüchten und Eisskulpturen: Was so herrlich aussieht, ist das aufwändige Ergebnis vieler Hände.

Erich Walter
Eisskulpturen / Gastronomieservice
Kirchstraße 6
77773 Schenkenzell
Tel.: (078 36) 958 93

Gasthof-Hotel Waldhorn
Familie Jäckle
Kreuzgasse 4
72275 Alpirsbach
Tel.: (074 44) 95 11-0
Fax: (074 44) 95 11-55
E-mail: waldhorn@alpirsbach.com

Abgeschiedene Frömmigkeit im Kloster Wittichen und idyllische Erfrischung im „Silbersee“

Wer in Schenkenzell Richtung Wittichen abbiegt und die abgelegenen Schwarzwaldtäler noch nicht so kennt, denkt, er fährt ans Ende der Welt. Immer schmaler wird der Weg das Tal hinauf, immer einsamer fühlt man sich. Doch umso beeindruckender dann das Ziel: Das Kloster Wittichen und die Klosterkirche beherrschen den Talgrund, ringsum steigen die Hänge an. Dass doch noch einige andere Gebäude dort Platz gefunden haben, realisiert man erst auf den zweiten Blick.

Dabei sollte man das hübsche Fachwerkhäuschen am Bach gewiss nicht übersehen, denn es beherbergt das Klostermuseum. Hier findet man eine Sammlung alter, von Hand geschnitzter Grabkreuze und zahlreiche weitere Zeugnisse religiöser Kunst ebenso wie eine Darstellung der Bergbauvergangenheit von Wittichen.

Man kann sich aber auch einfach der Atmosphäre überlassen, die das wuchtige Klostergebäude vermittelt. Das Tal wird praktisch abgeriegelt, nur durch zwei Torbogen finden die Straße und der Bach Durchschlupf – Sinnbild für die mächtige und dadurch das Leben aller bestimmende und kontrollierende Stellung der Kirche in früheren Jahrhunderten.

In der Kirche findet sich das Grab der Klosterbegründerin Luitgard, wohin viele Wallfahrer pilgern, um ihre

Hilfe zu erbitten. Auch für weniger Gläubige ist es sicher eine bewegende Erfahrung, sich vorzustellen, wie zu der Zeit, als Luitgard ihre Klause gründete (1324), sich das Leben hier gestaltete. Ob sie sich damals vorstellen konnte, dass sie den Grundstein zu so einem imposanten Kloster legt? Rund um das Kloster gibt es schöne und beschauliche Wanderwege, und sie werden zu einer ganz besonderen Erfahrung, wenn man die Klosteratmosphäre mit auf den Weg nimmt. Doch wer die Religion hinter sich lassen will, kann sich zum Beispiel auch den Geologischen Lehrpfad als Wegstrecke aussuchen.

Für diejenigen, die an einem heißen Sommertag den Weg nach Wittichen gefunden haben, noch ein Extra-Tipp: Von Schenkenzell aus Richtung Reinerzau und ein kleines Stückchen weiter, kommt auf der rechten Straßenseite die Freizeitanlage Tiefengraben, von Ortskundigen liebevoll „Silbersee“ genannt. Dieser natürliche Badesee ist wie sein berühmter Namensvetter aus dem Karl-May-Film von hohen Steilhängen umschlossen und wird von einem Wasserfall gespeist. Die Temperatur ist also auch im Hochsommer erfrischend!

Eine Grillhütte mit Grillplatz und ein Beachvolleyballfeld sind als Zusatzangebote aufgebaut worden.

Kloster Wittichen
Kirche täglich geöffnet 8–18 Uhr
Klostermuseum geöffnet
Mai bis Oktober Sa 10–12 Uhr
und nach Vereinbarung
Kurverwaltung Schenkenzell
Haus des Gastes
77773 Schenkenzell
Tel.: (0 78 36) 93 97 51

Freizeitanlage Tiefengraben
geöffnet bis 20 Uhr

Erlebnisgastronomie im Winterhaldenhof

Er ist keiner von den Wirten, die auf ihre Kunden warten: Gerhard Sum vom Winterhaldenhof in Schenkenzell. Er ist einer derjenigen, die nicht erst auf Trends reagieren, er setzt Trends und agiert mit einer unglaublichen Kreativität.

Gerhard Sum, Lehre im Hotel Stockinger in Freudenstadt und Erfahrungen in den renommiertesten Hotels in Deutschland, eröffnete 1980 sein Hotel-Restaurant auf der Schenkenzeller Winterhalde. Ein herrlicher Platz, der dem Gast einen tollen Ausblick auf das Kinzigtal in Richtung Schiltach ermöglicht.
Unter dem Motto „Erlebnis und Erholung“ werden unzählige Angebote gemacht: Langschläfer-Frühstück, Brunch, Fischbüfett, Romantischer Abend, Schwäbisch-Badisches Büfett, Winterzauber, Kuschelwochenende, Faschingsfieber, Wochenendfestival, Süßes Osterhasenfest oder ein Familien-Erlebniswochenende – und das Ganze mit und ohne Übernachtung.
Ein besonderes Erlebnis ist der Romantische Abend mit Übernachtung und Langschläfer-Frühstück. Die Gäste reisen samstags an, beziehen ihre Zimmer und können dann in Schenkenzell spazieren oder gleich im nahen Wald Schwarzwaldluft genießen. Gegen 19 Uhr wird aber im Lokal das Kaminfeuer entzündet, um das die schön gedeckten Tische gruppiert sind. Begrüßt wird man mit einem

Aperitif nach Wahl, und dann wird das exklusive Büfett eröffnet. Vorspeisen (z. B. Lachs oder Terrinen), ein knackig-frisches Salatbüfett, Suppen, Fleisch- und Fischgerichte, aufgewertet durch zahlreiche besondere Beilagen (Walnussspätzle) und Gemüse. Es ist unmöglich, von allem zu kosten, aber es ist ein Erlebnis, sich einen ganzen Abend lang eigene Menüs zusammenstellen zu können.
Um eine romantische Stimmung aufkommen zu lassen spielt Brigitte Sum auf dem Keyboard.
Wenn alle Gäste sich noch über das hervorragende Essen unterhalten, erlischt das Licht im Restaurant und ein Wunderkerzenfeuerwerk erhellt den Raum. Da tritt eine angenehme Stille ein und das Personal – an der Spitze aber der Chef selbst – präsentiert das große Dessertbüfett. Das ist der Moment, wo das Völlegefühl der Gäste schlagartig verschwindet: Das Dessertbüfett wird in Rekordzeit geplündert.
Noch lange sitzen die Gäste zusammen, und Gerhard Sum hat nun auch Zeit, sich mit ihnen zu unterhalten.
Auch Ehefrau Brigitte gesellt sich jetzt

dazu. Er hat sie, wie es sich für einen Gastronomen wohl gehört, in einem Hotel kennen gelernt. Aber ihre Karriere als Gastgeberin war so nicht programmiert. Sie studierte Mathematik und hat ihren Abschluss als Diplom-Mathematikerin gemacht. Aber irgendwo in ihrem Herzen hat sich die Liebe zur Gastronomie und zu ihrem heutigen Mann entwickelt.

Und wer diese Geschichte nicht kennt, der wird hinter Brigitte Sum eine traditionelle Ausbildung in der Gastronomie vermuten, so perfekt organisiert sie alles, was ihr Mann nicht auch noch leisten kann. Ein wirklich gutes Team, was auch an den beiden Kindern Andreas, nach dem Großvater benannt, und Christoph zu sehen ist.

Wenn die Gäste sich in die Zimmer zurückgezogen haben, werden bereits die Vorbereitungen für das Langschläferfrühstück am nächsten Morgen getroffen.

Dieses beginnt immer um 10 Uhr mit einem Gläschen Sekt – natürlich für die Anregung des Kreislaufs. Was man sich zu Hause nicht gönnt, das kann man hier verkosten. Zum Frühstück Lachs oder Forellenfilet, gefüllte Pfannkuchen oder gebratener Speck und noch vieles, vieles mehr.

Was als Frühstück deklariert ist, unterscheidet sich in Wirklichkeit nicht sehr von einem richtigen Brunch. Vier Stunden schlemmen, sich verwöhnen lassen: Familie Sum und ihre Mitarbeiter Liane Heinzelmann und Jürgen Walz tun alles dafür.

Wer sich dies gönnen möchte, der muss sich rechtzeitig anmelden, denn diese Termine sind immer schnell ausgebucht.

Schwarzwaldhotel Winterhaldenhof
Familie Sum
Winterhalde 8, 77773 Schenkenzell
Tel.: (0 78 36) 72 48, Fax: 76 49

Wellness – der Winterhaldenhof im Trend: Sauna, Tepidarium, Dampfbad, Solarium, Whirl-Tub und Kosmetik

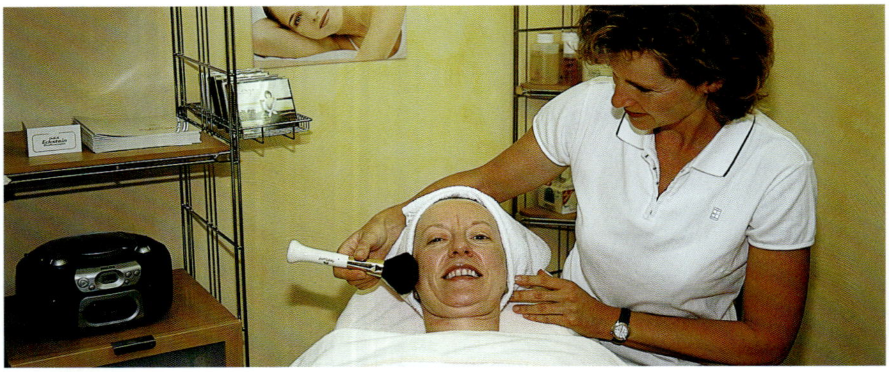

Claudia Baumgartner, erfahrene Kosmetikerin aus Schiltach, verwöhnt die Damen im Hause Sum.

Nach langen Wanderungen oder Geschäftsbesprechungen hilft ein Saunagang wieder auf die Beine.

Entspannung im Tepidarium.

Whirlpool, das Kribbeln auf der Haut.

Was die Familie Sum auf der Schenkenzeller Winterhalde gebaut hat, das braucht keine Vergleiche zu scheuen. Alles nur vom Feinsten. Aus dem reinen Restaurant Winterhaldenhof wurde ein Erlebnishotel mit größtem Erholungswert für Urlauber und Geschäftsreisende.
Jetzt aber das Beste: Sämtliche Einrichtungen können auch von den Einwohnern Schenkenzells und der Umgebung genutzt werden, und zwar zu humanen Preisen in modernsten Einrichtungen.

Kulinarisches: Wildpastete – feiner geht's nicht

Das neue Restaurant: Ambiente mit Geschmack.

Beim Service: Brigitte Sum im neuen Ambiente.

Zum Wohl mit dem Wein der suntime-Hotels.

Eine Augenweide: liebevoll angerichtete Wildpastete.

Wildpastete

Rezept für 10 Personen

So macht's Gerhard Sum

Was man braucht:

Pastetenteig: 500 g Mehl, 50 g Margarine, 10 g Salz, 2 Eier, 2 dl Wasser

Wie man's macht: der Teig

Zubereitung: Mehl zu einem Kranz formen. Weiche Margarine, Eier, lauwarmes Wasser, Salz in der Kranzmitte miteinander verarbeiten. Das Mehl nach und nach dazumischen und zu einem ziemlich festen Teig wirken. Vor Gebrauch zwei Stunden ruhen lassen.

Wie man's macht: Die Füllung

Zutaten: 300 g Wildfleisch (Reh oder Hase), 180 g Schweinefleisch, 30 g Schalotten, 20 g Butter, 30 g Cognac, 2 bis 3 Wacholderbeeren, Pastetengewürz, 200 g frischer Speck, 100 g Kalbfleisch, 150 g Wild- oder Kalbsleber, 30 g Madeira, 2 dl Rahm, 1 Apfel.
Garnitur: 80 g frische Speckwürfel, 1 angebratenes, bardiertes Wildfilet (in dünne Spickspeckscheiben eingewickelt), 80 g Wildfleischwürfel, Pistazienkerne und ganze Haselnüsse.

Zubereitung: Die Leber einige Stunden in Milch einlegen, anschließend in große Würfel schneiden, Würfel mit Schalotten in Butter rasch anbraten, erkalten lassen. Geschälten, entkernten Apfel, Wacholderbeeren, Fleisch, Speck und Leber durch den Fleischwolf mit feiner Scheibe drehen. Masse gut durchkühlen und in Schüssel auf Eis tüchtig durcharbeiten, würzen. Nach und nach den Rahm beifügen. In Cognac und Madeira marinierte Garnitur darunter mischen. Sorgfältig abschmecken.

Füllen und Fertigmachen der Wildpastete

Pastetenteig etwa 2 bis 3 mm dick ausrollen. Eine ausgepinselte 30 cm lange Pastetenform mit Teig, der aus einem Stück sein muss und keine Löcher haben darf, auslegen. Teig muss den Formrand 2 cm überragen. Mit dünnen Spickspeckscheiben auskleiden, so dass der Speck 4 bis 5 cm über die Form hinausragt. Wildpastete einfüllen, das bardierte Filet in die Mitte der Füllung einbetten. Oberfläche glatt streichen, mit überragenden Speckscheiben die Füllung vollständig zudecken. Teigrand mit Ei bestreichen. Mit einem zweiten ausgerollten Teigstück, das die Formseiten etwa 1 cm überragt, bedecken. Den Rand falten, einen kleinen Wulst machen, diesen zwicken. Die Teigoberfläche mit Ei bestreichen. Zwei Löcher ausstechen, damit der Dampf abziehen kann. Man sollte aus bebuttertem Pergamentpapier geformte Kamine in die Löcher stecken. Beliebig mit ausgestochenen Teigmotiven garnieren und mit Ei bestreichen. Je nach Größe die Pastete 1 bis 2 Stunden bei 220°C backen (je kg Pastete mit Teig etwa 30 Minuten). Garzeit mit Thermometer oder Nadel kontrollieren; die Mitte des Nadelstückes muss warm sein (an den Lippen testen). Fertige Pastete auskühlen. Flüssigen ausgekühlten Gelee durch die Dampflöcher mit Trichter einfüllen. Einige Stunden kalt stellen. Zum Herausnehmen die Form auf Herdplatte leicht erwärmen. Vorsichtig aus der Form nehmen, indem man diese senkrecht hält.

365 Tage im Jahr is

Ein Einkauf auf dem Wochenmarkt ist nicht zu vergleichen mit dem Einkauf im normalen Laden oder gar im Supermarkt. Das bunte Treiben, die appetitlich ausgelegten Waren an den Ständen unter freiem Himmel, all das verbreitet Fröhlichkeit und Geselligkeit. Auf einem Markt ist man viel eher zu einem launigen Gespräch mit dem Verkäufer bereit, man kommt ja auch mit mehr Zeit. Der Markt ist nicht nur der Ort, wo man das frische Gemüse und Obst für die nächsten Tage holt, sondern auch Kommunikationsraum, Teil des gesellschaftlichen Lebens im Dorf oder Städtchen. Und weil so ein Markt so viel Spaß macht und Kontakte bringt, reicht den geselligen Kinzigtalbewohnern der Wochenmarkt natürlich nicht aus. Allerorten gibt es zu jeder Gelegenheit und zu jeder Jahreszeit Märkte, einer bunter und fröhlicher als der andere, für jeden Geschmack, jede Stimmung und natürlich auch für jedes Kaufbedürfnis.

Zu den Wochenmärkten gesellen sich in schöner Regelmäßigkeit die traditionsreichen Krämermärkte, wo man vom Apfelpflücker über die Kittelschürze, Spülbürsten und Mieder bis zum Zahnputzbecher alles bekommt, was im Haushalt fehlen könnte.

Dann natürlich die Flohmärkte, die ja überall in der Beliebtheit immer höher steigen und Sammler und Stöberer von weit her locken. Die großen alljährlichen Flohmärkte in den schönen Altstadtgässchen von Wolfach und Schiltach sind im weiten Umkreis bekannt und beliebt.

Dann gibt es die großen Bauern-, Landfrauen- oder auch Handwerkermärkte, die schon richtige Feste sind, meist mit Bewirtung in den Straßen, mit zünftiger Musik und oftmals Vorführungen traditioneller Handwerksarbeiten. Hier ist zum Beispiel der allherbstliche, wunderschöne Bauern- und Handwerkermarkt in Schiltach erlebenswert.

Noch eine große Gelegenheit für Märkte, meist mit richtigem Jahrmarkt dabei: Die Kilwi-, Kilbi- oder Kilwemärkte, je nachdem, in welchem Ort man gerade ist. Hierzu gehört auch der Festgottesdienst, und hier

Markt im Kinzigtal

sind oft auch die traditionellen Trachten zu bewundern, die die Einwohner zur Feier tragen. Zell am Harmersbach und Oberharmersbach bieten hierfür schöne Kulissen.
Wenn dann die Tage kürzer werden und man im nachmittäglichen Dämmerlicht unterwegs ist, wenn die kalte Luft in die Haut schneidet und einem plötzlich der mitgewehte Duft nach Lebkuchen und Bratapfel wieder warm ums Herz werden lässt, wenn Kinder, mit den kalten Füßen stamp-

fend, sich trotzdem nicht vom Schaufenster losreißen können, ist die Zeit der Advents- und Weihnachtsmärkte gekommen.
Allerorten finden sie statt, und es ist ein schöner Einstieg in die Weihnachtszeit, durch die Buden und Stände zu bummeln, kleine Geschenke zu entdecken, sich am Glühweinbecher die klammen Finger zu wärmen.
Zu den vorweihnachtlichen Höhepunkten zählt der Wolfacher Kuchenmarkt, wo traditionell ein lebendiges Krippenbild gestellt wird und wo es für große und kleine Genießer die berühmten Striebele gibt – frisch zubereitet und heiß aus der Hand gegessen. Und in Gengenbach verwandelt sich alljährlich das Rathaus zum größten Adventskalender weit und breit. Alle Fenster werden verhängt, und jeden Abend um 18.00 Uhr wird wieder „ein Türchen geöffnet“. Von den bekannten Illustratoren Rotraut Susanne Berner, Binette Schroeder, Quint Buchholz und Axel Scheffler wurden die transparenten Bilder für die Fenster geschaffen, die jeweils bis Dreikönig zu bewundern sind. Ab 2002 sollen sie dann mit von Gengenbacher Schulkindern aller Altersklassen gestalteten Kunstwerken abwechseln.
Drumherum findet den ganzen Dezember über der Adventsmarkt statt, ergänzt durch ein ansprechendes Kulturprogramm mit Konzerten, Lesungen und mehr.

Schiltach – Mittelalter und Hightech

Man tut Schiltach unrecht, wenn man die Stadt als Museumsdorf bezeichnet – auch wenn die Versuchung nahe liegt. So schön ist die Stadt im oberen Kinzigtal: Mit einem Marktplatz, der immer wieder als Kulisse für Filmaufnahmen genutzt wird, mit einem mittelalterlichen Stadtbild, das erkennen lässt, mit wie viel Liebe und Sorgfalt die Restaurierungen angegangen wurden. Mit vier Museen, die viel über die Geschichte der Stadt, ihre wirtschaftliche Entwicklung und ihre Traditionen zeigen.
Schiltach ist eine alte Stadt, die 1275 erstmals erwähnt wurde, vermutlich aber noch älter ist. Es liest sich aber wie ein Horrorszenario, was die Stadt im Laufe ihrer Geschichte alles erdulden musste. Man sprach sogar von einem Fluch, der über der Stadt liegen würde: Im 16. Jahrhundert brennt Schiltach innerhalb der Stadtmauern dreimal ab: 1511, 1533 und 1590. Für den Brand 1511 wird eine Dienstmagd aus Oberndorf verantwortlich gemacht und wegen der Unterstellung, mit dem Teufel im Bunde gehandelt zu haben, zum Tod auf dem Scheiterhaufen verurteilt.
Nach dem Brand 1590 wird der junge Heinrich Schickhard mit dem Landesbaumeister Georg Beer vom württembergischen Landesherren Ludwig beauftragt, den Wiederaufbau der Stadt, unter Berücksichtigung von Aspekten zur Feuersicherung, in die Hand zu nehmen. 1791 brennen die Nord- und die Westseiten des Marktplatzes abermals ab. 1833 brennen Kirche und Teile der Vorstadt. Zehn Jahre dauert es, bis eine neue Kirche errichtet ist. Doch als wäre dies alles noch nicht genug, litt Schiltach auch unter dem Dreißigjährigen Krieg. 1634 wurde die Stadt erstmals überfallen. Schloss und Stadt werden durch die Villinger besetzt, die Burg zerstört.
Über die Mentalität der Schiltacher, die oft zu Unrecht als stur bezeichnet werden, erfährt man mehr, wenn man in die Historie der Stadt schaut. So wurde die zerstörte Burg sofort unter Aufbietung aller Handwerker der Umgebung wieder aufgebaut. Genau das zeichnet die Bürger aus: unendliche Zähigkeit, niemals aufgeben und Verlorenes wieder erschaffen.

Aus diesem Holz ist zum Beispiel die heutige Gruppe der Flößer geschnitzt, auch wenn nicht alle „echte" Schiltacher sind, die mit unbändigem Ehrgeiz die Tradition der Flößerei im Jahre 2001 wieder lebendig werden ließen.
1500 wird ein Abkommen zwischen dem Hause Württemberg und dem Hause Fürstenberg getroffen, das den nachbarlichen Städten an der oberen Kinzig – Schiltach (Württemberg) und Wolfach (Fürstenberg) – das Privileg des alleinigen Holzhandels via Flößerei auf der Kinzig garantiert und minutiös regelt.
1810 kommt Schiltach durch die Umstrukturierungen in Folge der Napoleonischen Kriege zu Baden. Die Schiltacher „schwätzen" weiterhin Schwäbisch! Auch heute noch! Die Stadt, im Herzen vielleicht eher badisch, sprachlich aber eher das letzte schwäbische Bollwerk bevor etwa ab Wolfach badisch gesprochen wird.
Nach Jahrhunderten der Katastrophen kamen für die Stadt die guten Jahre: 1858 Straße nach Schramberg – 1868 Straße Wolfach–Schenkenzell – 1886 Eröffnung der Kinzigtalbahn und des Schiltacher Bahnhofes – 1892 Eröffnung der Bahnstrecke nach Schramberg.
1901 beginnt ein gewisser Friedrich Grohe mit einer kleinen Metalldruckfabrikation, und niemand ahnte, wie dieser Betrieb einmal die Stadt prägen würde. Die Formel-1 ohne BBS-Felgen ist kaum vorstellbar, und Grießhaber-Messgeräte kennt man sowieso auf der ganzen Welt.
Die Kombination von Tradition und Fortschritt ist wohl nirgendwo besser gelungen als hier. Und wenn Bürgermeister Peter Rottenburger in den Ruhestand geht, hinterlässt er eine moderne Stadt mit mittelalterlichem Stadtbild, die er wesentlich mitgeprägt hat, weil er beides als Chance erkannte: Tradition und Fortschritt.

Touristinfo
Hauptstraße 5, 77761 Schiltach
Tel.: (07836) 58-50
Fax: (07836) 58-58
E-mail: touristinfo@schiltach.de
www.schiltach.de

Die Schiltacher Flößer
Knochenarbeit für ein Riesenspektakel

Heinz Tappert (Mitte), genannt Derrick, hört es nicht gerne, wenn man ihn als den „Motor der Schiltacher Flößer“ bezeichnet, aber er ist ein Beispiel für Hunderte von ehrenamtlich tätigen Kinzigtälern, die wichtige Beiträge für ein intaktes Stadtleben liefern.

Welch Beispiel eignet sich besser, als die große Tradition der Flößer im Kinzigtal. Allen voran eigentlich die Wolfacher, deren Aktivismus kaum zu übertreffen ist. Die Kinzigtalgemeinden Wolfach und Schiltach, die Aushängeschilder der Bewahrung der Tradition dieses einst so wichtigen Wirtschaftszweiges, haben das große Glück, Hobby-Flößergruppen zu beherbergen, die immer wieder durch praktische Arbeit die Flößerei lebendig machen. Die Wolfacher Flößer machen dies schon seit vielen Jahren und waren den Schiltachern so etwas wie ein Vorbild.

Der Bau eines Floßes mit den original Werkzeugen, nach genauen historischen Vorlagen ist eine große Herausforderung für die Freizeitkapitäne. Da müssen zuerst die Wieden im Wiedweiher gewässert und zum Wiedofen gebracht werden. Die Stämme werden zurechtgesägt, die Werkzeuge geschliffen, und dann beginnt das Schnetzen, das Zuspitzen der Stämme.

„Jetzt wird's Zeit zum Wieda bähen“, der Ruf des Oberflößers bleibt nicht ungehört, und jeder weiß, dass hiermit das Drehen der Wieden gemeint ist, mit denen später die Gestöre zusammengebunden werden.

Wer aber doch schon so der Tradition der Flößerei verhaftet ist, der hält sich auch an die angenehmen Seiten und ehemaligen Vorschriften der Schifferschaften: „... durch eine gute Ausstattung mit Nahrungsmitteln und vor allem mit geistigen Getränken!“ Deshalb verstehen die Flößer auch zu feiern – und wie!

In Wolfach findet jedes Jahr ein großes Flößerwochenende statt (2001 wurde erstmals ein so genanntes Katzenfloß gebaut und auch vorgeführt), in Schiltach wurde von der Flößergruppe 2001 ein gigantisches, dreitägiges Fest organisiert. Der Lohn für diese Arbeit waren Tausende von Besuchern, die während der Jungfernfahrt begeistert Beifall klatschten. Es wurde aber zweimal gefahren, denn das Südwestfernsehen wollte sich dieses historische Spektakel nicht entgehen lassen.

Heinz Tappert und seine Mannschaft haben der Kinzigtäler Flößerei ein weiteres Denkmal gesetzt. Deshalb sollte man nie vergessen, dass es nur dem ehrenamtlichen Engagement zu verdanken ist, dass große Traditionen am Leben erhalten werden.

Amüsant und lehrreich zugleich

An Schiltachs Marktplatz, dem musealen Freilicht-Schmuckstück mit dem wunderschönen, geschlossenen Fachwerkensemble, liegt stilgerecht das größte private Museum zur Geschichte des Apothekerwesens in Deutschland. In dem Gebäude, das selbst schon ein Schmuckstück für sich ist, wurden 1989 die Offizin und die Arbeits- und Lagerräume der Apotheke, die von 1837 bis 1985 hier untergebracht war, der Öffentlichkeit als Museum zugänglich gemacht.

Der ehemalige Verkaufsraum, dessen wunderschöne Vollholzmöblierung komplett erhalten ist, strahlt vornehme Eleganz aus. Hier wurden auch nur die fertigen Heilmittel weitergegeben, von der Arbeit des Apothekers bekam der Kunde nicht viel zu sehen.

Aber dann geht eine wahre Entdeckungsreise los. Der ganze hintere Gebäudeteil, die früheren Arbeits- und Lagerräume, sind wahrhaft vollgestopft mit allem, was jemals seinen Weg in eine Apotheke gefunden hat. Es sind nicht nur sämtliche Arbeitsgeräte und Hilfsinstrumente zu bestaunen, die zur Herstellung von Pillen, Tabletten, Salben und Zäpfchen vonnöten waren, sondern auch noch viele der Zutaten, die in den Medikamenten Anwendung fanden. Da sind gar sonderliche Dinge darunter, und so manches würde der aufgeklärte Patient von heute wohl eher nicht mehr schlucken.

– das Apothekenmuseum in Schiltach

Dazu kommt eine schier unglaubliche Sammlung von Fläschchen, Tiegeln, Schächtelchen, Döschen und Sonstigem, was alles Medizin beinhalten konnte. Eine weitere Sammlung ist der Tiermedizin gewidmet. Am meisten Spaß macht es aber sicher jedem Besucher, sich auf die Suche nach den teils kuriosen, teils schon eher grauslichen Heil- und Hilfsmitteln zu machen, die findige Köpfe in früheren Jahren auf den Markt brachten, um Beschwerden zu lindern, Abhilfe bei Unpässlichkeiten zu schaffen oder auch einfach, um dem unbedarften Hilfesuchenden das Geld aus der Tasche zu ziehen. Schönheitsmittelchen gibt es vom harmlosen Sommersprossen-Bleichmittel bis zum martialisch anmutenden Nasenformer. Hie und da läuft dem Betrachter da schon ein Schauer über den Rücken, und die meisten Besucher werden froh sein, dass die Medizin sich in den vergangenen Jahrzehnten doch entscheidend weiterentwickelt hat.

Apothekenmuseum
Marktplatz 5, 77761 Schiltach
Tel.: (0 78 36) 360 oder 15 14
geöffnet April bis Oktober
Di bis Fr, So 10.30–12.00
und 14.30–17.00 Uhr
November bis März
So und Fei 14.30–16.30 Uhr

Heitere Lehrstunde im Grünen
Der Heilkräuter-Schaugarten der Kytta-Werke

Freundlich scheint die Sonne auf die Besucher im Schau- und Lehrgarten der Kytta-Werke bei Schiltach herab. Ein idealer Tag, um sich durch den großen Kräutergarten führen zu lassen, in dem rund 200 Heilpflanzen von Gartenbautechniker Rudi Kapp fachmännisch betreut werden.

Der Garten ist testamentarisches Vermächtnis des Apothekers Willy Thomas Sauter, der in Alpirsbach um 1924 sein Werk für pflanzliche Heilmittel eröffnete und dessen Frau Klara seinen Wunsch, einen Schau- und Lehrgarten für Fachpublikum, später auch interessierte Laien, anzulegen, in die Tat umsetzte. Das Kytta-Werk des Apothekers ist heute unter dem Dach der Merck-Gruppe aufgegangen, der Garten wurde erhalten und ist nach wie vor zugänglich.

Von Ende Mai bis Mitte September, wenn im Garten alles wächst und grünt und blüht, gehören zum Aufgabenbereich von Rudi Kapp nicht nur die Pflege der Pflanzen, sondern auch die Führungen. Ärzte, Apotheker und Heilpraktiker kommen hierher, aber auch Kurkliniken bieten ihren Gästen Ausflüge, und Vereine

Grüne Oase für die Sinne: Der Kräutergarten ist liebevoll und wunderschön angelegt, hier findet man auch zu Beschaulichkeit und Ruhe. Interessanter ist es allerdings, den unterhaltsamen und lehrreichen Ausführungen von Gartenbautechniker Rudi Kapp zu lauschen.

melden sich an. Alle 14 Tage mittwochs um 10 Uhr findet eine offene Führung statt. Insgesamt 1000 Besuchern pro Jahr, so schätzt Rudi Kapp, zeigt und erklärt er sein grünes Reich. Der Garten ist fein säuberlich in Abteilungen gegliedert, allerdings nicht nach Pflanzengruppen, sondern nach Anwendungsgebiet. Im Gewürz- und Gemüsegarten geht es los, und dort erfährt man gleich, dass so manches Kräutlein, das wir einfach des guten Geschmacks wegen in die Suppe tun, dort auch gleich noch seine wohltuende Wirkung entfaltet.
Dann beginnt quasi eine grüne Reise durch den Körper. Die Herzabteilung, die Abteilung für Verdauungsbeschwerden und Magenleiden, die Gruppe der Erkältungsheiler, die beruhigenden Pflanzen, welche gegen Frauenleiden und für die Haut- und

Im Anschluss an die Kräuterführung gibt es noch ein Gläschen Saft für die Gäste und die Gelegenheit für detailliertere Fragen. Zum Teil wird richtig gefachsimpelt.

Haarpflege – für und gegen alles scheint mindestens ein Kräutlein gewachsen, und alle stehen sie hier im Lehrgarten.
Rudi Kapp erklärt und zeigt, er lässt seine Besucher riechen oder auch mal ein Blättchen knabbern. Sein Wissen über die Pflanzen, ihre Pflege und Aufzucht, aber auch ihre Anwendung, ist schier unerschöpflich, und keine noch so ungewöhnliche Frage aus dem überaus interessierten Publikum bringt ihn in Verlegenheit. Dafür weiß er so manches, was seine Zuhörer in Erstaunen versetzt. Wer ahnt denn schon, dass Pfefferminz- und Kamillentee, die bekannten „Medizintees“ schlechthin, bei übermäßigem Genuss Depressionen auslösen können? Oder dass ein und dieselbe Pflanze, je nachdem wie sie verwendet wird, z. B. als Tee oder als Kaltwasserauszug, eine völlig unterschiedliche Wirkung entfaltet?
Dabei wird es aber nie trocken belehrend, sondern ist unterhaltsam-humorig, was Rudi Kapp erzählt. Immer wieder streut er Geschichten und Anekdoten ein, macht sich Gedanken, dass manche Pflanzen bei Mensch und Tier gleichermaßen heilen, oder belegt anhand von Beispielen so alte Weisheiten wie: „Bitter im Mund, im Magen g'sund.“
In der Abteilung für Rauschdrogen wird es dann so richtig spannend. Nicht nur die giftigste Pflanze des Gartens überhaupt steht hier, der Sturm- oder Eisenhut (lat. Aconitum), sondern auch die so genannten Hexenkräuter Bilsenkraut, Tollkirsche und Stechapfel. Diese wurden zu Zeiten der Hexenverfolgungen als „Gottesurteil“ verwendet. Die angeklagte Frau musste ein Gebräu aus jenen Pflanzen trinken. Überlebte sie das, war klar, dass sie eine Hexe war, und sie kam auf den Scheiterhaufen. Starb sie an dem Gift, so war zwar ihre Unschuld bewiesen, nur nutzte ihr das dann reichlich wenig. „Die Sache hatte sich so oder so erledigt“, erklärt Rudi Kapp kurz und bündig. Dann hält man sich doch besser an jenen Trank, dessen Rezept Rudi Kapp als sommerlichen Durstlöscher empfiehlt:

Rudi Kapps Holundersprudel

5–7 Holunderblütendolden, 1 Pfund Zucker, 10 Liter Wasser werden angesetzt und ungefähr zehn Tage stehen gelassen. Das ergibt einen herrlich erfrischenden Holundersprudel. Doch Vorsicht: Bei länger angesetztem Getränk immer erst testen, ob es nicht schon Holundersekt geworden ist. Der freut zwar die Erwachsenen, ist aber für die Kinder tabu.

Merck Heilpflanzengarten
77761 Schiltach
Auskunft über Kurverwaltung
Alpirsbach/Schenkenzell
Tel.: (07836) 620

Mit wunderschönen Emailschildern sind sowohl die nach Anwendungsgebieten aufgeteilten einzelnen Beete als auch die Pflanzen beschriftet. Das erinnert an die Schilder an den Schränken und Regalen in Apotheken, die sich ihren Charme mit der alten Einrichtung erhalten haben. So gesehen ist der Heilkräutergarten ja auch ein „Apothekenschrank der Natur“.

Gutach: Elf Kilometer lang, aber jeder Meter wunderschön

2300 Einwohner zählt das Dorf, das wohl wie kein anderes mit dem Schwarzwald verbunden wird. Bollenhut und die Vogtsbauernhöfe prägen touristisch das Image der Gemeinde. Vergessen wird aber oft, dass Industrie und Handwerk um die 900 Arbeitsplätze zur Verfügung stellen, während früher der Großteil der Bevölkerung in der Land- und Forstwirtschaft sein Auskommen fand.
Über 3000 Hektar groß ist die Gemarkung und davon sind sage und schreibe etwa 2300 Hektar Wald. Das fällt dem Wanderer, der durchs Gutachtal geht, gar nicht so auf. Nur ein Blick links und rechts die steilen Anhöhen (bis 850 Meter über dem Meeresspiegel) hinauf machen den Waldreichtum Gutachs deutlich. An den Waldrändern befinden sich auch meist die wunderschönen Bauernhöfe der Gemeinde – einer schöner wie der andere. So wundert es nicht, dass Gutach einen Großteil seiner Übernachtungszahlen durch „Urlaub auf dem Bauernhof" erreicht.
Einen hohen Bekanntheitsgrad hat Gutach auch durch seine Künstlerkolonie erreicht.
Der Name Hasemann ist zum Sinnbild der berühmten Schwarzwaldmalerei geworden. Wer sich einen Überblick über das Schaffen der heutigen Schwarzwaldmaler, den Nachfolgern der Künstlerkolonie, machen will, kann dies im Gutacher Rathaus tun.

Der Bollenhut ist auch in der Trauer mit dabei.

Die heutige Gutacher „Künstlerkolonie" bei ihrem allmonatlichen Austausch.

Verkehrsamt Gutach
Hauptstraße 38
77793 Gutach
Tel.: (0 78 33) 93 88-50
Fax: (0 78 33) 93 88-11
www.gutach-schwarzwald.de

Schwarzwälder Freilichtmuseum Vogtsbauernhöfe:

lehrreich, kompakt und voller Überraschungen –
ein Glücksfall für die ganze Region

Es gibt einfach statistische Zahlen, die man gar nicht kommentieren muss. Die 280 000 Besucher jährlich sprechen eine Sprache für sich.
Als der Ortenaukreis 1964 das erste Freilichtmuseum, heute fünf Hektar groß, in Baden-Württemberg zwischen Hausach und Gutach, direkt an der B33, eröffnete, ahnte noch niemand, dass hier eines der wichtigsten Ausflugsziele im Schwarzwald entstehen würde. Bis ins Jahr 2001 waren es unglaubliche zwölf Millionen Besucher, die bei ihrem Rundgang mit 400 Jahren Geschichte in Berührung kamen.
Dieser Eigenbetrieb des Ortenaukreises wurde zu einem der wichtigsten Wirtschaftsfaktoren der Gegend und einzigartiges Forum für den ganzen Schwarzwald. Man forscht und vermittelt das kulturelle Erbe und die Entwicklung aller ländlichen Schwarzwaldregionen, sammelt und erhält wichtige Kulturgüter des gesamten Schwarzwalds.
Tausende Besucher widerlegen täglich, dass die Erhaltung von Kulturgut nur Minderheiten interessieren würde. Entscheidend für den überwältigenden Zuspruch ist aber das Museumskonzept selbst. Lebendiges Museum ist vielleicht nicht ganz zutreffend, zu sehr wird der Besucher in das Museumsleben eingebunden. Man besichtigt nicht nur die zahlreichen Häuser des Museums, man steht mitten im Alltag der früheren Bewohner und erlebt die Technik früherer Zeiten, beispielsweise die Mühle mit Wasserradantrieb.
Sechs voll eingerichtete Schwarzwälder Eindachhöfe repräsentieren die typische Bauform ihrer jeweiligen Herkunftsregion. Hier gibt es Ausstellungen zu den regionalen Besonderheiten, z. B. Uhrenhandwerk, Störberufe, Weberei usw. Aber auch

„Unser täglich Brot gib uns heute ...", dieses Gebet war einst auch genau so gemeint. Heute setzen wir Brot als Synonym für alle Lebensmittel – und viele wissen nicht mehr, wie aufwändig das Brotbacken früher war. Um dies den Menschen zu demonstrieren wird im Freilichtmuseum immer wieder richtiges Holzofenbrot gebacken. Aber es wäre nicht das Schwarzwälder Freilichtmuseum, würde man den Besuchern regionale Spezialitäten vorenthalten. Hier ist es der Datschkuchen, der bei vielen Nicht-Kinzigtälern auf großes Interesse stößt, da man dieses Gebäck sonst nicht kennt. Genau so verhält es sich mit frischem Apfelsaft, der nur aus eigenen Äpfeln hergestellt wird. Und was für ein Erlebnis für die Städter, die oft zum ersten Mal ganz frischen Saft trinken können. Auch das gehört zu einem Erlebnismuseum.

Nebengebäude wie Speicher, Mühle, Sägen, Hanfreibe usw. werden gezeigt, nicht zu vergessen die große Tradition der Schwarzwälder Kleindenkmale. Anziehungspunkt besonders für Kinder ist die traditionelle Viehhaltung alter Haustierrassen oder Kühe auf der Weide, Schweine, Hühner, Schafe, Ziegen und Gänse.
Was das Museum jedoch besonders hervorhebt, ist das ganzjährige umfangreiche Rahmenprogramm mit Handwerksvorführungen, Backtagen, Sonderführungen, Kindernachmittagen, Gemeindepräsentationen und Brauchtum. Optischer Höhepunkt ist aber die Farbenpracht der Bauerngärten, und für die Nase der Duft des Kräutergartens.
Während der Saison arbeiten 35 Mitarbeiter in allen möglichen Funktionen im Freilichtmuseum mit, sonst sind es zehn.
Der Platz vor dem Museum hat jedoch einiges vom Charakter eines Jahrmarktes. Aber man kann dort frisches Holzofenbrot und noch andere Spezialitäten am Verkaufsstand der Landfrauen erwerben. Auf den unvermeidlichen Nippes, der leider noch immer zum Schwarzwald gehört, kann man gerne verzichten.

Eine kleine Chronik

1964
Eröffnung des Vogtsbauernhofs
*
1966
Eröffnung des Hippenseppenhofs
*
1972
Eröffnung des Lorenzenhofs
*
1973
Übernahme der Trägerschaft durch den Ortenaukreis
*
1980 Eröffnung des Hotzenwaldhauses
*
1982 Eröffnung des Schauinslandhauses
*
1996
Umwandlung in einen Eigenbetrieb
*
1999
Eröffnung des Falkenhofs
*
2001
Beginn der Umsetzung des Tagelöhnerhauses

Schwarzwälder Freilichtmuseum
Vogtsbauernhof
77793 Gutach
Tel.: (07831) 93560
Fax: (07831) 935629
www.vogtsbauernhof.org
Öffnungszeiten:
Mitte März bis Anfang November, täglich 9 bis 18 Uhr

Die Gutacher Tracht: Keine Touristenattraktion am Erntedankfest

Mit diesem Buch soll auch das Wahrzeichen des Schwarzwaldes, der Bollenhut, seine Würdigung erhalten, obwohl man manchmal das Gefühl hat, ihn verteidigen zu müssen. Zu viel Missbrauch ist in den letzten Jahren mit ihm getrieben worden. Für was alles muss er herhalten, und so fällt es manchmal schwer, ihm den Respekt zu verleihen, den ihm auch seine Trägerinnen entgegenbringen. Sein eigentlicher Zweck, Kulturgut zu bewahren und alte Traditionen an nächste Generationen zu vermitteln, wird aber immer noch mit großem Aufwand betrieben – oder als Werbung für den Fremdenverkehr.

So wurden die weithin leuchtenden roten Bollenhüte in aller Welt bekannt. Sie gelten heute als Bestandteil der Schwarzwälder Tracht schlechthin, aber das sind sie durchaus nicht. Bollenhüte (sie wurden gegen Ende des 17. Jahrhunderts erfunden) sind lediglich in den drei Gemeinden Gutach, Kirnbach und Reichenbach zu Hause.

Und einmal im Jahr, am Erntedankfest, da werden die Trachten ohne Rummel getragen. Da bleiben die Gutacher unter sich, und der Bollenhut kehrt wieder zu seiner Ursprünglichkeit zurück.

Schon Tage vorher wird mit dem Binden des Kranzes begonnen. Es sind nicht die alten Gutacherinnen, die sich dieser Kunst widmen, es sind die jungen, die ganz jungen, die das Erbe ihrer Eltern fortführen.

Und der Herrgott meint es nicht immer gut mit den Gläubigen, wieder einmal regnet es in Strömen, und nur große Schirme können die Pracht auf den Köpfen der Gutacherinnen vor der zerstörerischen Nässe schützen. Trotzdem sind alle gut gelaunt und tragen ihre Tracht mit Stolz bis in die Kirche hinein – ohne Zuschauer, nur für sich ganz alleine – das ist ursprüngliches Brauchtum. In Gutach „leben“ Bollenhut und Schäppel.

Erntedank in Gutach, das ist ein Fest für das ganze Dorf, das fast unbemerkt von der touristischen Öffentlichkeit gefeiert wird. Es sind aber nicht nur die Schäppel und Bollenhüte, die man an diesem Tag anlegt, es sind auch die Uniformen der Feuerwehr und Werktagstrachten, die man auf dem Weg zur Kirche sehen kann. Wann der jährliche Erntedankzug stattfindet, kann man bei der Gemeindeverwaltung erfragen.

Verkehrsamt
der Gemeinde Gutach
Frau Schmider
Hauptstraße 38
77793 Gutach
Tel.: (078 33) 93 88-59
Fax: (078 33) 93 88-11
www.gutach-schwarzwald.de

Die Gutacher Tracht

Auf ein kunstvolles Strohgeflecht werden elf Wollkugeln (rot für Mädchen, schwarz für verheiratete Frauen) aufgenäht.

Die Pracht wiegt bis zu zwei Kilo. Unter dem Hut wird eine seidene Kappe mit kleinem Schleier getragen, der unterm Kinn zugebunden wird. Alle Haare verschwinden unter der Kappe – bis auf den langen Mädchenzopf.

Der wird liebevoll mit einem oder zwei Spiegeln geschmückt, die mit bunten Glasperlen oder Bändern verziert werden. Alte Frauen und Kinder tragen nur das Käppchen; erst zur Firmung (oder zur Konfirmation) ist der Bollenhut erlaubt. Zum schweren und faltenreichen schwarzen Rock mit schwarz-seidener Schürze wird eine weiße Bluse mit weiten Puffärmeln getragen, darüber das Leibchen aus geblümtem Samt und der Goller, der den viereckigen Halsausschnitt verdeckt. Er besteht aus einem Halskragen, der mit bunten Bändern verziert ist.

Vervollständigt wird diese Tracht durch weiße Kniestrümpfe und schwarze Schuhe. Wenn es kühl ist, wird der „Tschoben" darübergezogen, eine bis zur Taille reichende, rot abgefütterte Jacke aus schwarzer Seide.

Jungen und Männer tragen ein weißes Hemd mit einem schwarzen Schlips, dazu eine schwarze Samtweste, einen bis zur Wade reichenden rotgefütterten Mantel aus schwarzem Samt, weiße Strümpfe und schwarze Schuhe sowie einen schwarzen, hohen Trachtenhut mit breiter Krempe.

Wandern auf literarischen Pfaden – Die Hansjakobwege

Wer gerne auf Schusters Rappen unterwegs ist, der will oft mehr als nur die Natur erleben und dabei gesunde Bewegung an der frischen Luft haben. Viele Wanderfreunde nutzen die beschauliche Art der Fortbewegung ja auch, um möglichst viel von der Landschaft, die sie durchwandern, zu erfahren. Nach Möglichkeit flicht man die ein oder andere Besichtigung mit in die Wanderstrecke ein, oder man kauft sich ein Buch, das einem mehr über Land und Leute erzählt.

Hansjakobs Geburtsstadt Haslach, führt auf den Brandenkopf hoch und durchs Harmersbach- und Nordrachtal. Beide Teilabschnitte gemeinsam sind rund 150 km lang. Gekennzeichnet sind sie mit dem von Hansjakob getragenen schwarzen Schlapphut („mein vergrößerter Heckerhut") in weißer Raute. Liebevoll gestaltete Holztafeln am Weg erzählen vom Alltag der Flößer und Bergleute und des Bauernvolks, den Heinrich Hansjakob in seinen Erzählungen so eindrucksvoll festhielt.

schließt der Weg den Zugang zum literarischen Werk Heinrich Hansjakobs.
Eine Wanderung auf dem Hansjakobweg, egal ob mehrtägig im Urlaub oder immer mal wieder ein kleines Teilstück, ist weit mehr als wandern: Es ist Geschichtsunterricht und Literaturerleben auf unmittelbarste und schönste Weise.
Noch ein besonderer Tipp: Wer den Hansjakobweg unter kundiger Führung erleben will, sollte sich in Haslach nach der Hansjakob-Wander-

Immer beliebter werden auch die großen Wanderwege, die von Vereinen wie z. B. dem Schwarzwaldverein angelegt und gepflegt werden und die den Wanderer quasi entlang einem Motto durch die Landschaft führen.
Zu diesen gehört der Hansjakobweg. Eigentlich sind es zwei: Teil I führt durchs obere Kinzigtal, hinaus zum Kloster Wittichen und zum Teufelsstein, nach St. Roman hinauf und nach Schapbach. Teil II liegt im mittleren Talabschnitt, um Heinrich

An viele Schauplätze der Geschichten des Volkserzählers führt der Weg, so zum Beispiel zum Mühlstein oberhalb Nordrach, wo sich die tragische Liebesgeschichte des „Vogt auf Mühlstein" zugetragen hat.
Auf dem Hansjakobweg wird die Geschichte einer Landschaft und ihrer Bewohner erfahrbar, gleichzeitig er-

woche erkundigen. Alois Krafczyk, Hansjakob-Verehrer und -Kenner und zudem großer Kenner und Förderer des Kinzigtaler Brauchtums, wandert einmal im Jahr eine Woche lang mit Gästen auf den Spuren des berühmten Haslach-Sohnes. Hierbei bleibt dann keine Frage zu Werk und Wirken Heinrich Hansjakobs offen.

Der Freihof

Wer sich auf die Spuren Heinrich Hansjakobs (1837–1916) begeben will, kommt um Haslach nicht herum. Ein Stadtbummel führt einen zu vielen Plätzen, die im Leben des Pfarrers, Schriftstellers und Politikers eine große Rolle spielten. Hier erlebte er als Kind die 1848er-Revolution, die ihn nachhaltig prägte, und hierher zog es ihn auch im Alter wieder, nach einem bewegten Leben als Pfarrer am Bodensee und in Freiburg und als Abgeordneter der Zentrumspartei im badischen Landtag. Der Freihof, den er sich als Alterssitz in Haslach bauen ließ, beherbergt heute das Hansjakobmuseum und -archiv. Außerdem sind dort die ständigen Ausstellungen mit Werken der Maler Carl Sandhaas, Louis Blum und Otto Laible sowie des Kupferstechers Julius Allgeyer zu bewundern.

Freihof
Hansjakobstraße 17
77716 Haslach
Tel.: (07832) 4715

Öffnungszeiten
Mi 10–12, 15–17 Uhr
Fr 15–17 Uhr
April bis Oktober
auch So 10–17 Uhr

Informationen:
Tourist Information
Gastliches Kinzigtal
Im Alten Kapuzinerkloster
77716 Haslach
Tel.: (07832) 706-170
www.kinzigtal.com

Die Hornberger verstehen zu feiern.

Ketterer-Bier: eine Erfolgsgeschichte.

Besucher-Attraktion: Hornberger Rittermahl.

Christoph Duffner und Hansjörg Jäckle, Weltklasse der Skispringer, sind ständige Gäste des MSC Hornberg und auch selbst Cross-Fahrer.

Duravit: Weltunternehmen mit Erfolgsgeschichte.

Tipp

Die Geschichte der Privatbrauerei M. Ketterer ist Zeugnis eines zähen Kampfes vom Überleben der Firma bis zur heutigen, erfolgreichen Brauerei.
Brauereibesichtigungen mit Firmenchef Michael Ketterer sind deshalb eine Reise durch Jahrhunderte. Gruppen werden nach Voranmeldung auch durch die Firma geführt, und die abschließende Verkostung im neu gestalteten Kühlschiff hinterlässt bei den Besuchern gerne einen nachhaltigen Eindruck.

Tourist-Information Hornberg
Bahnhofstraße 3, 78132 Hornberg
Tel.: (0 78 33) 7 93-33 oder 793-44
Fax: (0 78 33) 793-29
www.hornberg.de

Hornberg: Schwarzwald aus dem Bilderbuch

„Hornberg gehört doch gar nicht zum Kinzigtal“, meint jemand. Die Antwort kann nur lauten: „Ja und nein!“ Geographisch sicher nicht, aber wirtschaftlich und kulturell kooperiert die Stadt auf unterschiedlichsten Ebenen mit Organisationen des Kinzigtals. So auch touristisch bis hin zur gemeinschaftlichen Vermarktung. Hornberg hat eben einiges zu bieten, das man sonst im Kinzigtal nicht findet, und ergänzt so geographisch, kulturell und wirtschaftlich das Angebot des Tals.

Wer Hornberg mit dem Auto besuchen will, der braucht Geduld – denn: Egal woher man kommt, es sind kurvenreiche Strecken mit zum Teil erheblichem Verkehr. Noch erstickt Hornberg selbst in den Blechlawinen, aber die Umfahrung steht vor der Türe und die Bürger der Stadt können bald wieder frei durchatmen. Ein jahrelanger Kampf wurde mit Erfolg gekrönt.

Von diesen Problemen merkt der Reisende, der mit der Schwarzwaldbahn anreist, natürlich nichts. Er genießt die faszinierende Landschaft und die herrlichen Ausblicke auf die Stadt.

Hornberg ist Interregio-Station und wichtigster Bahnhof im weiten Umkreis. So wäre zum Beispiel Schramberg von jeglichem Bahnverkehr abgeschnitten, gäbe es diesen Halt nicht.

Kulturell wird die Stadt vom „Hornberger Schießen“ dominiert. Selbst auf den Internetseiten der Stadt wird geballert was das Zeug hält, aber auch die historischen Aufführungen im Freilichttheater halten da locker mit.

Berge mit nicht unerheblichen Höhen, aber auch liebliche Täler mit Bächen oder Rinnsalen vermitteln ein ehrliches Schwarzwaldgefühl, mit Menschen, die, wie andernorts im Schwarzwald, von der Lage ihrer Stadt geprägt wurden. Mit all ihren Eigenheiten, mit Charme, aber auch mit einer gesunden Sturheit.

Diese gesunde Sturheit erlebte mit der Gründung der Brauerei ein lebendiges Beispiel (siehe Tipp). Oder die Zielstrebigkeit, mit der Duravit der Stadt ihren Stempel aufdrückte. Deren Firmengeschichte geht bis in das Jahr 1817 zurück. Sie begann mit einfachem Steingutgeschirr und wurde mit Sanitärkeramik zur Erfolgsgeschichte, die heute auch Badmöbel und noch mehr umfasst. International renommierte Designer reisen heute selbstverständlich nach Hornberg, und nicht zuletzt sind sie es, die Duravit zu Weltruhm verholfen haben.

Aber auch in Hornberg steht das Vereinsleben im Mittelpunkt. So hat der Motorsportclub eine lange Tradition, und Hornberger Motocrossfahrer haben durch zahlreiche Meisterschaften den Namen der Stadt in die Republik getragen.

All dies zusammen macht Hornberg zu einer lebendigen, erlebnisreichen, aber auch ökonomisch bedeutenden Stadt, obwohl sie nur um die 5000 Einwohner hat.

Privatbrauerei M. Ketterer: ein Chef mit 1000 Ideen

Michael Ketterer, Besitzer der Privatbrauerei M. Ketterer in Hornberg, bringt als Herold im Theaterstück „Das Hornberger Schießen“ der versammelten Bürgerschaft hoch zu Ross die gute Nachricht vom Besuch des Herzogs in der Stadt. Eigentlich aber hätte er die Rolle des Kommandanten der Bürgerwehr spielen sollen, denn das Zurwehrsetzen gegen die ganz Großen, das ist sein täglich Brot. Mit unglaublichen Summen werben die so genannten Fernsehbiere um die Gunst der Biertrinker – keine Sportsendung ohne Bier. Und gegen diese Übermacht zu kämpfen, bedarf doch eines enormen Durchhaltevermögens sowie ein ganzes Bündel an Kreativität, und zwar ohne Dosen oder Einwegflaschen. Pfandflaschen oder -fässle in originellem Outfit, in bester deutscher Brautradition und kurzen Lieferwegen: das heißt Frische. Die Philosophie des Michael Ketterer ist auch ein wichtiger Beitrag zum Umweltschutz.

Innovation „Fläschle“

Ein Beispiel dieser Ketter'schen Vermarktungsstrategie als echte Privatbrauerei ist die Kollektion der „Fläschle“. In der kleinen 0,33-Liter-Flasche mit dem traditionellen Bügelverschluss werden Pils, Zwickel-Pils, Schützen-Bock und Ur-Weisse angeboten. Trotz wesentlich schwierigerer Abfüllbedingungen wird in der Brauerei an dieser Produktlinie festgehalten, denn nur durch außergewöhnliche Wege und die schon erwähnte Kreativität ist eine Privatbrauerei der Konkurrenz auch gewachsen.

Wie gut das „Fläschle“ bei den Biertrinkern ankommt, wird auch bei den Besichtigungen der Brauerei deutlich. Alleine der „Plop“ beim Öffnen der Bügelflasche ruft bei Älteren Erinne-

Michael Ketterer (rechts) mit den Gästen seiner Brauerei vor dem „Kühlschiff“: mehr Vergnügen als Pflicht ...

... und eng mit seiner Heimatstadt und ihren Traditionen verbunden, seit über 30 Jahren als Herold beim „Hornberger Schießen“ ...

... oder auf Kundenbesuch beim Hoffest auf dem Schornhof bei Halbmeil, zusammen mit dem Gutacher Banker Martin Heinzmann.

Stichprobe: Braumeister Vogt und Brauführer Heizmann beim Kontrollgespräch mit Fläschle.

Versand: Diese Flaschen sind auf dem Weg zur kurzen Lagerung. Das ist Garantie für Frische.

Imposant: die leeren Flaschen in den grünen Kisten: alles schon getrunken!

Kontrolle …

Kontrolle …

Schlusskontrolle – alles unverzichtbar.

rungen wach, und bei den Jungen wird dies fälschlicherweise sogar als eine neue Erfindung gesehen. Die Führungen durch die Brauerei werden oft von Michael Ketterer selbst vorgenommen, auch Braumeister Vogt oder der im Ruhestand lebende Oberbrauer Bruno Weigold übernimmt dies fachkundig.
Entscheidend ist aber doch der Inhalt, der sich schmecken lassen kann, denn bei Ketterer wird zwar auf modernen Anlagen produziert, aber doch an der konventionellen Braukunst festgehalten. Michael Ketterer hat den Grundsatz „Ökologische Behutsamkeit“ unsichtbar auf die Firmenfahnen geschrieben. Gerste und Hopfen werden ausschließlich aus umweltgerechtem Anbau angekauft, die Auslese und Behandlung der Rohstoffe erfolgen nach strengen Kriterien. Doch alleine dadurch kann kein Bier verkauft werden, das weiß Michael Ketterer genau: Er muss sich selbst als Verkaufsargument einbringen. Absolute Kundennähe, mit der notwendigen Unterstützung der Gastronomie, die persönliche Beziehung mit unzähligen Besuchen, das Ohr am Kunden haben und wenn möglich dessen Wünsche erfüllen: Fünfzig Prozent seiner Arbeitszeit ist Michael Ketterer unterwegs, immer mit neuen Ideen im „Kofferraum“. Oder aber er lädt ein zur „Kultur im Kühlschiff“ (siehe nächste Seite) und ist ein fester Bestandteil im kulturellen Leben Hornbergs geworden.
Wer aber mit solch einer Philosophie den Kampf gegen die Giganten aufnimmt, hat allerbeste Chancen, seinen Marktanteil nicht nur zu halten, sondern stetig auszubauen.

Tipp

Wer in Hornberg oder in der Umgebung wohnt oder wer öfters durch Hornberg fährt, kann sich auch persönlich sein offenes Bier abholen.
Hierfür wird in der Privatbrauerei ein wunderschöner Flaschensiphon angeboten, den man immer wieder direkt aus dem Reifetank mit Zwickel-Pils oder Schützenbock auffüllen lassen kann. Dies ist möglich von Montag bis Freitag von 7 bis 12 und von 13 bis 16.30 Uhr.

Privatbrauerei M. Ketterer
Frombachstraße 27
78132 Hornberg
Tel.: (0 78 33) 93 96-0
Fax: (0 78 33) 93 96-20
www.kettererbier.de

Nostalgie: alte Bierkrüge.

Erinnerung: so wurde früher gezapft.

Am Rande: Zeit für ein Bier.

Schmuck: getrockneter Hopfen.

Zufrieden: Braumeister Klaus Vogt.

Kultur im Kühlschiff

Der Ausbau des Kühlschiffs in der Privatbrauerei M. Ketterer zu einem richtigen Veranstaltungsraum war so nicht geplant. Mit allerlei Utensilien aus dem Brauereifundus ausgestattet, mit rustikalen Holzbänken und einer Zapfanlage, die man sonst nur noch von Fotos kennt, hat man eine Atmosphäre geschaffen, die den richtigen Rahmen für Führungen und andere Veranstaltungen schafft.

Etwa 80 Personen finden hier Platz, und die gesamte Bewirtung wird von Mitarbeitern der Privatbrauerei übernommen, die hierfür ihre Freizeit opfern. Und diese Eigeninitiative wird von Michael Ketterer rege unterstützt. Er wollte eigentlich einen Raum für seine Besuchergruppen, in dem man sein Bier verkosten kann. Braumeister Klaus Vogt aber fand es zu schade, dass dieser urig umgebaute Raum die übrige Zeit leer stand. So wurde die Idee geboren, von Oktober bis Mai jeden ersten Freitag im Monat eine kulturelle Veranstaltung zu etablieren, die eine Bereicherung des kulturellen Angebots für Hornberg und Umgebung bietet.

Der Dunninger Klaus Vogt hat das Glück, dass sein Freund Berthold Braitsch gute Kontakte zur Musikszene hat und dadurch ein höchst interessantes Programm zusammengestellt werden kann. Neben bekannten etablierten Bands geben Michael Ketterer und Klaus Vogt aber auch Nachwuchsbands eine Chance. So zum Beispiel den Meeting of Minds unter Leitung von Arthur Braitsch – auch aus Dunningen.

Wer sich für das Programm interessiert, kann mehr im Internet unter www.kettererbier.de, Link „Kultur im Kühlschiff“, erfahren.

Kultur im Kühlschiff
Privatbrauerei M. Ketterer
78132 Hornberg
Tel.: (07833) 9396-0
Der Weg zur Brauerei ist ausgeschildert.

Das Hornberger Rittermahl: Es darf auch geschmatzt werden

Ursprünglich war Schloss Hornberg, erbaut um 1120, eine trutzige Burg auf hohem Felsen über einer wichtigen Handelsstraße, die durch den im Mittelalter noch wilden Schwarzwald führte. Durch die Jahrhunderte wandelte sich die Burg zum herrschaftlichen Schloss und schließlich zum heutigen Ferienhotel.
Auch einer der bekanntesten deutschen Minnesänger, Bruno von Hornberg, lebte um 1275–1310 auf der Burg Hornberg. Sein Bild in der weltberühmten Manessischen Liederhandschrift zeigt, wie er von einem reitenden Burgfräulein mit den Banden der Liebe gefesselt wird.
Für die Reformation im Südwesten Deutschlands spielte Schloss Hornberg eine wichtige Rolle. Genauso, wie die mächtige Wartburg dem Reformator Martin Luther vor der päpstlichen Gewalt Schutz bot, so bargen die Mauern von Schloss Hornberg den Reformator des Südwestens Johannes Brenz.
In der Tarnung als Burgvogt Huldreich Engster verbrachte Brenz von 1548–1550 zwei wichtige Jahre der Verfolgung auf Schloss Hornberg und nutzte den Aufenthalt für seine reformatorische Arbeit und verfasste dort maßgebliche theologische Schriften.
Soviel zur Geschichte des heutigen Hotels und Restaurants, das heute eine moderne, vielfältige Küche bietet. Aber einmal im Monat, da wird die Vergangenheit wieder lebendig. Da ziehen Ritter, Gaukler und wunderschöne Burgfräuleins durch die Gemäuer des Schlosses und unterhalten bunt gekleidete Gäste nach alter Ritter-Tradition. Im Mittelpunkt des „Hornberger Rittermahls“ steht aber das Essen: rustikal und deftig, mit echtem Met und allerlei Getöse. Das „Hornberger Rittermahl“ hat zwischenzeitlich einen großen Bekanntheitsgrad, oft wird eine zusätzliche Veranstaltung eingeschoben.

Badisches Rittermahl

1 Liter Met
***
Apfel-Grieben-Schmalz
mit Fladenbrot
***
Geräuchertes Forellenfilet
aus dem Gutachtal
mit frischem Meerrettich
***
Rüblisuppe mit Rahm
***
Spanferkelrollbraten aus dem
Schlossstall,
frisches Buttergemüse
und Semmelknödel
***
Stinkkäse mit Bauernbrot
***
Rote Grütze mit Vanilletunke

Hornberger Rittermahl
Jeden ersten Samstag im Monat
Beginn: 18.00 Uhr
Hotel Schloss Hornberg
Auf dem Schlossberg 1
78132 Hornberg/Schwarzwald
Tel.: (078 33) 68 41
Fax: (078 33) 72 31
www.schloss-hornberg.de

Duravit – Weltunternehmen mit Erfolgsgeschichte

Von einer kleinen Fabrik in Hornberg im Schwarzwald zur international gefragten Marke für Bad-Design: Im Jahr 1817 gegründet, fertigt die Duravit AG heute Sanitärkeramik, Badmöbel und Accessoires nicht nur im Stammwerk in Hornberg, sondern auch im benachbarten Schenkenzell, in Bischwiller in Frankreich, in Meißen, der Heimat des berühmten Porzellans sowie in Ägypten und der Türkei. Gemeinsam ist allen die handwerkliche Sorgfalt und das hohe technische Know-how, mit denen sämtliche Duravit-Produkte in der sprichwörtlichen Qualität gefertigt werden.

Das unverkennbare Design von Reichstagarchitekt Norman Foster.

Einfache, geometrische Formen, wohltuende Einfachheit und Klarheit.

Internationale Bedeutung erlangte Duravit durch die Zusammenarbeit mit weltweit renommierten Gestaltern. Ob Philippe Starck, Sieger Design, Phoenix Product Design, Michael Graves oder Massimo Iosa Ghini – sie alle sind mit ihren Entwürfen für Duravit zu wahren Instanzen in Sachen Bad-Design avanciert.

Norman Foster für Duravit

Neuester Stern am Duravit-Himmel ist eine Badserie von Lord Norman Foster, einem der bedeutendsten und renommiertesten internationalen Architekten, der in Deutschland für den Umbau des Berliner Reichstags verantwortlich zeichnete. Sein Name steht für Reduktion und Funktionalität, sein Bad ist minimalistisch, von ruhiger Größe. Einfache, geometrische Formen vermitteln kühle Eleganz, wobei sich Foster auf klare Linien konzentriert und auf Effekte verzichtet. Eine wohltuende Einfachheit und Klarheit.

Innovationen sichern die Zukunft

Viele sehen Duravit inzwischen als den Innovationsmarktführer der Branche. Um diesem hohen Anspruch gerecht zu werden, setzt der Hornberger Badspezialist alles daran, regelmäßig Innovationen und neue Produkte auf den Markt zu bringen. Dazu zählen beispielsweise Urinale mit intelligenter Elektronik-Spülung, Zwei-Mengen-Spültechnik bei WCs oder Urinale, die ganz und gar ohne Wasser funktionieren.

Oder WonderGliss, die völlig neuartige, konkurrenzlose Oberflächen-Beschichtung, die in Kooperation mit dem jungen, dynamischen High-Tech-Unternehmen nanogate aus Saarbrücken entwickelt wurde, und die Fachwelt ins Staunen versetzte. Weil die Beschichtung durch ein spezielles Verfahren eingebrannt wird, bleiben mit WonderGliss beschichtete Waschtische, WCs, Bidets und Urinale besonders lange glatt, schön und sauber: ein Schutz mit hoher Lebensdauer, der dem Schmutz die Angriffsfläche nimmt und Rückstände ganz einfach mit dem Wasser, das sich zu einem dicken Tropfen zusammenzieht, abfließen lässt. Inzwischen wird WonderGliss auch als Fluid für die nachträgliche Anti-Schmutz-Versiegelung angeboten: eine Weltneuheit und erneute Bestätigung des Innovationspotentials von Duravit.

Blick in die Produktion bei Duravit

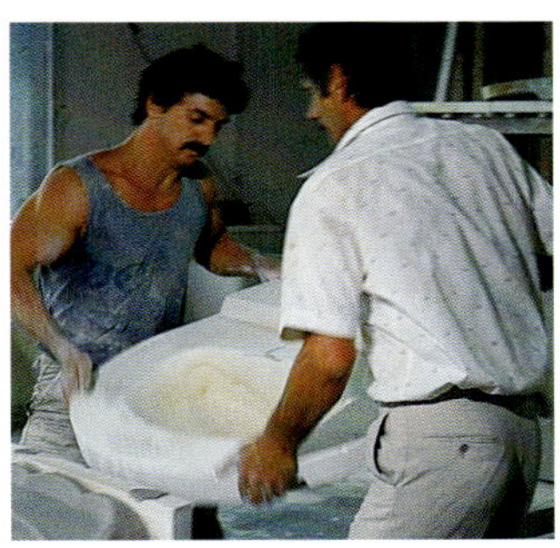

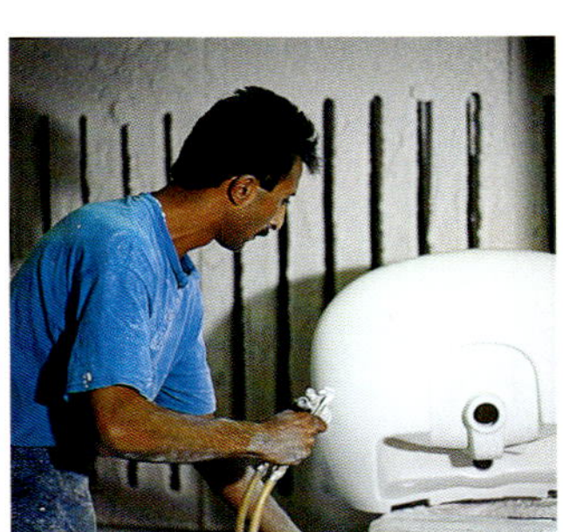

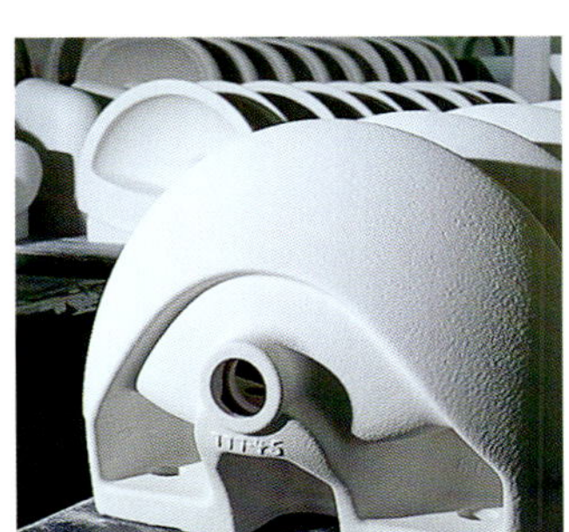

Das „Hornberger Schießen“: Eine Stadt spielt Theater

Die sprichwörtliche Geschichte des Hornberger Schießens kennt jeder, man muss diese nicht ständig wiederholen, aber sehen sollte man sie unbedingt: und zwar von der steilen Tribüne der Erwin-Leisinger-Bühne, die idyllisch am Hang des Schlossberges eingebettet ist.

Eine Schar von Hornberger Laienschauspielern trägt ein sehr ironisches Stück vor, das zeigt, dass sich die Hornberger recht gut selbst auf die Schippe nehmen können. So wird das „Hornberger Schießen“ nicht zu einem trockenen Geschichtsspiel, sondern zu einem humorvollen Ausflug in das Jahr 1564.

Ganze Busse mit Touristen werden nach Hornberg gefahren, um in der Stadt, aus der das berühmte geflügelte Wort vom „Hornberger Schießen“ stammt, dessen Entstehung nachzuvollziehen. Und jeder Einheimische sollte dies auch tun, denn was Bürger der Stadt hier leisten, ist mehr als Freude am Theater spielen. Jeder lebt während der Aufführung in seiner Rolle, schafft sich Sympathien beim Publikum.

So die Figur des „Lauble“, der als Nachtwächter das Gewissen des gemeinen Bürgers verkörpert, oder der Wirt, der als menschliches Zentralorgan sämtliche Neuigkeiten oder auch nur Gerüchte verschwiegen an alle Gäste weitergibt und der heimliche Bürgermeister der Stadt ist.

Bestimmt können viele Besucher einen persönlichen Bezug zu ihrer Stadt herstellen.

Tourist-Information Hornberg
Bahnhofstraße 3, 78132 Hornberg
Tel.: (07833) 793-33 oder 793-44
Fax: (07833) 793-29
www.hornberg.de

Wolfach: Bürgerstolz und Weltläufigkei

Viele Jahrhunderte lang, bis 1806, gehörte Wolfach zum fürstenbergischen Besitz. Eine gute Zeit für Wolfach, denn unter den Fürstenbergern erhielten sie viele Privilegien. Außerdem war Wolfach Verwaltungssitz und somit Beamtenstadt. In der Innenstadt ist viel vom Flair dieser großen Zeit zu spüren. Herausgeputzte, mit stattlichen Fassaden beeindruckende Stadthäuser zeigen, dass Wolfach nie zu den Arme-Leute-Dörflein gehört hat.

Groß geworden und reich geworden ist Wolfach durch die Flößerei, den Handel (vor allem eben wieder der Holzhandel) und auch den Bergbau. Die Flößerei gehört heute noch zum Selbstbild der Wolfacher, auch wenn es über hundert Jahre her ist, dass das letzte kommerzielle Floß die Kinzig abwärts fuhr. Aber die Tradition wird hochgehalten. Zu besonderen Gelegenheiten, beispielsweise das 900-jährige Stadtjubiläum im Jahre 1984, fahren Wolfacher Freizeitflößer unter großer Anteilnahme der Bevölkerung ein selbst gebautes Floß die Kinzig hinab.

Man weiß um das Schöne der Stadt und betreibt ein vorbildliches Stadtmarketing.

Durch den Handel, der die Wolfacher bis Holland und auch bis nach Venedig und weiter führte, erfuhr die Stadt natürlich auch eine kulturelle Bereicherung. So sind die venezianischen Einflüsse bei der Wolfacher Fasend nicht zu übersehen, und auch im Alltag prägt die Wolfacher eine gewisse Weltläufigkeit.

Das Fürstenberger Schloss, ab 1671 unter Maximilian Franz von Fürstenberg recht prunkvoll angelegt, wurde unter seinen sparsamen Nachfolgern als „Bürogebäude" fertig gestellt und beherbergt neben dem Museum und Veranstaltungsräumen noch heute vorwiegend Behörden. Doch diese Nüchternheit und Zweckmäßigkeit ist dem Städtchen ansonsten eher wesensfremd. Wolfach feiert gern, und

- und eine Stadt der Feste und Feiern

Wolfach ist immer noch ein stolzes Fleckchen Erde. Der Geist der Privilegien weht auch heute noch durch die Straßen und Gassen, aber auf eine sehr liebenswerte, niemals überhebliche Art. Der Wolfacher Bürgerstolz schaut auf niemanden herab.
Der Wolfacher „Stadtteil" Kinzigtal umfasst die Dörfer Halbmeil direkt an der Kinzig und St. Roman, das weit oben auf den Berghöhen liegt.
Seit 1975 gehört auch das evangelische Kirnbach, eine der drei „Bollenhutgemeinden", zu Wolfach. Gab es in früheren Jahrhunderten noch Reibereien zwischen den „Andersgläubigen", und war eine Liebe zwischen einem Wolfacher und einer Kirnbacherin undenkbar, sind diese Gegensätze heute längst überwunden. Doch haben alle eingemeindeten Dörfer ihren eigenen Charakter behalten.
Das Wolftal aufwärts kommt man dann nach Oberwolfach mit den beiden Ortsteilen Kirche und Walke. So schmuck wie das ganze Wolftal hat sich auch dieser Luftkurort herausgeputzt. Mit Recht Stolz sind die Oberwolfacher auf ihre Bergbautradition und die heute noch fördernde

Wolfach hat einen außergewöhnlich hohen Wohnwert. Das Städtchen bietet fast alles, was hohe Lebensqualität bedeutet. Dominiert wird Wolfach aber durch die Kinzig, die sogar Fliegenfischer mitten in die Stadt bringt, aber auch die Versorgung durch Wochenmärkte mit frischen bäuerlichen Produkten sind ein Ausdruck dieser Lebensqualität.

Im Frühjahr ist es keine Seltenheit, direkt vor den Toren der Stadt eine solche Idylle anzutreffen: Spaziergänge mit Erlebniswert!

Tourist-Info
Wolfach/Oberwolfach
77709 Wolfach
Tel.: (0 78 34) 83 53-53
Fax: (0 78 34) 83 53-59
www.wolfach.de

Grube Clara, wo in großem Umfang Fluss- und Schwerspat abgebaut werden. Doch sollte man über den hier möglichen Besuch unter der Erde, im Besucherbergwerk Wenzel, nicht die Schönheiten über der Erde vergessen und Oberwolfach auch als Ausgangspunkt für Wanderungen durch diese wunderschöne Landschaft nutzen.

Die Wolfacher „Lange Tafel"

Kulinarischer Höhepunkt des Jahres im Wolfacher Festkalender ist die Lange Tafel, wobei die ganze Innenstadt zum Speisezimmer umfunktioniert wird. Ein Tisch wird eingedeckt, der von der Brücke bis zum Stadttor reicht. Kein Platz an dieser „Langen Tafel" bleibt unbesetzt, wenn die Wolfacher Wirte dann zum Menü laden. Die aufgetischten Speisen können sich sehen lassen. Hier gibt es nicht die übliche Freiluftverpflegung wie Wurst und Wecken oder Steak vom Schwenkgrill.
Am vom Gasthaus Hecht betreuten Abschnitt der Langen Tafel gab es 2001 zum Beispiel Friséesalat mit Speck und Kracherle, Forellenfilet gefüllt mit Kräuterfarce in Rieslingsauce mit Bandnüdele und als Dessert Crème caramell mit frischen Waldbeeren. Kulinarischer Hochgenuss unter sommerlichem Sternenhimmel – das hat was! Wer mag, bummelt lieber die Hauptstraße auf und ab und holt sich an einem der Stände etwas zum Aus-der-Hand-essen. Die Atmosphäre ist grandios, das Essen köstlich – ein tolles Fest, das man unbedingt einmal erlebt haben sollte.

Eine Herausforderung an die Phantasi

Wolfach ist – sicher zu Recht – einer DER großen Namen in der schwäbisch-alemannischen Fasnet. Jahrhundertealt sind die Traditionen, auf die sich sowohl die Gewänder und Masken als auch die Bräuche stützen. Vielgestaltig sind die Narrenhäs, von ganz eigener Schönheit vor allem die Wolfacher Hanseltypen. Es lohnt sich allemal, die Wolfacher Fasnet mitzuerleben und sich an dem bunten, schönen Schauspiel zu erfreuen.
Und doch sind es auch die eher nicht ins strenge schwäbisch-alemannische Fasnets-Korsett sich zwängenden Veranstaltungen, die den ganz besonderen Reiz ausmachen. Mit am lustigsten, phantasievollsten und auffälligsten ist in Wolfach der Nasenzug. Auch hierfür ist der Sammelplatz für die Teilnehmer vor dem Stadttor. Eine bunte Menge findet sich diesmal ein – wild gekleidet vom Handwerker- bis Vagabundenaufzug, haben sie alle zwei Merkmale gemeinsam. Ein Muss für den Nasenzug ist zum einen der möglichst große Hut, der mit einem Holzspan geschmückt ist, und zum anderen natürlich die Nase!
Man kann sich gar nicht sattsehen: Was so alles auf eine Wolfacher Nase passt – unglaublich! Angefangen bei den dezenten Gumminasen aus dem Laden werden die Kreationen Marke Eigenbau, die man hier entdecken kann, immer kühner. Manch einer trägt, kunstvoll gestaltet, sogar ein Stückchen Lokalpolitik im Gesicht. Über den Minimalisten mit winziger Wollmütze auf dem Kopf und der Papprolle vom Klopapier auf der Nase zu wahren Bastelkünstlern, die halbmeterlange, mit Federn, Bändern, Tand und Talmi verzierte Kunstwerke vor sich her balancieren, ist alles vertreten. Der eine oder andere muss extra den schweren Rucksack mitschleppen, weil dort drin die Energieversorgung für sein blinkendes, hupendes oder sonstwie mit elektrisch betriebenen Finessen ausgestattetes Nasen-Zierstück steckt.
Noch etwas haben die Nasenzug-Teilnehmer außer Nase und holzgeschmücktem Hut gemeinsam. Es sind ausnahmslos Männer, die hier mitlaufen. Ausnahmslos? Na, fast, denn ein paar wenige wagemutige Frauen gibt es doch jedes Jahr, die sich in diese Männerdomäne einzuschleichen versuchen. Dazu gehört Mut, denn die Männer wachen

nd an die Weiblichkeit – der Nasenzug

streng über ihr Privileg. Wer sein Gesicht allzusehr hinter der Nase versteckt, wer die verräterische Körperhaltung, den leichteren Schritt, das hellere Lachen hat, ist schnell enttarnt. Und das wird noch heiter! Denn jetzt setzt sich der Zug in Bewegung, der Zugführer mit dem Besen in der Hand voraus, dahinter im Gänsemarsch die Nasenträger. Dass das natürlich nicht ohne Radau abgeht, ist klar. Jeder hat wieder seine Katzenmusik-Instrumente dabei, und so schlängelt sich der schier endlose Zug unter höllischem Lärm durch die Innenstadt. Und er schlängelt im wahrsten Sinne des Wortes, denn jetzt geht es durch die Häuser! Polizeiwache, Zeitungsredaktion und Gasthäuser – zur Vordertür geht es hinein, durch die Hintertür hinaus. Und weil der Zug so lang ist, entsteht der Eindruck, ein endloser Wurm schlängle sich durch Wolfach. Während der Zugführer schon weit vorne zur fünften Wirtschaft herausmarschiert, strömt das Ende des Zuges immer noch zur ersten Tür hinein. Dazwischen eine einzige Wellenbewegung dieses bunten Marsches, aus allen dazwischenliegenden Gebäuden strömen irgendwo die Zugteilnehmer heraus, um woanders wieder reinwärts zu verschwinden. Zusammengehalten wird alles durch den Lärm.

Und dann erreicht der Zug den Stadtbrunnen. Dort stehen die Zuschauer dichtgedrängt ringsum. Aber diese Neugier kommt manchen teuer zu stehen. Viele der Nasenzügler haben zum Lärmen große Kuhhörner mitgebracht. Im Laufen werden diese jetzt mit einem geschickten Schwung durchs Wasser des Brunnens gezogen, und mit einem einzigen weiten Ausholen sind etliche Zuschauer kräftig nass. Trotzdem harren sie am Brunnen aus. Was sie sehen wollen, sind die enttarnten Frauen, die zwar den Nasenzug trotz der Entdeckung dann mitlaufen dürfen, aber zur Strafe ihren Übermut im Stadtbrunnen kühlen dürfen: Kurzerhand werden sie von den Männern gepackt und in den Brunnen gesteckt! Im Februar sicher kein „Badespaß“!

Die Frauen jedoch, die es tatsächlich schaffen, den Nasenzug unentdeckt mitzumachen, geben sich hinterher zu erkennen und haben sich ob ihres Mutes und Einfallsreichtums eine Belohnung verdient: Sie bekommen ein fürstliches Essen spendiert.

Tourist-Info
Wolfach
77709 Wolfach
Tel.: (0 78 34) 83 53-53
Fax: (0 78 34) 83 53-59
www.@wolfach.de

Schön, laut, unbeschreiblich – Wohlauf in Wolfach

Stockfinster ist es, die Kälte kriecht einem in die müden Knochen. Ausgeschlafen ist etwas anderes. Die müden Augen durchdringen die Finsternis in Wolfachs Straßen nur mühsam. Doch hie und da sieht man helle Gestalten durch die Dunkelheit huschen. Sie scheinen alle das gleiche Ziel zu haben. Vor dem Stadttor versammelt sich die Gesellschaft, durch die Finsternis ringsum in ein ganz eigenes schimmerndes Licht getaucht. Jeder trägt eine Glaslaterne mit einer weißen Kerze darin mit sich, die die weißen Gewänder und Mützen und bleichen, nachtschlafenen Gesichter widerstrahlen lässt.

Kleine Kinder sind dabei, fest an der Elternhand, schlaftrunken nebenherstolpernd, aber auch ältere und alte Wolfacher, die sich, obwohl das Aufstehen eigentlich an jedem Tag ein wenig schwerfällt, ihren Wohlauf nicht entgehen lassen.

Hunderte dieser nachtspukenden Gestalten scharen sich um das fahrbare, rundum mit Laternen behängte Bett, in dem der Wohlauf schlummert.

Mit dem Betläuten um halb sechs Uhr früh, das in Wolfach nur noch zu dieser besonderen Gelegenheit erklingt, beginnt das Spektakel. Die Straßenbeleuchtung erlischt, nun kommt das einzige Licht von den Laternen der Wohlauf-Zügler und dem Widerschein der weißen Gewänder. Ein ohrenbetäubender Lärm setzt ein – Katzenmusik in ihrer ursprünglichsten Form. Alles, was irgend Töne von sich geben kann, wird mitgebracht und kommt nun zum Einsatz: Topfdeckel, riesige Kuhhörner, Flöten, Trompeten, Blechkanister, überhaupt alles, was aus Metall und mit Knüppeln schlagbar ist und einen möglichst mächtigen Klangkörper hat. Es ist ein wahrhaftes Inferno. So zieht der Wohlauf mit seinem Gefolge in die Innenstadt ein.

Doch schlagartig wird es mucksmäuschenstill. Wie nur von einem Mund geblasen, von einer Hand geschlagen, verstummen sämtliche Krachinstrumente. Man ist an einer der alten Nachtwächter-Singstellen angekommen. Der Wohlauf erhebt sich in seinem Bett, und über die still lauschende Menge tönt sein Lied:

Wohlauf! Wohlauf!
Ihr Narren, hört, vernehmt und wisst:
Der Narrotag erstanden ist.
Der Tag fängt an zu leuchten
Den Narro wie den Gscheiten.
Der Narrotag, der nie versag'
Wünsch allen Narro e guete Tag!

Dann sinkt der Wohlauf wieder zum Schlafe in sein Bett zurück, und sofort bricht der Lärm wieder los. So geht es durch die ganze Innenstadt und die Vorstadt, der Wohlauf immer im Wechsel mit seinem Gefolge.

Wer den Wohlaufzug sieht, erkennt, warum die Wolfacher es sich nach Möglichkeit nicht entgehen lassen, daran teilzunehmen. Etliche, vor allem junge Leute, kommen direkt vom nächtlichen Fasnetstreiben zum Wohlauf. Sie freuen sich schon aufs eigene Bett, aber der Wohlauf muss noch vorher sein. Es ist ein schier unbeschreibliches Schauspiel, es beeindruckt ganz ungeheuer, diese große Menge einheitlich gekleideter Hemdglunker, die im Wechselspiel mit ihrem Vorsänger wohltönenden Gesang und ohrenbetäubenden Lärm aufeinander folgen lassen, ohne sich je zu stören. Keiner fällt dem Wohlauf mit einem schrägen Ton ins Lied.

Ist die große Runde zu Ende und ganz Wolfach geweckt, so kehren die tapferen Nachtvertreiber in den Gasthäusern ein, um traditionell Röschele mit Bratkartoffeln zu essen.

Die große Trauer – der letzte Fasnetspaß

Wolfach hat eine sehr eigenwillige, sehr traditionsreiche, sehr vielgestaltige und sehr schöne Fasnet mit einem großen Programm – immerhin zum Beispiel ganze zwölf Umzüge! Da nimmt es einen nicht wunder, dass sich die Wolfacher Narren nur schwer von ihrer Hoch-Zeit lösen mögen. Also verschleppen sie den endgültigen Schluss der Fasnet in den Aschermittwoch hinein – da werden nämlich in einer großen Wehklageaktion die Geldbeutel gewaschen.
Gemessenen Schrittes, in schwarzer Trauerkleidung, den Trauerflor am Zylinder, kommen die Geldbeutelwäscher in Richtung Stadtbrunnen. An langen Bohnenstangen sind die leeren Geldbeutel angebunden, auch gleich die Scheuerbürste zum gründlichen Waschen desselben. Erst gibt es noch einen Schwenk zum Finanzamt, dort wird an der „Klagemauer" ebenfalls ein wenig rumgeheult – ob das je schon mal genützt hat?
Jetzt geht es durch das Spalier der Zuschauer zum Brunnen. Hier heißt es die würdevolle Trauermiene nicht zu verlieren, obwohl sich manch einer aus dem Publikum nach Kräften bemüht, die Schwarzberockten zum Lachen zu bringen – zum Beispiel, indem man in halbe Zitronen beißt.
Doch in großer Ernsthaftigkeit geht es nun ans Reinigen der leeren Beutel. Diese werden dann mit Leichenbittermiene an einer eigens gespannten Wäscheleine aufgehängt, sodass die Wäscher beide Hände frei haben, um sich in ihrem jetzt einsetzenden Gejammere und Geklage zu umarmen und die Taschentücher zu zücken.
Die gründlich gelüfteten Geldbeutel werden anschließend wieder an die Bohnenstecken gebunden und ein letztes Mal durch den Brunnen gezogen – voll mit eiskaltem Brunnenwasser, werden sie über die Köpfe der aufmüpfigen, weil gar so fröhlichen Zuschauer geschwenkt – ein letzter nasser Gruß der diesjährigen Fasnet.
Die Geldbeutelwäscher ziehen gemessenen Schrittes weiter – in die „Krone" nämlich, zum Stockfischessen.

Tourist-Info Wolfach
77709 Wolfach
Tel.: (07834) 8353-53
Fax: (07834) 8353-59
www.wolfach.de

Kuckuckspfeifen von dort, wo der Kuckuck ruft

Es gibt bestimmte kleine Dinge, die einem immer mal wieder begegnen und über die man sich trotzdem kaum einmal Gedanken macht. Zu diesen kleinen Selbstverständlichkeiten gehören auch die Kuckuckspfeifen. An vielen Kiosken und Souvenirshops, gerade auch im Schwarzwald, sind sie für wenig Geld zu erstehen, ein nettes kleines Mitbringsel, eine Freude für die Kinder. Aber wie werden sie eigentlich gemacht, und wo kommen sie her? Die Herkunft dieser kleinen Musikinstrumente ist schnell geklärt: vom hinteren Kirnbach, und von dort aus in den Wald hinein, bis jeder Weg aufhört – dann ist man bei der Kuckuckspfeifenwerkstatt der Familie Lehmann.

Um sich die Herstellung so eines Pfeifleins erklären zu lassen, braucht man dann schon etwas mehr Zeit. Schließlich stecken 40 verschiedene Arbeitsgänge in jedem Stück! Und die Kunst des Kuckuckspfeifenbaus beginnt schon bei der Holzernte. Die richtige Auswahl gilt es zu treffen, der Zeitpunkt muss gut gewählt sein. Eigenschaften wie Rindenspannung und die Spannung des Holzes selbst muss man beachten, aber auch der Holzwurmbefall darf nicht außer Acht gelassen werden. Ein Jahr lang trocknet das im Winter geschlagene Holz, hauptsächlich Hasel, Esche und Ahorn, aber auch Nadelhölzer und Obsthölzer.

Und dann geht es so richtig los. Jetzt wird gesägt und gefräst, der äußere Formschnitt gefertigt, die Luftlöcher gebohrt, und, und, und. Zwischen den einzelnen Arbeitsgängen muss das Holz immer wieder gelagert werden, damit sich dessen Spannung ausgleichen kann.

In der Hauptsache sind es Sonja Lehmann und ihr Schwiegervater Friedrich, die in der Werkstatt stehen. Nach Feierabend kommt dann Ewald, Sonjas Ehemann, dazu, wenn es viel zu tun gibt, helfen auch deren Söhne mit.

Gegründet hat die Werkstatt Friedrich Lehmann, gelernter Küfer, schon 1956, aber bis 1997 lief das eher als Hobby denn als Broterwerb. Jetzt ist die Werkstatt erweitert, und die Jahresproduktion des Familienbetriebs beträgt stolze 30.000 Stück. Die Maschinen, die für diese Produktion notwendig sind, sind allesamt von Ewald Lehmann oder seinem Vater Friedrich selbst erdacht. Eine geballte Ladung Erfindergeist und Phantasie steht dort, lauter eigenwillige Lösungen für die Feinheiten, die es beim Kuckuckspfeifenbau zu beachten gilt. Schließlich gehören viel Sorgfalt und Präzision dazu, eine Pfeife zu bauen, die dann auch wirklich wie ein Kuckuck klingt. Und wenn sich dann noch gleichzeitig ein Schwarzwälder Tanzpaar auf der Pfeife drehen soll, muss vorher lange getüftelt und probiert werden. Ein kinderdaumennagelgroßes Windrädchen treibt die Figuren an, selber versorgt durch eine eigene Luftleitung im Inneren der Pfeife. Immer neue Genialitäten

entdeckt man in Lehmanns Werkstatt. Selbst die Masse, aus der die Vogelnestchen auf einem anderen Modell gefertigt werden, ist selbst entwickelt.
Bei der Entwicklung neuer Ideen und der Suche nach Problemlösungen gehen sich Vater Friedrich und Sohn Ewald eher aus dem Weg. Zwei eigenwillige Köpfe müssen jeder den eigenen Weg zum Ziel finden. Dann aber setzt man die neue Idee gemeinsam um. Nun wollen die Lehmanns daran gehen, ihren Vertrieb auszubauen, vielleicht sogar europaweit ihre Kuckucke pfeifen zu lassen.

Die Entwicklung und Herstellung eigener Maschinen ist das große Hobby von Ewald Lehmann. Er ist der sprichwörtliche „schwäbische" Tüftler, obwohl er ein waschechter Badener ist.

Kuckuckspfeifen Sonja Lehmann
Talstraße 62
77709 Wolfach-Kirnbach
Tel. und Fax: (0 78 34) 42 18
www.kuckuckspfeifen.de

Panflöten mit riesigen Ausmaßen

Gut 15 Jahre ist es schon her, dass Enkel Martin sich von Opa Friedrich Lehmann eine Kassette mit Panflötenmusik zu Weihnachten wünschte. Aber ausgerechnet das gab es in der Musikhandlung nicht. Was macht ein Tüftler wie Friedrich Lehmann in einer solchen Situation? Richtig, er baut selber eine Panflöte. Es dauerte zwar bis Ostern, bis er seinem Enkel den Weihnachtswunsch erfüllen konnte, aber mit der ersten spielbaren Flöte, die Friedrich Lehmann dann endlich in Händen hielt, war auch eine große Leidenschaft geweckt. Heute hat er es im Panflötenbau zu wahrer Meisterschaft gebracht, er spielt seine Instrumente selbst und gibt sogar Unterricht. Dabei hat er sich alles selbst beigebracht, sowohl den Bau der Instrumente als auch das Spielen darauf. Wunderschön sind die Flöten aus Friedrich Lehmanns Werkstatt, liebevoll verziert, lauter Unikate. Weit über hundert Arbeitsstunden können in so einer Flöte stecken, und dass sie trotzdem erschwinglich sind, liegt daran, dass Friedrich Lehmann mit dem Flötenbau seine eigene Leidenschaft ausleben kann. Und das lässt sich sowieso nicht mit Geld aufwiegen.

Kultur-a-real
Klausenbauernhof:
Familie Faitsch
bittet zur Hof-Art

Natürlich ist der Klausenbauernhof ein Denkmal. Schließlich wurde der Hof auf die Jahre 1561/62 datiert und ist so einer der ältesten Schwarzwaldhöfe des Kinzigtaler Typs. Da die ursprüngliche Bausubstanz im Großen und Ganzen noch erhalten ist und der Klausenbauernhof so einer der wenigen Höfe ist, die den Dreißigjährigen Krieg weitgehend unbeschadet überstanden haben, hat das Landesdenkmalamt ihn als Kulturdenkmal von besonderer Bedeutung in das Denkmalbuch eingetragen. Die Nebengebäude, teils dem Hof zugehörig, teils an ihrem alten Standort vor dem Abbruch gerettet und abgetragen und hier wieder aufgebaut, lassen den Hof zu einem einzigartigen Ensemble werden.

Und doch scheint der Begriff Denkmal nicht anwendbar auf den Klausenbauernhof, klingt selbst mit dem Zusatz „lebendig" verfehlt. Lebendig allein, das trifft es schon eher.
Der Klausenbauernhof strotzt förmlich vor Leben. Das liegt zuallererst einmal daran, dass die heutigen Besitzer, die Familie Faitsch, den Hof tatsächlich auch bewohnen und nicht nur „ausstellen". Zu den Hofbewohnern zählen neben Joachim Faitsch, seines Zeichens ein gefragter Fachmann für Bauforschung und Restaurierung mit eigenem Sanierungsbetrieb, seiner Frau Sibylle, zuständig für das leibliche Wohl der Gäste, die einen so liebevoll willkommen heißt, dass man sich gleich wie zu Hause fühlt, den drei Kindern Friederike, Raphael und Dominik auch noch jede Menge Vierbeiner, die keiner voll-

Impressionen von einem rundum gelungenen Fest auf dem Klausenbauernhof: Joachim Faitsch (links) präsentiert den kulinarischen Höhepunkt, im großen Ofen des Backhauses zubereitet (rechts oben). Ob für Kinder oder für Ruhebedürftige: Auf dem großen Hofgelände findet jeder seinen Lieblingsplatz.
Schattig-luftiger Platz für heiße Sommertage ist das offene Fachwerk.

ständig aufzählen kann, ohne ins Stocken zu geraten. Fast eine richtige Bauernhofbesetzung also. „Und nicht zuletzt ein wahres Mäuseparadies, dank des gewaltigen Roggenstrohdachs!“, lacht Joachim Faitsch.
Wenn man mit ihm im Schatten unter den Bäumen sitzt, mitten in der Idylle, klingt alles ganz harmlos, was er von den schweren Anfangszeiten erzählt. Dabei wurde der Hof buchstäblich unter der Abrissbirne weg gekauft, sollte dem Gewerbegebiet Platz machen, dem er heute trotzig die Stirn bietet.
Es folgten etliche Jahre der behutsamen und verständigen Restaurierung, die Hofanlage verschlang Geld und Arbeitskraft gleichermaßen. 1995 schließlich erfolgte der erste Schritt in die Öffentlichkeit, zum Tag des offenen Denkmals. Die Resonanz war riesig, die Besucher begeistert. Sowohl der Hof selbst als auch die durchgeführten Arbeiten sind in höchstem Maße sehenswert. Also etablierten sich die Hofführungen, die für den interessierten Laien genauso wie für den Fachmann auf der Suche nach gelungenen Lösungswegen lohnen.
Und dann kam eines zum anderen. Jemand entdeckte die grandiose Kulisse, die der Hof für Feste hergeben würde, und die nächste Nutzungsidee war geboren. Ob Hochzeit, Vereinsfest, Firmenjubiläum – es gibt keinen Anlass, der nicht auf dem Klausenbauernhof einen gelungenen Rahmen finden würde.
Um dann den Bogen zu spannen zwischen den eher fachlich-sachlichen Hofführungen und den rauschenden Festen, wurde die Hof-Art geboren. Sibylle und Joachim Faitsch stellen ein Kulturprogramm zusammen, das seinesgleichen sucht. In Eigenregie, mit der Unterstützung guter Freunde, bieten sie ein Jahresprogramm an Konzerten, Ausstellungen und anderen Kulturevents, das immer mehr Freunde findet und viele Begeisterte regelmäßig auf dem Kultur-a-real Klausenbauernhof vorbeikommen lässt.
Die Räumlichkeiten dafür könnten vielseitiger nicht sein. Ob im zum Gastraum umfunktionierten ehemaligen Kuhstall im Erdgeschoss, dessen Atmosphäre durch die wuchtige Eichenbalkendecke und das Bruchsteingemäuer beherrscht wird, in der großen Halle unter dem Hofdach, im frei stehenden Fachwerkbau mit dem mutig aufgesetzten modernen Dach, jede Veranstaltung findet hier den stimmigen Ort, alle miteinander in Kommunikation durch die Möglichkeit zu bummeln, sich ein lauschiges Plätzchen unter den Bäumen zu suchen, sich auch mal zurückzuziehen und später wieder zum Geschehen zu stoßen.
Ganz besonders gelungen: Der ehemalige Heustock, der für Ausstellungen genutzt wird. Über drei Etagen ziehen sich die Ausstellungsräume, durch Winkel, Ecken, Nischen, Treppen in ein geheimnisbergendes Labyrinth unterteilt, bei dem es immer wieder neue Ein- und Ausblicke zu entdecken gibt und das seinen ganz besonderen Charme auf die ausgestellten Werke überträgt.
Alles in allem ist der Klausenbauernhof ein rundum gelungenes Beispiel dafür, wie man altes Kulturgut bewahren kann, ohne ihm den musealen Stempel der Ehrfurcht aufzudrücken.
Durch die unprätentiöse Nutzung verlieren die Gebäude den Eindruck von bewahrtem Altertum und vermitteln lebendige Kontinuität über die Jahrhunderte – was soll einem solchen Hof denn noch Schöneres passieren?

„Zum Hecht“: Tradition verpflichtet

Wenn ein Wolfacher gut essen gehen will, dann kommt er am „Hecht“ nicht vorbei: eines der letzten Traditionslokale im Familienbesitz in der Wolfacher Hauptstraße. Das Haus, schon im Jahre 1672 urkundlich erwähnt, steht unter Denkmalschutz und prägt wesentlich einen Teil von Wolfachs Flaniermeile.

Mit großem finanziellen Einsatz hat die Besitzerfamilie Sattler das komplette Haus renoviert und schon von außen ein optisches Juwel geschaffen. Im Inneren empfängt den Gast ein rustikales Restaurant mit einem kleinen Nebenzimmer, das überwiegend für kleinere Familienfeiern genutzt wird.

Im hinteren Teil befindet sich die großzügige Küche, in der Eberhard Sattler, Jahrgang 1960, das Zepter schwingt, der seine Ausbildung im Freudenstädter Bären bekommen hat und, wie es sich für einen wirklich guten Koch gehört, in weiteren Renommierlokalen (Ritter, Durbach oder Colombi in Freiburg) der Gegend wichtige Erfahrungen sammelte. Sein Ruf als Spezialist für Fischgerichte begründet sich auch in seinem langjährigen Aufenthalt in Schweden.

Eberhard Sattler führt das Lokal bereits in der dritten Generation zusammen mit Ehefrau Renate und beschäftigt sechs Mitarbeiter, die sich auch um die 17 Zimmer kümmern. Leben ins Haus der Sattlers bringen ihre drei Kinder Lena, Svenja und Julian.

Der Hecht ist aber nicht nur ein Speiselokal, er ist unverzichtbarer Teil der Wolfacher Fasnet geworden. Und Jahr für Jahr steht Sattlers „Saure Leber mit Spätzle mit Einbrennsoße“ im Vordergrund. Kiloweise verschlingen die Wolfacher dieses Traditionsgericht, das Eberhard Sattler mit enormem Aufwand und in Handarbeit zubereitet.

Das Herstellen einer Einbrennsoße erfordert einiges an Erfahrung. „Man darf nicht erwarten, dass dieses Gericht schon beim ersten Mal perfekt gelingt. Der richtige Zeitpunkt, wann das Mehl die richtige Farbe hat, ist am wichtigsten.“ Aber der Lohn der Mühe ist ein absoluter Hochgenuss, und wer nicht weiter weiß, der kann gerne den Koch fragen.

Hotel-Gasthof „Zum Hecht“
Familie Sattler
Hauptstraße 51, 77709 Wolfach
Tel.: (07834) 538
Fax: (07834) 47223
www.hecht-wolfach.de
9 bis 15, 17 bis 24 Uhr
Ruhetage:
Montag abend und Dienstag

Bei der „Langen Tafel" zeigen sich die Sattlers und ihre Brigade von der kreativen Seite.

Saure Leber mit Spätzle: Die Genialität dieses Traditionsgerichtes liegt nicht in der Optik, sondern im einmaligen Geschmack, das zum Küchen-Wahrzeichen im Wolfacher „Hecht" geworden ist.

Schwarzwälder Handwerkstradition in großem Sti

Die Geschichte des Glases und der Glasmacherkunst reicht weit in die vorchristliche Zeit zurück; schon die Erbauer der Pyramiden in Ägypten trugen gläsernen Schmuck, und bereits um Christi Geburt war die große Kunst des Glasblasens bekannt. Die Römer verbreiteten diese Fertigkeit in ihrem Imperium. Allerdings gingen diese Kenntnisse nördlich der Alpen mit dem Untergang des Römischen Reiches wieder verloren, erst im Mittelalter gründeten überwiegend venezianische Glasmacher fast überall in Europa Glashütten.

Vor allem in den waldreichen Gebieten siedelten sich die Glasmacher mit ihrem Gewerbe an, denn das Glasmachen verbrauchte ungeheuer viel Holz, und zwar in erster Linie nicht für die Befeuerung der Öfen, sondern für die Gewinnung von Pottasche, die einst durch das Auslaugen von Holzasche gewonnen wurde.

Im Schwarzwald gab es zwischen dem 13. und 19. Jahrhundert um die fünfzig Glashütten. Viele Orts- und Flurnamen, wie Altglashütten, Glasbach, Glaserberg, erinnern noch heute daran. Die Glasmacher waren ein gern gesehener Stand, rodeten sie doch Waldgebiete für die anschließende bäuerliche Nutzung und versorgten die Herrschaften mit Glasgegenständen.

Zurückgezogen im Wald, außerhalb der Ortschaften lebend, bildeten sie eine verschworene Gemeinschaft, die etliche Privilegien genoss und diese von Generation zu Generation weitergab.

Konkurrenz gab es lange Zeit nur mit den Flößern, die ja ebenfalls vom Wald lebten. Doch mit der zunehmenden Holzverknappung durch die Übernutzung der Wälder und der daraus resultierenden Holzverteuerung wuchs der Druck durch die böhmischen Glashütten. Die Schwarzwälder Glasmachertradition erlebte ihren Niedergang.

Heute ist die Dorotheenhütte in Wolfach die einzige große handwerklich arbeitende Glashütte im Schwarzwald. Obwohl die Hütte erst nach dem Zweiten Weltkrieg gegründet wurde, hat man sich in Wolfach der Verantwortung um die Tradition dieses Handwerks gestellt.

So kann heute der gesamte Betrieb besichtigt werden, und zu der Glas-

Glas, das ist Feuer und Hitze, Faszination und Spannung. Auch heute noch entstehen in der Mundblashütte kostbare Artikel in aufwändiger Handarbeit.

schleiferei, mit der die Arbeit in Wolfach aufgenommen wurde, und der im Jahre 1957 hinzugekommenen eigenen Glasbläserei wurde ein Glasmuseum, eine Museumsbläserei und ein großzügiger Ausstellungs- und Verkaufsbereich eingerichtet.
Denn nur so ist ein handwerklich arbeitender Betrieb in dieser Größenordnung heute überhaupt noch zu halten. Seit das Kaufverhalten bei Geschirr und Glas weg vom „Für ein ganzes Leben"-Gedanken hin zu günstigeren Waren, die öfters mal ausgetauscht werden, geht, ist handwerklich gefertigtes Glas mit seinem relativ hohen Preis der breiten Käuferschicht nicht mehr ohne weiteres zu vermitteln.
Und „nur" zum Gläserkauf fährt man nicht extra her, wenn mittlerweile jedes Möbelgeschäft auch seine Geschirrabteilung hat. Doch die Möglichkeit, dem eingespielten Glasmacherteam zuzusehen und sich von der gekonnten Hand-in-Hand-Arbeit beeindrucken zu lassen, sich eventuell in der historisch eingerichteten Besucherwerkstatt selbst mal an der Glasbläserpfeife zu versuchen, die Fingerfertigkeit der Glasschleifer zu bewundern und die umfangreichen Ausstellungen über die Geschichte der Glaskunst, über die Produktion in der Dorotheenhütte und die Galerie mit modernen Glasbildern zu betrachten, weckt vielleicht wieder ein etwas anderes Verhältnis zu dem alltäglichen, geheimnisvollen Werkstoff Glas.
In der Verkaufsausstellung „Gläserland" und im ganzjährig liebevoll dekorierten Weihnachtsdorf kann man sich dann mit allem eindecken, was das Herz begehrt, um das eigene Zuhause mit gläsernen Schönheiten zu bereichern. Und bevor die neu erworbenen Kostbarkeiten nach Hause gebracht werden, bietet das beliebte Restaurant „Hüttenklause" noch einen Ruhepol, der von den Besuchern gerne aufgesucht wird (siehe nächste Seite).

Zu einem festlichen Essen gehört auch das festliche Glas. Handgeschliffene Gläser aus der eigenen Produktion: Man sieht den Gläsern an, dass es Unikate sind und keine Massenware.

Entnehmen der Glasmasse aus dem Glasschmelzofen.

Glasmacher beim Einblasen in die Birnenholzform.

Der Glasschleifer veredelt die Rohlinge.

Uraltes Werkzeug und noch heute in Gebrauch: Glasmacher beim Hantieren mit der Glasmacherpfeife.

Das Anzeichnen für den Schliff: Dies ist eine Orientierungshilfe für den Schleifer und verhilft zu einer weitgehenden Gleichmäßigkeit der Schliffbilder.

Überfangglas – der Stolz der Wolfacher Glasmacher

Gläser, Vasen, Schalen aus Überfangglas, kunstvoll geschliffen, sind die Aushängeschilder der Wolfacher Dorotheenhütte. Hier zeigt sich die ganze Kunst sowohl des Glasblasens als auch des Schleifens, und zu Recht ist man in der Dorotheenhütte stolz auf die große Produktpalette in dieser aufwändigen Technik, die zudem in sechs verschiedenen Farben angeboten wird.

Überfangglas ist ein aus zwei Schichten gefertigtes Glas, einer klaren Trägerschicht und dem farbigen Überzug, die sich in der Gluthitze des Glasofens verbinden. Bis zu sieben Mann stark muss das Team sein, das gemeinsam vor dem Ofen arbeitet, um ineinander greifend Handgriff mit Handgriff, Blasen, Drehen, Formen zu einem homogenen Ablauf zu verbinden. Viel Können und Erfahrung müssen die Glasmacher haben, um diese Technik zu beherrschen. Während ein Glasbläser mit der Pfeife, seinem langen „Blasrohr“, immer wieder glutflüssiges Glas aus dem Ofen holt und den Kölbel, den ersten geblasenen Glastropfen, so immer wieder vergrößert, immer weiter aufbläst, hat sein Kollege mit seinem Kölbel einen der vorgefertigten, halbschalenförmigen Farbmäntel aufgenommen. Durch die Ofenhitze miteinander verschmolzen, wird dieser Kölbel mitsamt seinem farbigen Überzug zu beachtlicher Größe aufgeblasen und in einer der Formen aus Birnenholz vorgeformt.

Gekonnt wird durch die Pfeife ein Teil der Luft aus der Glaskugel gesogen, sodass diese sich nach innen stülpt. In die so vorbereitete Form wird dann der gleichzeitig gefertigte transparente Kölbel eingeblasen. Die äußere Hülle wird vorsichtig abgesprengt, dann wird das Glas nochmals erhitzt, damit sich die Schichten verbinden. Jetzt wird es in die endgültige Form einge-

Das Weihnachtsdorf der Dorotheenhütte: Selbst im Hochsommer kann man sich hier in weihnachtliche Stimmung versetzen lassen. Und ganz ehrlich – vor Weihnachten fängt die Zeit eh wieder an davonzulaufen, und vieles, was man sich vorgenommen hatte, bleibt wieder unerledigt. Warum also nicht mal unter dem Jahr in aller Ruhe die neue Dekoration für den Weihnachtsbaum oder den Tischschmuck für das Festmenü auswählen?

So wird's in der Hüttenklause, dem Restaurant der Dorotheenhütte, gemacht: Produkte aus der Region werden kunstvoll angerichtet. Roher Schinken, gekochter Schinken, gefüllt mit grünem Spargel, feingeschnittene Speckstreifen, bunter Wurstsalat aus Lyoner, gefüllte Tomaten mit Kräuterquark, Käsevariationen, Hähnchenbrust, garniert mit frischen Früchten – Augen- und Gaumenschmaus zugleich.

Ein freundlicher, perfekter Service ist in der Hüttenklause garantiert.

Rudolf Sonntag von der Geschäftsleitung der Dorotheenhütte (links) lässt es sich, wenn ihm die Zeit reicht, nicht nehmen, seinen Besuchern persönlich viele Geschichten rund ums Glas zu erzählen.

blasen. Mit rund 450 Grad Restwärme wird das Werkstück in die Kühlanlage gebracht, wo es in ungefähr 8 bis 10 Stunden auf Raumtemperatur heruntergekühlt wird. Nun geht es in die Weiterverarbeitung. Die überstehenden Teile werden abgeschnitten, strenge Kontrollen sortieren die Fehlstücke aus. In der Schleiferei ist dann nochmal größtes Können gefragt, wenn mit ungezählten Schnitten die kunstvollen Muster in die Gläser geschliffen werden. Das ist Präzisionsarbeit der beeindruckendsten Art. Keine Vorrichtung, keine computergestützte Lenkung – frei Hand wird das Glas an der Schleifscheibe entlanggeführt, bis endlich die vielen Linien zu einem bezaubernden Muster vollendet sind. Nach einem Säurebad, in dem die Schleifkanten wieder glatt geätzt werden und den strahlenden Glanz zurückerhalten, ist das Kunstwerk endlich fertig – vom Anfang bis Ende stecken rund 12 bis 14 Stunden Arbeit in so einem Stück. Dafür besticht jedes einzelne nachher mit einer ungeheuren Brillanz und strahlenden Leuchtkraft, die eben nur hohe Qualität und großes Können aus dem Glas herausholen. Und diejenigen, die den aufwändigen Produktionsprozess miterlebt haben, wissen die Schönheit, die unter so viel Mühe aus dem Glas geholt wurde, noch einmal ganz besonders zu schätzen.

Dorotheenhütte Wolfach
Glashüttenweg 4
77709 Wolfach
Tel.: (07834) 8398-0
Fax: (07834) 8398-49
Täglich, auch an Sonn- und Feiertagen
Besichtigung 9.00–16.30 Uhr,
Verkauf 9.00–17.30 Uhr

Glück auf in Oberwolfach: Das Besucherbergwerk Grube Wenzel und das Mineralienmuseum

„Platsch, platsch!" – in klobigen Gummistiefeln, Regenjacken oder Overalls und dem obligatorischen Schutzhelm mit Grubenhelmlampe geht es in den Berg. Ein Dutzend neugierige Kinder und Erwachsene lassen sich von einem der ehrenamtlichen Führer in das alte Bergwerk Wenzel führen. „So, und jetzt macht mal alle eure Lampen aus!", weist Wolf-Dieter Metzler seine Gruppe an. „Jetzt habt ihr eine Vorstellung davon, wie es beim Arbeiten hier drin früher zugegangen ist."

Da läuft dem Besucher schon ein Schauer über den Rücken. Eindrucksvoll bringt einem diese Führung nahe, was es hieß, in früheren Jahrhunderten unter Tage zu arbeiten. Es geht einem unter die Haut, wenn Wolf-Dieter Metzler sich eines der Kinder schnappt und an einen ehemaligen Arbeitsplatz setzt. „Dreizehn Stunden am Tag Schwerspat in Brocken zerschlagen zum Sortieren und für den Abtransport, kannst du dir das vorstellen?" Der schmächtige Elfjährige schüttelt mit großen Augen den Kopf. Doch war das früher Alltag hier. Viel verdient haben damals weder die Kinder noch die Erwachsenen, die sich in der Grube den Rücken krumm schufteten.

Jahrhundertelang wurde hier nach Silber gesucht, über die letzten 350 Jahre gibt es schriftliche Zeugnisse. Doch gibt die Grube selbst Zeugnis davon, dass es noch ältere Grabungen gibt. Ganze 15 Meter weit brachte die Menschen damals die Arbeit eines ganzen Jahres in den Berg hinein – so mühsam trotzten sie dem harten Gneis Meter um Meter ab. Immer auf der Suche nach den weißen Schwerspat-Adern im Fels, die gleichzeitig die Silbervorkommen anzeigten, kämpften sich die Männer Jahr um Jahr voran, um nach endloser, fruchtloser Suche doch aufzugeben – vier Meter vor der erhofften ergiebigen Silberader, wie sich später herausstellte.

Als diese Ader dann endlich gefunden war, begann die Blütezeit des Bergwerks Wenzel. Zwischen 1766 und 1818 wurden rund 3000 kg Silber abgebaut.

Mit diesem Wissen steht die Besuchergruppe dann fast ehrfürchtig vor der großen, weiß schimmernden Schwerspat-Ader, die sich so vielen hart arbeitenden Hauern verweigert hatte und dann doch zutage gebracht wurde. Was muss das für ein Glücksgefühl gewesen sein!

Der Schwerspat war damals noch Abraum. Heute wird genau dieser gesucht und abgebaut – zum Beispiel im großen Bergwerk Clara, in dem allerdings in riesigen Gängen Lastwagen ein- und ausfahren, dessen unglaubliche Dimensionen wenig mit dem mühsamen „Handabbau" wie im Bergwerk Wenzel zu tun haben.

Gute anderthalb Stunden dauert der Gang durch das Bergwerk Wenzel, und keine Minute davon ist langweilig. So viel Wissenswertes gibt es zu erfahren über die Mineralien und die Suche nach ihnen, über die Geschichte des Bergbaus und die Arbeitsbedingungen früherer Zeiten. Wenn es auf dem Rückweg plötzlich wieder spürbar wärmer wird (in der Grube herrschen konstant zehn Grad), wenn die Luft wieder nach Wiese riecht, was sich nach der langen Zeit in der reinen, geruchlosen Bergluft stark bemerkbar macht, ist es, als ob man aus fernen Zeiten wieder auftaucht im Tageslicht. Die Reise in den Berg war auch eine Zeitreise.

Ermöglicht wurde diese Art von lebendigem Geschichts- und Erdkundeunterricht durch den enormen Einsatz der Mitglieder des Vereins der Freunde von Mineralien und Bergbau e. V., die vier Jahre lang mehr als 5000 Arbeitsstunden erbrachten, um große Teile des Bergwerks wieder zugänglich zu machen und abzusichern und nun Besuchergruppen durch die Grube führen. Und die Vereinsmitglieder haben noch große Pläne, wollen noch weitere Stollen und Schächte wieder zugänglich machen, die zum Teil im Moment noch unter Wasser stehen.

Abgerundet wird die Besichtigung durch einen Besuch im Bergbau- und Mineralienmuseum Oberwolfach, in dem beeindruckende Mineraliensammlungen ausgestellt sind.

Die Schaustücke kommen zu einem guten Teil aus den Oberwolfacher Gruben Wenzel und Clara, aber auch von sämtlichen anderen Fundstellen im Schwarzwald, und bieten so einen umfassenden und lehrreichen Überblick über den Mineralienreichtum dieser Gegend.

Zur überwältigenden Schönheit der ausgestellten Mineralien kommen Ausstellungsstücke zur Geschichte des Bergbaus und ein hervorragendes, anschauliches dreidimensionales Modell der Grube Clara in Oberwolfach.

Besucherbergwerk Grube Wenzel
Mai bis Oktober
täglich 11 bis 17 Uhr
außer Mittwoch und Donnerstag,
Dezember bis April auf Anfrage,
November geschlossen
Besichtigung nur mit Führung

Bergbau- und Mineralienmuseum
Mai bis Oktober
täglich 11 bis 17 Uhr
Dezember bis April 14 bis 17 Uhr,
November geschlossen

Verein der Freunde von Mineralien und Bergbau Oberwolfach e. V.
Mühlegrün 21
77709 Oberwolfach
www.oberwolfach.de
www.mineralienfreunde.de

Der Schornhof: gigantisches Panorama, tolle Bauersleute und ein grandioses Fest

Hoch, aber ganz hoch über Halbmeil, auf dem Weg zum Fohrenbühl, und dem Kinzigtal liegt sanft im Berg der „Katholischen Grub" der Schornhof mit etwa 70 Hektar. Ein Schwarzwaldhof mit langer Geschichte und Tradition, der schon seiner Lage wegen zu einem der eindrucksvollsten Ausflugsziele der gesamten Gegend gehört. Ein unvorstellbar gigantischer Ausblick über die Höhen und Tiefen des Mittleren und Nördlichen Schwarzwalds.

Ständig wechselndes Licht fasziniert den Betrachter und gibt ihm das Gefühl von Einsamkeit, Weite und vor allem auch Ruhe, die man im Schwarzwald erwartet und auf dem Schornhof findet.

Wer aber glaubt, dass dieser Hof ein ganz normaler Bauernhof ist, der wird eines Besseren belehrt, wenn er die Hofbesitzer kennen lernt, die in fünfter Generation den Hof umtrei-

ben, der 1927 einmal abgebrannt ist und wieder aufgebaut wurde.
Jürgen Schorn und Petra Fuggis leben hier mit ihren drei Kindern Sebastian, Julia und Benjamin und im Nebenhaus unter den Ferienwohnungen die Mutter von Jürgen Schorn.
Bis 1998 dominierte die traditionelle Milchwirtschaft die Arbeit auf dem Schornhof. Viele Gründe, vor allem struktureller und wirtschaftlicher Art, führten dazu, dass man auf Mutterkuhhaltung wechselte. Und mit der Erlangung des Bio-Zertifikats wurde den Kühen auch die Freiheit wiedergegeben, die sich jetzt das ganze Jahr über frei bewegen können. So wurde der traditionelle Kuhstall mit seinen Melkanlagen überflüssig.
Aber die Bewohner des Schornhofes gehören nicht zu denjenigen, die sich in ihre Einöd zurückziehen. Im uralten Kartoffelkeller bewirtete man Gruppen, denen man alles offerierte, was der Hof hergibt. Man baute den alten Kuhstall zu einem modernen Gastraum um, ohne zu vergessen, dass es ursprünglich eben der Kuhstall war. Auch das alte Backhaus, in dem ein alter Brennofen steht, wurde wieder aktiviert, und Jürgen Schorn wurde zu einem hervorragenden Hofbäcker.
Höhepunkt des Jahres ist aber das schon traditionelle Hoffest im August. Die Familie präsentiert ihren Hof mit allen Spezialitäten und macht Werbung für die neuen Räumlichkeiten, die für Firmengruppen, Geburtstagsfeiern und Ausflugsgruppen geradezu ideal sind.

Ein Team von ca. 30 Freunden unterstützt den Ablauf des Hoffestes. Man sieht, dass es allen Spaß macht, obwohl der Hof schnell an seinen Grenzen angelangt ist, so stark ist immer der Besucherandrang. Kulinarischer Höhepunkt sind zweifellos die frisch gebackenen Datschkuchen, die mit Rahm, Speck und Zwiebeln oder mit Äpfeln belegt werden. Jede Bestellung wird frisch im Ofen gebacken. Nichts ist tiefgefroren oder aufgebacken.
Ausgeschenkt werden neben Bier beste Gengenbacher Weine, so wie es sich bei einem Fest im Kinzigtal gehört.
Kaufen kann man natürlich die Hofprodukte, so zum Beispiel Schnäpse, wunderbare Liköre und Wurst in Dosen, am schnellsten ist jedoch das würzig-aromatische Holzofenbrot, das am Morgen des Festes gebacken wird, verkauft.

Ferien- und Erlebnisbauernhof
Schornhof
Katholische Grub 1
77709 Wolfach-Kinzigtal
Tel.: (07834) 9227
Fax: (07834) 47714
(Gruppen ab ca. 15 Personen, nur nach Voranmeldung)
ganzjährig geöffnet

Landschaft erfahren über die Sprache: Die alemannische „Muettersproch-Gsellschaft“

Wer dem Lauf der Kinzig folgt und mit den Menschen Kontakt hält, erlebt mit dem Wechsel der Landschaft auch einen Wechsel der Sprache. Am Oberlauf der Kinzig, dort, wo die Täler wild zerklüftet und die Felsen schroff sind, Landschaft und Klima rau und streng, spricht man schwäbisch, einen herben Zungenschlag, der viel vom arbeitsamen, eher strengen Alltag, den man in früheren Zeiten auf den Hochflächen hatte, anklingen lässt.

Kinzigabwärts öffnet sich das Tal, wird sanfter und milder, die Landschaft wird weich geschwungen, die schroffen Kanten bleiben zurück. In der Sprache vollzieht sich dieser Wechsel ebenfalls. Talabwärts spricht man alemannisch, weicher, runder, melodiöser, kurzum ein wenig sorgloser. Ein Klang, den man sehr schnell verbindet mit den grünen Hügeln, den blühenden Obstbäumen, dem sanfter fließenden Wasser. Und die Alemannen sind stolz auf ihren Dialekt. So kommt es, dass sich in Freiburg vor vielen Jahren die „Muettersproch-Gsellschaft“ gegründet hat, die mittlerweile fast überall, wo alemannisch gesprochen wird, Gruppen gebildet hat, die den jeweils ortstypischen Zungenschlag hegen und pflegen. Seit 1999 gibt es auch die Gruppe „Kinzig-, Wolf- und Gutachtal“ mit mittlerweile um die 30 Mitgliedern, die sich alle zwei Monate zum Stammtisch treffen. Da werden dann z. B. unter einem Motto wie „Frühling“ Gedichte gelesen, solche bekannter Mundartdichter, aber auch eigene Werke. Und ohne es zu merken, nimmt die ganze Gruppe einen der Texte als Anlass zu einer lebhaften Diskussion über „Kinzigtäler Kinderspiele“.

Wer hinter dem Ganzen jetzt aber kleinräumiges Denken vermutet, Abgrenzung gegen das Nicht-Alemannische, ja womöglich Nicht-Deutsche, der liegt völlig falsch. Die eigene Identität festigen durch den heimatlichen Dialekt, „hören lassen, wo man herkommt“, das ist schon Anliegen der Muttersprachler. Aber nicht als Abgrenzung oder gar Hervorhebung der eigenen Gruppe, sondern als Ausdruck der Persönlichkeit, die eben auch durch die Herkunft und Heimat geprägt ist.

Und die Sprachpflege ist natürlich willkommener Anlass für allerlei gesellige Aktivitäten. Neben dem Stammtisch der eigenen Gruppe findet ein reger Austausch zwischen den Gruppen statt, es werden alemannische Dichter und Sänger eingeladen, man beteiligt sich an Märkten und Straßenfesten, um die Leute anzusprechen.

In Hausach, wo sich die Kinzigtäler Muettersprochler treffen, steht als besonderes Kleinod das Moolerhiisli, seinerzeit Wohnhaus und Atelier des Maler-Poeten Eugen Falk-Breitenbach (1903–1979). Das Mitglied der berühmten Gutacher Malerkolonie machte sich auch einen Namen als Mundartdichter und war zu Lebzeiten Ehrenmitglied der Muettersproch-Gsellschaft.

Das Moolerhiisli mit dem Künstlernachlass wurde von Eugen Falk-Breitenbach testamentarisch der Stadt Hausach vermacht mit der Auflage, das Haus für die Öffentlichkeit zugänglich zu halten. Neben den Werken Falk-Breitenbachs sind in den original eingerichteten Räumen viele Trachtenstücke und Brauchtumsgegenstände zu bewundern, da sich die erste Frau des Künstlers, Emma Falk-Breitenbach, sehr in der Brauchtumspflege engagierte und als Bollenhutmacherin diesem Prachtstück wieder zu Ehren verhalf.

Von Margarethe Falk-Breitenbach, der zweiten Ehefrau, sind die Porzellanmalereien zu bewundern.

Muettersproch-Gsellschaft
Verein für alemannische Sprache e. V.
Gruppe Kinzig-, Wolf- und Gutachtal
Ursula Aberle
Tel.: (07831) 258

Moolerhiisli
April bis September Mi 9.30–11.30 Uhr
und nach Vereinbarung
Stadtverwaltung Hausach
Kultur- und Tourismusbüro
Tel.: (07831) 7975

Hausach – Stadt unter der Burg

Ein Stückchen unterhalb der Mündung der Gutach in die Kinzig wacht auf einer markanten Bergnase die Ruine der Burg Husen über das ihr zu Füßen liegende Städtchen Hausach. So wichtig die Burg zum Schutz der Handelsstraße war, so lag doch die sich unter der Burg entwickelnde Gemeinde Hausach eingeschlossen zwischen den beiden fürstenbergischen Amtsstädten Wolfach und Haslach. Eine große Entwicklung blieb ihr folglich während der Herrschaftszeit der Fürstenberger über das Kinzigtal verwehrt, und der Aufschwung kam erst mit dem Eisenbahnbau 1866. Mit der Industrialisierung wuchs Hausach dann stetig an und entwickelte sich weiter. Auch sämtliche Schulen wurden im Ort angesiedelt. Aber der beschauliche, eher ländliche Charakter Hausachs ging nicht verloren, und damit auch das Lebensgefühl der Hausacher, die sehr mit ihrer Heimatgemeinde verbunden sind. Nicht umsonst ist eine der höchsten Ehren, die einem während der Hausacher Fasent widerfahren können, die Ernennung zum „Burger". Ein Hausacher „Bürger" zu sein ist eben eine Auszeichnung.
Diese Heimatverbundenheit bedeutet aber keinesfalls ein Ausgrenzen. Als in Deutschland während der fünfziger und sechziger Jahre Arbeitskräfte fehlten und in den Nachbarländern angeworben wurden, kamen

auch nach Hausach viele Italiener und Spanier. In einer Zeit, als die „Fremden“ vielerorts noch eher misstrauisch beäugt wurden, haben die Hausacher ihre neuen Mitbürger ins Gemeindeleben integriert. Heute sind die Familien zum Teil in der zweiten und dritten Generation hier und aus dem Hausacher Vereins- und Stadtleben nicht mehr wegzudenken. Wer in Hausach weilt, egal ob länger oder kürzer, spürt schnell dieses besondere Flair, das die Hausacher auszeichnet. Daher ist Hausach auch ein beliebter Rastplatz bei Wanderern und Radlern, die auf ihrem Weg Station machen wollen.

Wer sich in Richtung Brandenkopf auf den Weg macht oder dorther kommt, kehrt gern im beschaulichen Ortsteil Einbach ein.
Bei allen besonders beliebt ist der Gasthof „Hirsch“, talauf und talab eher unter der Bezeichnung „bei der Monika“ bekannt. In direkter Nachbarschaft dazu liegt ein reizendes Holzhäuschen, das optisch ein herrliches Fotomotiv darstellt.

Stadtverwaltung Hausach
Verkehrsamt
Hauptstraße 40, 77756 Hausach
Tel.: (07831) 7975
www.hausach.de

Auch ein „Narrengericht“: Hausacher Datschkueche

Am Freitag in der Fasent, dem Tag, an dem nach Erweckung der Fasent am Schmotzigen Donnerstag alle Narretei noch einmal Pause macht, bevor es vom Fasentsamstag bis Aschermittwoch rund geht, sind die Hausacher Spättle im Narrenkeller fleißig. Es wird geschält, geschnitten, geschnipselt, dass die Hände nur so fliegen und die Messer sausen. Hier wird alles vorbereitet, was die Spättle am Samstagmorgen in der Backstube vom Vetterbeck zum Datschkueche-Backen brauchen. Und das ist nicht wenig, denn so ein Datschkueche hat es in sich. Kartoffeln, in der Waschküche im großen Zuber gekocht, werden geschält und gepresst, Zwiebeln gehackt und „gebait“ (in Fett glasig gedünstet), Äpfel klein geschnipselt. All das und noch mehr kommt am

Samstagmorgen in den von Bäcker Siedler vorbereiteten Brotteig. Teigmeister der Spättle ist Fritz Murr, der genau weiß, was in den Datschkueche gehört und wie viel. Kritisch prüft er sein Werk in der großen Teigschüssel, schmeckt ab, mischt dies oder jenes nochmal dazu, bis er zufrieden ist. Auch achtet er genau auf sein Fläschle mit Kirschwasser, denn das gehört in den Teig und ist nicht zum Trinken da. Die Helfer aus der Spättle-Gruppe tun sich derweil ein wenig am Wein gütlich, bis ihr Einsatz kommt. Denn wenn Fritz Murr den Teig zur Verarbeitung freigibt, geht es so richtig los in der Backstube. Jetzt kommen die großen Backbleche auf die Tische, und da wird der Teig von den fleißigen Händen draufge„datscht“, nochmal mit Butter bestrichen und mit Zimtzucker bestreut. Ob dieser lautmalerische Name so aber richtig zugeordnet ist, ... wer weiß. Vielleicht kommt er ja auch von dem rohen Ei und der Hand voll Teig, die jeder, der das erste Mal beim Backen hilft, ins Haar gedatscht bekommt. Dann ist das Hallo in der Backstube groß, flink werden die Bleche vor dem Gerangel in Sicherheit gebracht. Doch schon mahnen die Blicke zur Uhr und treiben zurück an die Arbeit. Bald können die ersten Bleche in den großen Bäckerofen, und Francesco Grifa, der Obmann der Spättle, hat Zeit zu erzählen. Datschkueche hat eine sehr lange Tradition in Hausach, denn die sparsamen Hausfrauen wollten den Teig, der beim Brotbacken nicht mehr für einen Laib reichte, ja nicht verkommen lassen. So wurde er mit allerlei Leckerem angereichert und eben zu Datschkueche verbacken.

1953 dann kamen Eugen Falk-Breitenbach, seines Zeichens Narrenrat, und Bäckersgattin Anna Kittler auf die Idee, Datschkueche für die damals gerade zwei Jahre junge Spättle-Grup-

So macht man's in Hausach

Datschkueche

Was man braucht:
Brotteig, Kartoffeln, Äpfel, Zwiebeln, Kirschwasser, Schmalz, Butterfett, Zimt, Zucker

Wie man's macht:
Die Kartoffeln werden gekocht, geschält und durch die Presse gedrückt, die Äpfel in kleine Stücke geschnitten, die Zwiebeln klein geschnitten und in Fett gedünstet. Das alles kommt in den Brotteig, außerdem Schmalz, Kirschwasser und Zimt und Zucker. Mit den Mengenverhältnissen muss man experimentieren, so genau wollen die Spättle ihr Rezept nicht herausrücken. Dann werden etwa kartoffelpuffergroße Teigfladen aufs Blech gesetzt, mit Butter bestrichen, mit Zucker und Zimt bestreut und im ganz heißen Ofen goldbraun gebacken. Frisch aus dem Ofen, fast zu heiß zum Abbeißen, so sind sie ein himmlischer Genuss – gerade richtig vor der kargen Fastenzeit.

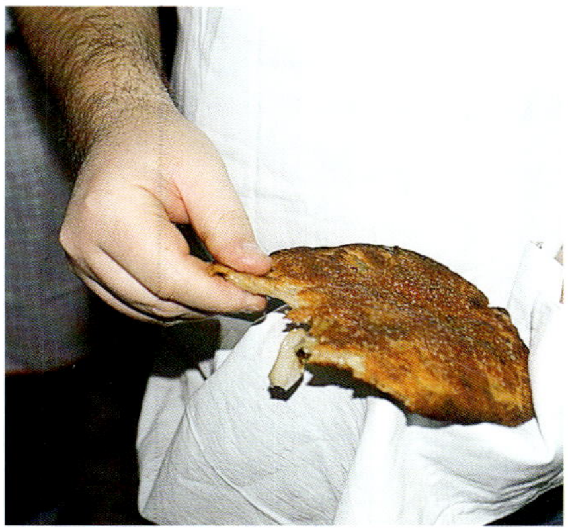

pe zum Auswerfen, also zum Verteilen an der Fasent, zu backen. Der Erfolg gab ihnen Recht, und so hat sich die Idee bis heute gehalten. „Normalerweise haben wir am Umzug sogar ein kleines Backhäusle dabei", erzählt Francesco Grifa, „aber das ist uns leider kaputt gegangen."
Noch während er erzählt, holt Bäcker Siedler die ersten Bleche aus dem Ofen. Schnell werden die ofenheißen Gebäcke nach draußen vor das Café gebracht, wo schon etliche Hausacher stehen und auf die ersten frischen Datschkueche warten.
„Ja", erzählt Francesco Grifa, „zweimal im Jahr, am 11.11. und am Fasentsamstag, backen die Spättle Datschkueche. Und dann gibt's in Hausach daheim Kartoffelsupp' und

Datschkueche. Das ist die klassische Kombination. Wenn alle, die zu Hause ihre Kartoffelsuppe auf dem Herd haben, mit Datschkueche versorgt sind, dann erst wird der Rest eingetütet zum Auswerfen. Damit haben wir noch eine ganze Weile zu tun. Aber wir Spättle werden auch belohnt. Seit sechs Jahren schon bekocht uns eines unserer Mitglieder, Michael Latka, nach dem Backen mit einem Helferessen. Das ist dann genau richtig."
Und am Sonntag kann man die fleißigen Bäcker dann auf dem Umzug wiedertreffen. Nur – jetzt erkennt man sie nicht mehr, denn sie stecken allesamt im Spättlehäs.

Für den fröhlich bunten Schmuck der Straßen entlang des Fasentumzugweges ist die Gruppe der Bändele zuständig. Ihre Aufgabe ist das Nähen und das Auf- und Abhängen des namensgleichen Straßenbehangs. Zum großen Narrentreffen 1979 hat sich die Gruppe gegründet und rund 11 Kilometer Bändeleschmuck genäht und aufgehängt. Das Schmücken ist die einzige offizielle Aufgabe der Bändele, aber so eine Gruppe ist ein prima Grund, sich regelmäßig zu treffen und einen fröhlichen Abend zu verbringen oder gemeinsam zu wandern. Man merkt, die Hausacher verstehen sich auf Geselligkeit und Fröhlichkeit.

„Spättlemadlee, het Hoor on de Zäh..." Wohl jedes Dorf hatte irgendwann sein ganz besonders scharfzüngiges, vielleicht gehässiges, vielleicht auch nur wunderliches altes Weib, dem allerhand Geschichten angedichtet wurden. In Hausach ist sie in der Fasentfigur der Spättlemadlee (Spättle = Flicken, Madlee = Magdalene) unsterblich geworden.

Die Hausacher Elfemess – nur für trittsichere Leute

Die Fasenttradition der Elfemess findet man im Kinzigtal gleich in mehreren Ortschaften. Besonders schön und originell wird die Elfemess in Hausach zelebriert.
Zurückgeführt wird das Ganze darauf, dass sich die Handwerker des Ortes am Fasentmontag zum Frühschoppen trafen, um dann gemeinsam auf die Fasent zu ziehen. Das war schon im 19. Jahrhundert Brauch und hielt sich auch bis zur großen Unterbrechung jeglichen Fasenttreibens während nationalsozialistischer Herrschaft und Zweitem Weltkrieg.
Als Ende der vierziger Jahre mit der Normalisierung des Alltags auch der Nicht-Alltag, die Fasent, wieder belebt wurde, führte der damalige Narrenvater Adolf Gutmann die heutige Form der Elfemess ein. Gutmann war Wirt des Traditionsgasthauses „Schwabenhans“, und dort nimmt noch heute alljährlich die Elfemess ihren Anfang.
„Wir sind drin!“, verkündet ein Plakat im Fenster des „Schwabenhans“.

Die ersten Elfemessler stärken sich also schon für das Kommende. So nach und nach füllt sich auch der Platz vor der Wirtschaft. In groben Cordhosen und Arbeitskittel, den möglichst großen Schlapphut auf dem Kopf – in Handwerkerkluft geht man zur Elfemess. Am wichtigsten ist aber der wohl gefüllte Rucksack auf dem Rücken. Zwar zieht der Weg der Elfemess von Wirtschaft zu Wirtschaft, doch nicht jeder findet drinnen Platz. Dann wird das Vesper aus dem Rucksack ausgepackt und draußen auf der Gass' verspeist. Vor und in den Gaststätten werden mit spitzer Zunge die lokalen Ereignisse des vergangenen Jahres unter die närrische Lupe genommen – „Stammtischpolitik“ auf die fröhliche Art. Da wird schon mal heftig thematisiert, dass durch die Umgestaltung der Innenstadt den Elfemesslern ihr wichtigstes Hilfsmittel genommen wurde – die Bordsteinkante. Dieses Problem wird verständlich, als sich die Elfe-

mess in Bewegung setzt. Man läuft nicht einfach los – das kann man das ganze Jahr über tun. Im Gänsemarsch zieht man durch die Gassen, jeder die Hände auf den Schultern

des Vordermannes, oder auch in den Rucksackriemen eingehängt („Aber bleib' mir von mei'm Vesper weg, des hab' ich heut' bitter nötig..."). Vornedraus die Musik, dann die Träger des „Burgerhutes", einer der hohen Fasentorden der Hausacher, hinten angereiht der lange Rattenschwanz aller Hausacher, die sich diesen Spaß nicht entgehen lassen wollen. Bei jedem Schritt wird mit heftigem Ruck das linke Bein hochgehievt und vorgesetzt – eigentlich gehört dieses Bein nämlich in den Rinnstein. Dort wo die Bürgersteigkante durch den Straßenrückbau fehlt, schafft man sich mit gekonntem Huckebein-Schritt selber den richtigen Elfemess-Rhythmus. Das schafft die Einigkeit in der langen Schlange, auch wenn eine Stimme tönt: „Oh, ist das jedes Jahr erst wieder anstrengend! Nach der dritten Kneipe läuft's sich doch viel leichter mit!" Anstrengend hin oder her – eine Mordsgaudi ist es jedesmal, und so wird sich dieser alte Brauch sicher noch lange halten.

Die wichtigsten Hausacher Fasenttermine

Samstag	Freie Narrenzunft Hausach e.V. Schnurren in Hausacher Lokalen	
Sonntag	Freie Narrenzunft Hausach e.V. Burgfrauenkaffee	
Dienstag	Frauenfasent	
Donnerstag	Ball der Burggeistergilde in der Stadthalle	
	14.30 Uhr	Schlüsselübergabe im Rathaus
	15.30 Uhr	Ausrufen der Fasent am Narrenbrunnen
	19.00 Uhr	großer Umzug der Katzenmusik, Rathaus, Konstantinplatz
Samstag	18.00 Uhr	Rundgang der Hästräger
	20.00 Uhr	Zunftball in der Stadthalle
Sonntag	14.00 Uhr	Großer närrischer Umzug
Montag	6.00 Uhr	Närrisches Wecken durch die Katzenmusik
	11.11 Uhr	Beginn der Elfemess vor dem Gasth. Schwabenhans
Dienstag	13.30 Uhr	Umzug der kleinen Narren, Kinderball in der Stadthalle
	16.00 Uhr	Raddeball im Narrenkeller und Burgertreff im Gasthaus „Löwen"
	22.30 Uhr	Schlüsselrückgabe im Rathaus
	23.45 Uhr	Verbrennen der Fasent auf dem Konstantinplatz
Mittwoch	18.00 Uhr	Fischessen der Freien Narrenzunft Hausach im Narrenkeller

Das Hausacher Hansele – farbenfroh leuchtend in Gelb und Rot – mit dem eigenwilligen Hanselehut und der schlichten, auf die lange Geschichte verweisenden Brettleslarve – ist eine der markantesten Figuren der schwäbisch-alemannischen Fasnet und sicher eine der liebenswertesten. Diese Bilder stammen alle vom Großen Närrischen Umzug, der am Fasentsonntag stattfindet.

Antiquitäten und italienische Spezialitäten

Seit 1980 schon gibt es in Hausach einen echten Geheimtipp für Schmökerer, Gruschtler, Sucher, kurz für die Leute, die klassische Flohmärkte lieben, die sich mit Begeisterung in die Tiefen von Antiquariaten stürzen und die für etliche Tage vor Glück strahlen, wenn sie eine Rarität oder Kuriosität nach ihrem Geschmack ergattert haben.

Bei Santo Boscia werden sie alle fündig. Altes Geschirr und Haushaltswaren, Bücher, Bilder, Nippes und echte Kostbarkeiten, aber auch alte Möbel, fachmännisch und mit viel Liebe zum Detail restauriert – der verwinkelte Laden mit Werkstatt quillt über vor den Schätzen, die Santo Boscia seit Jahren zusammenträgt. Ihn prägt die Liebe zu den einfachen, schönen Dingen. Als vierjähriger Knirps mit den Eltern von Sizilien nach Hausach gekommen, hat er sich aus jeder Kultur das bewahrt, was einem das Herz und die Augen für die Schönheit im Schlichten öffnet. In jedem Satz hört man das heraus, und es ist schon fast eine Lebensphilosophie. Luxus und Prunk sind überflüssig, wenn man erkennt, welcher Genuss in der Einfachheit und Klarheit liegt. Diese Erkenntnis gilt für Santo Boscia auch und ganz besonders in der Küche. Seit einigen Jahren verkauft er zwischen seinem bunten Sammelsurium einige grundlegende Ingredienzien der guten italienischen Küche, wie hervorragendes sizilianisches Olivenöl, ausgewählte Käse, Aceto balsamico, Weine und Grappa. Sein Traum: „Eine kleine Trattoria finden, wo ich ländliche Gerichte aus Sizilien servieren würde. Ganz einfach, aber erstklassig, mit besten Zutaten." Einen Schritt näher ist er seinem Traum jetzt gekommen. Santo Boscia eröffnete am Kirchplatz seinen neuen Laden mit Stehcafé, in dem er im Ambiente seiner alten Möbel hauptsächlich Lebensmittel verkauft. Dabei bewirtet er die Kunden mit Prosecco, Wein, Snacks und dem besten Espresso, den man nördlich der Alpen zu trinken bekommt.

So kocht Santo Boscia Espresso:

Natürlich nur in der klassischen italienischen „Espressomaschine", der Schraubkanne, deren Kaffeebehälter mit bestem italienischem Espressopulver gefüllt wird. Direkt auf der Herdplatte wird das Wasser zum Kochen gebracht und presst sich dann durch das Kaffeepulver in den oberen Teil der Kanne. Jetzt Obacht: Der erste Schluck des Espressos, der hochbrodelt, wird abgegossen auf den in einem Schälchen bereitgehaltenen Zucker. Dann heißt es rühren, bis sich Zucker und Espresso zu einer dicken cremigen Masse verbunden haben. Mit dieser Masse wird der Espresso gesüßt – das gibt den unvergleichlichen Schaum, die Krönung des Genusses. Eben einfach, aber perfekt.

Ein herrliches Durcheinander und ein herrlicher Espresso, den er für sich selbst macht, aber auch seinen Besuchern zubereitet. Niemand in der Gegend zelebriert ihn so perfekt.

Antiquitäten und Trödel,
Restaurationen, An- und Verkauf,
italienische Spezialitäten
Santo Boscia
Hauptstraße 77, 77756 Hausach
Tel.: (0 78 31) 64 67
Mo–Fr 15.30–19.00 Uhr
Sa 9.30–13.00 Uhr, Mi geschlossen

„In Haslach gräbt man Silbererz ..."

Mit den Attributen „Marktstadt" und „Hansjakob-Stadt" schmückt sich Haslach heute, und das natürlich mit Recht. Zeigt sich doch die Liebe des berühmten Volksdichters, Pfarrers und Politikers Heinrich Hansjakob zu der Stadt seiner Kinder- und Jugendzeit nicht zuletzt darin, dass er seinen Alterssitz wieder hier wählte. Und Märkte, nun Märkte gibt es in Haslach ungezählte.

Groß geworden und zu einem politischen und wirtschaftlichen Zentrum im fürstenbergischen Herrschaftsgebiet ist Haslach durch den Bergbau. Schon im 11. Jahrhundert wurde im Haslacher Raum nach Silber gegraben. Zur Blütezeit des Silberbergbaus im Tal im 18. Jahrhundert zählte man weit über hundert Stollen, Tagschächte und Schürfstellen in Haslach und seinen Umgemeinden. So heißt es auch heute noch im Badnerlied: „In Haslach gräbt man Silbererz ..." Dabei war die Glanzzeit des Bergbaus schon vorbei, als Haslach 1806 badisch wurde.

Heute liegen die Schätze Haslachs über der Erde. Die in mehreren Teilabschnitten liebevoll restaurierte Altstadt mit dem hervorragend erhaltenen Kapuzinerkloster und dem beeindruckenden Bau der Pfarrkirche, mit den geschlossenen Fachwerkensembles und den malerischen, winkeligen Gässchen lockt die Besucher, genauso auch die schmucken Ortsteile wie Schnellingen und Bollenbach.

Ob es mit an der Schönheit des Städtchens und seines Umlandes liegt, dass Haslach so viele Künstler hervorgebracht hat? Die Ausstellungen im Freihof geben begeisterndes Zeugnis von der Kreativität Haslacher Bürger.

Die modernen Industriebetriebe und das produzierende Gewerbe, die den Haslachern und auch vielen Menschen der Umgebung Lohn und Brot bieten, sind am Rande der Stadt angesiedelt, stören weder die Innenstadt noch die beschaulichen ländlichen Ortsteile. Die Verlegung des Durchgangsverkehrs aus der Innenstadt heraus funktioniert hervorragend. Was bei der Durchfahrt durch Haslach auf der Bundesstraße erschreckt, nämlich das hohe Verkehrsaufkommen, davon ist im Stadtkern nichts zu merken.

Größtes Kapital ist aber die Liebe der Menschen zu ihrer Heimatstadt und die Verbundenheit, die ihren Ausdruck in zahlreichen Aktivitäten und großem Bürger-Engagement haben. Nur so kann es sein, dass jahrhundertealte Bräuche bis heute noch oder wieder gepflegt werden, dass die ganze Gemeinde dabei ist, wenn es gilt, ein besonderes Fest auszurichten. Wenn alle gemeinsam feiern können ist den Haslachern, so scheint es jedenfalls, keine Mühe zu groß.

Ein Besucher kann sich in einer Stadt immer nur so wohl fühlen wie die Einwohner, die dieses Gefühl auch leben und nach außen tragen. In Haslach gelingt dies.

I Love You
22

Eine Stadt spielt Theater – das Haslacher Narrenspiel

Es ist ein ziemlich einzigartiges Erlebnis, beim Haslacher Fastnachtsspiel dabei zu sein. Die ganze Innenstadt ist Theaterbühne, rund 600 Akteure waren dabei, als im Februar 2001 die „Weibertreu zu Weinsberg“ in den Straßen und auf den Plätzen Haslachs zum Teil in aufwändigster Kulisse zum Leben erweckt wurde.
Dass es gerade 2001 und gerade die „Weibertreu“ war, liegt an Haslachs wohl berühmtester Narrenfigur, die streng genommen gar keine solche ist. Die Ranzengarde, geschaffen nach dem Vorbild einer damals weit verbreiteten Karikatur, feierte mit eben jenem Stück, das ihr zum Leben verhalf, ihr 125-jähriges Bestehen.
Die Tradition der Narrenspiele, Theateraufführungen unter freiem Himmel zur Fastnachtszeit, reicht in Haslach weit zurück. Der erste schriftliche Beleg eines historischen Fastnachtsspiels stammt aus dem Jahr 1839, doch kann man davon ausgehen, dass diese Tradition weiter zurückreicht.
Zur Aufführung kamen oft große Historiendramen wie „Hermann der Cherusker“ oder der „Trompeter von Säckingen“, auch so genannte „Internationale Völkerschauen“ finden sich auf dem Spielplan.
Unter der Schirmherrschaft der Narrenzunft proben bis zu tausend Haslacher wochenlang für die Aufführung, werden Kulissen gebaut und Kostüme geschneidert. Meistens werden mehrere Spielorte in der Innenstadt eingerichtet, so dass ein Szenenwechsel zugleich ein Ortswechsel für Akteure und Zuschauer bedeutet. Das lässt den Zuschauer enger mit der Theaterhandlung in Verbindung treten. Auch das Drumherum, die vielen Mitwirkenden, die zwar nicht auf der Bühne stehen, aber die Innenstadt in Kostümen und Ausrüstungen mit dem Spiel verknüpfen, schaffen eine einmalige „Erlebnis-Kulisse“.
Die jüngsten Aufführungen verdanken die Haslacher dem Engagement von Alois Krafczyk, Narrenrat und Brauchtumsforscher, der viele der alten, historisch überlieferten Narrenfiguren und Bräuche wiederbelebt hat, so die einzigartigen Figuren des Riesenköpfigen Ehepaares, den Großen Elefant und den Gullerreiter.

MODE HAUS
GIESLER

Storchen
Gästezimmer · Restaurant

Topinambur: indianische Einflüsse im Kinzigtal

Tupinambá, so heißt ein südamerikanischer Indianerstamm, der einer Knolle den Namen gab, die als Topinambur aus der deutschen Südwestecke nicht mehr wegzudenken ist. Obwohl zur Gattung der Sonnenblumen gehörend, gab man ihr viele Bezeichnungen: Erdbirne, Rosskartoffel oder gar Erd-Artischocke. Wegen ihres Inulingehaltes war sie schon immer ein beliebtes Viehfutter, genauso wie ihr Kraut, das in der Blüte eine ganze Landschaft in ein Farbenmeer verwandeln kann.
Und irgendjemand entdeckte, dass sich aus den Knollen, die eher Ingwer ähnlich sehen, ein vorzüglicher Brand herstellen ließ, während die einheimische Küche am Topinambur vorbeikochte. Dabei ist sie reich an Mineralstoffen und hat einen hohen Vitamin-C-Gehalt. Die reichlichen Kohlenhydrate sind in Form vom oben genannten Inulin vorhanden und günstig für die Ernährung von zuckerkranken Menschen.
Topinamburknollen haben aber einen entscheidenden Nachteil: Man kann sie nicht lange lagern. Experten empfehlen den Anbau im Garten, um sie je nach Bedarf zu ernten und zu verarbeiten.

Hermann Schätzle: skeptisch schaut er auf den durchnässten Boden.

In Schnellingen führen alle Wege zu den Schätzles und ihrem riesigen Angebot.

Die ersten Bäume blühen schon und immer noch nicht ist die Topinamburernte eingefahren. Ein gutes Beispiel dafür, wie sehr die Landwirtschaft vom Wetter abhängig ist.

Aber seit in der Hauptstadt Berlin immer mehr Köche aus dem Badischen Nobel-Restaurants eröffnen und sich gerne ihrer heimatlichen Produkte erinnern, hat die Topinamburknolle eine wahre Auferstehung erlebt.
Im Restaurant Vau in Berlin kocht Küchenchef Kolja Kleeberg Grandioses aus Topinambur.
Er wird unter anderem aus dem Kinzigtal beliefert, wo auch die Familie Schätzle aus Haslach-Schnellingen in der Drei-Felder-Wirtschaft Topinambur anbaut, der aber überwiegend zu Schnaps verarbeitet wird. „Aber immer mehr“, so Hermann Schätzle, „erhalten wir Bestellungen für Knollen. Natürlich nur im Winter, denn Topinambur ist ein typisches Wintergemüse.“
Deshalb ist die Ernte auch ein mühsames Geschäft und sehr vom Wetter abhängig. Geerntet werden die Knol-

Ein eingespieltes Helfer-Team ist eine wichtige Voraussetzung für schnelles Arbeiten.

len wie Kartoffeln, mit den gleichen Maschinen, und meistens auch mit den gleichen Helfern. Ist ein Winter so verregnet wie der 2000/2001 und das Frühjahr ebenso, ist der Ernteaufwand enorm.

Im Jahre 2001 sind die Schätzles sehr spät mit der Ernte dran. Ständig hoffte man auf besseres Wetter, damit die Böden etwas trockener werden. Man ist aber dieses Mal schon zufrieden, wenn ein einziger Tag das Kinzigtal vom Regen verschont. Ist es dann soweit, müssen natürlich die Helfer mobilisiert werden, je mehr und schneller desto besser.

Zwei Traktoren mit unterschiedlichen Erntemaschinen schnaufen langsam über den Acker. Immer wieder muss angehalten werden, es ist wahrlich eine zähflüssige Arbeit.

Die Maschinen schaffen die verklumpten nassen und schweren Erdbrocken kaum, und die Helfer müssen schon im Vorfeld die Knollen vom Dreck befreien. Eine solche Ernte dauert drei- bis viermal so lange wie normal bei den Kartoffeln. Dies setzt sich fort beim Waschen und weiteren Verarbeiten der Knollen, die sorgfältig gereinigt werden müssen.

Der nächste Schritt ist dann das Vermaischen der Knollen, um, wie an anderer Stelle beschrieben, gebrannt zu werden.

Was für die Knolle gilt, gilt auch für den Brand. Topinambur ist aus seinem Billigimage wieder herausgetreten, und nicht wenige Feinschmeckerlokale haben ihn als „Magenschließer" wieder auf der Karte. Zum Teil hat Topinambur das doch so berühmte „Schwarzwälder Kirschwasser" in der Beliebtheitsskala überholt. Den Schätzles soll's recht sein. Wer einmal diesen enormen Aufwand miterlebt hat, der wird wohl nie mehr über die Preise diskutieren. Es ist eben das Los der Bauern, dass der Verzehr eines Produkts deren Herstellung vergessen lässt. Aber Qualität hat einfach ihren Preis.

Ein richtiger Familienbetrieb, wo jeder mitarbeiten muss. Oben rechts: Gertrud Schätzle.

Für alle ist das Ernteergebnis unbefriedigend, aber sie wissen, man muss mit der Natur leben.

Unten: Nur alle vier Jahre gibt der Boden die Kraft für den Topinambur her. Nach der Knolle kommen die Erdbeeren, sie wachsen schon, während rechts noch Topinambur geerntet wird.

Landwirtschaftspreis „Obstbau" 2001 an Hermann Schätzle

Den Landwirtschaftspreis „Obstbau" des Landes Baden-Württemberg hat die Familie Schätzle für ihren vorbildlich geführten Obsthof im September 2001 erhalten.

Die Produkte aus Schnellingen sind so vielfältig wie das Tal selbst: Erdbeeren, Himbeeren, Kirschen Zwetschgen, Birnen und natürlich Äpfel aller Sorten.

Mit modernsten, aber umweltschonendsten Methoden werden die Äpfel im mannshohen Spalier angebaut. Da wird die Obstblüte zu einem optischen Erlebnis, das Besucher aus Nah und Fern anzieht. Sollte es doch noch Frost geben, werden die Blüten durch die unterirdische Beregnungsanlage vereist, um die Blüte zu retten. Unter dem entstandenen Eispanzer bleibt die Temperatur immer im grünen Bereich.

Nach der Ernte kommt ein Teil des Obstes ins hochmoderne Lagerhaus mit riesigen Ausmaßen. Den Äpfeln wird bis auf ein Minimum der Sauerstoff entzogen. Vereinfacht heißt das: Jeder Apfel atmet und beginnt mit der Zeit zu welken, um irgendwann zu faulen. Dieser Prozess wird praktisch gestoppt bzw. hinausgezögert.

Säcke mit Kalkhydrat werden in den Lagerräumen gestapelt, um das austretende Kohlendioxid aufzunehmen. Die ausgedienten Säcke werden wiederum als Dünger auf den Feldern verwendet. Ein Kreislauf, der die Umwelt nicht belastet und eine unvergleichliche Wirkung hat. Ohne Chemie sehen auch noch im späten Frühjahr die Äpfel aus, als wären sie frisch gepflückt. Der Erfolg, der den Schätzles damit beschieden ist, hat die millionenschwere Investition schon lange gerechtfertigt.

Obsthof Schätzle
Gartenstraße 20
77716 Haslach-Schnellingen
Tel.: (0 78 32) 81 66

Scheibenschlagen: einzigartig im Kinzigtal

Drohend, ja böse, kommen dunkle Wolken aus dem unteren Kinzigtal Richtung Schnellingen. Sie geben einem traditionsreichen Ritual einen beinahe mystischen Rahmen: dem Schnellinger Scheibenschlagen.
Lange bereitete sich die Landjugend auf diesen Tag vor, einen Holzhaufen aufgetürmt, ein Holzkreuz erstellt, ein riesiges Strohrad gebunden. singen die jungen Burschen ein Lied für die Jungfrau Maria, beten ihr Vaterunser, um dann den Holzstoß zu entzünden. Hier erkennt man die Meister: Als gäbe es keinen Regen, wird das Holz entzündet. Schon brennen die ersten Scheite, weitere sakrale Lieder und Gebete folgen.
Endlich ist es soweit, wie eine kleine Schanze ragt die Startrampe zum det, noch später das Strohrad den steilen Abhang hinuntergestoßen.
Immer unter den kritischen Blicken von Gottfried Schätzle, der am unteren Ende des Hanges sein Strohlager für die Erdbeeren hat – im Jahr zuvor hatte es das Rad nur knapp verfehlt. Aber auch diesmal ging es gut aus.
Das Scheibenschlagen hat in Schnellingen eine lange Tradition, war aber

Normalerweise kommen zu diesem Ereignis hunderte von Besuchern aus Schnellingen und der Umgebung, aber heute sind es nur die Wetterfesten aus dem Dorf, die sich auf den Hang wagen. Nur die jungen Männer der Landjugend bleiben vom Wetter unbeeindruckt, die jungen Damen, die in einem kleinen Pavillon Getränke und Schiebekuacha verkaufen, sind im Trockenen.
Punkt 20 Uhr, zu Beginn des Zeremoniells, schüttet der Himmel alles aus, was er zu geben hat. Trotzdem Scheibenschlagen in den Nachthimmel, und die ersten Holzscheiben fangen im Feuer an zu glühen.
Aus der Nacht tritt der erste der Männer an die Rampe, klagt mit einem Verslein über eine unerwiderte Liebe, holt mit der großen Stange aus und schlägt die Scheibe hinunter ins Tal. So kommt einer nach dem anderen an die Rampe, macht sich über Freunde oder Blondinen lustig, erteilt der Schule eine Abfuhr oder huldigt seinem Stammlokal.
Später wird das große Kreuz entzündet ...

einige Jahrzehnte in Vergessenheit geraten und von der Landjugend wieder neu belebt worden.
Das Scheibenschlagen ist ähnlich einer Sonnwendfeier, hat aber tiefe christliche Wurzeln. Man bittet die Jungfrau Maria um einen guten Sommer und somit um eine reichliche Ernte ohne Unwetter, Krankheiten oder sonstige tragische Ereignisse.
Der kräftige Regen während des Scheibenschlagens lässt aber nicht viel Gutes erhoffen oder eben deshalb – oder so.

Fröhlich, bunt, traditionell: Haslachs ungezählte Märkte

Haslach war schon im Mittelalter das, was man heute gemeinhin „Mittelzentrum“ nennt – so nimmt es nicht wunder, dass Haslach seit mehreren hundert Jahren Marktstadt ist. Und bis heute sind die Haslacher Märkte ein kleines bisschen anders als anderswo. Kamen doch zu den Markttagen die Leute aus dem ganzen mittleren Kinzigtal nach Haslach, um ihre eigenen Erzeugnisse zu verkaufen, das zu kaufen, was sie selbst nicht herstellen konnten, aber auch, um Neuigkeiten zu erfahren und auszutauschen, Bekanntschaften aufzufrischen oder zu erneuern, Verwandte und Freunde zu treffen.

Die Markttradition hat sich in Haslach ungebrochen gehalten, und so beherbergt das Städtchen in seiner wunderschönen Altstadtkulisse, aber auch in der Markthalle eine beeindruckende Fülle an regelmäßig stattfindenden, auf eine lange Geschichte zurückblickenden Märkten.

Höhepunkte sind natürlich die fünf Jahrmärkte, zu den überlieferten Terminen abgehaltene Krämermärkte, als da wären der Fastenmarkt im Februar, der Maimarkt, der Heuetmarkt im Juli, der Michaelismarkt im Oktober und als Höhepunkt der Martinimarkt im November.

Der Martinimarkt wird auch Ledigenmarkt genannt, und noch immer gibt es das speziell zu diesem Anlass gebackene Bildgebäck der Ledigenwecken. Zum Abschluss des Markttages, der in früheren Zeiten auch der Tag war, an dem man den Dienstherrn wechseln konnte und an dem auch das Gesinde frei bekam, um noch einmal vor der ernsten Winter- und Vorweihnachtszeit zu feiern, gab und gibt es bis heute den „Ledigenball“, an dem das Tanzbein geschwungen wird und wo sich schon so mancher aus dem Ledigenstand verabschiedet haben soll.

Doch nicht nur die großen Jahrmärkte locken nach Haslach. Einmal im Monat findet in der Markthalle die Kleintierbörse statt, auf der in bäuerlich-fröhlicher Atmosphäre unter manch derbem Witz alles verkauft wird, was kreucht und fleucht und sich ohne Traktoranhänger transportieren lässt.

In die gleiche Kategorie fielen die Schweinemärkte, die leider zur Zeit mangels Nachfrage nicht mehr stattfinden, aber hoffentlich bald wieder zu dem Reigen der Markttage zählen. Hinzu kommen das Frühlings- und das Oktobervolksfest und natürlich der Wochenmarkt, der jeden Samstagvormittag abgehalten wird. Flohmärkte, Weihnachtsmärkte und Landfrauenmärkte ergänzen das bunte Treiben.

Bei allen diesen Märkten spürt man die über Jahrhunderte gewachsene Tradition, auf der sie aufbauen und die sie so authentisch macht. Und so unterschiedlich diese Märkte zum Teil vom Flair sind, so schwer wird es fallen, den ganz persönlichen Lieblingsmarkt auszumachen.

Tipp

Ein fotografischer Querschnitt durch alle Haslacher Märkte ist schlicht unmöglich. Der lebendigste und für Besucher außergewöhnlichste von allen ist ganz bestimmt der Kleintiermarkt in der Markthalle. Kommen Sie jedoch recht früh, denn dann können Sie noch das komplette Tierangebot betrachten. Und nirgendwo können Sie das Naturell der Kinzigtäler so hautnah und ursprünglich erleben.

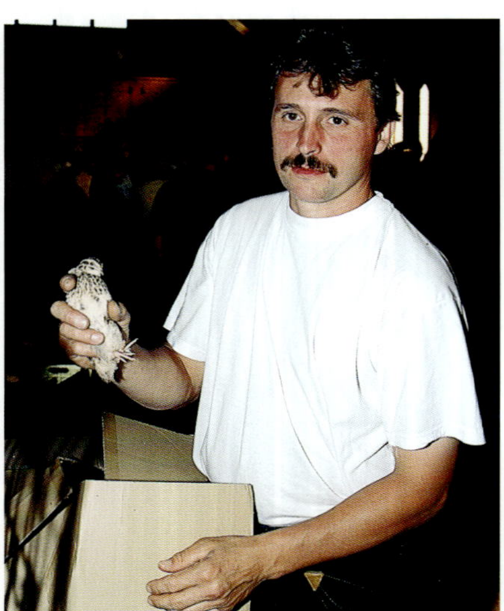

Die Termine sämtlicher Markttage
in Haslach erfahren Sie bei der
Tourist-Information Haslach
Im Alten Kapuzinerkloster
77716 Haslach
Tel.: (0 78 32) 70 61 70
Fax: (0 78 32) 70 61 79
www.badenpage.de/haslach
www.kinzigtal.com

„Zum Bierkrämer“: Die „jungen Wilden“ setzen Maßstäbe

Es sind oft die Zufälle, die einen Besucher zu einem heißen gastronomischen Tipp führen. Einer dieser Zufälle ist das Gasthaus „Zum Bierkrämer“ in Haslach.

Seit Februar 2001 betreibt Wolfgang Schwedler, Jahrgang 1962, das älteste noch geöffnete Gasthaus in Haslach nach einem fast einjährigen Umbau. Jetzt hat das richtig schnuckelige Lokal einen Wintergartenanbau bekommen, und rund 50 Personen können jetzt im „Bierkrämer“ bequem Platz finden.

Während im Lokal selbst eine sehr gemütliche und rustikale Atmosphäre herrscht, ist der Wintergarten im lockeren Bistro-Stil eingerichtet, bei schönem Wetter kann man die riesigen Glastüren öffnen, und plötzlich sitzt man wie im Garten. Man kann aber auch gemütlich vor dem Haus sitzen und dem bunten Treiben auf der Hauptstraße zusehen.

Ein tolles Menü für fünf Euro

Die Küche liegt zentral in der Mitte und ist sehr funktionell eingerichtet. Herr in der Küche ist Koch Michael Marx, Jahrgang 1965, der in der Gutacher Linde sein Handwerk erlernt hat. Er ist es, der von Montag bis Freitag ein Mittagsmenü kreiert, das von Genuss und Optik alle Ansprüche erfüllt und immer nur fünf Euro kostet: Ein Preis, der eine tägliche Außerhaus-Mahlzeit ermöglicht. Das ganz Besondere – außer dem so günstigen Preis – ist die Raffinesse der Dekoration (siehe Abb.) und vor allem die für ein Mittagsmenü ausgezeichnete Qualität. Damit hat Wolfgang Schwedler – vielleicht ohne es zu wollen – Maßstäbe gesetzt. Innerhalb kürzester Zeit hat er sich ein Stammpublikum erworben, das regelmäßig zum Mittagessen kommt und sich natürlich auch abends an die kreative Küche erinnert.

Wolfgang Schwedler und Michael Marx sind ein Team, das die ausgetretenen gastronomischen Pfade verlassen hat und mit neuen Ideen ein der Haslacher Tradition verpflichtetes Lokal weiterführt.

Wer also wochentags bei einer Fahrt durch das Kinzigtal einen ganz besonderen Platz zum Mittagessen sucht, kommt am Haslacher „Bierkrämer“ nicht mehr vorbei, denn nirgendwo erhält ein Gast für wenig Geld so viel an Geschmack, Qualität und kreativer Optik.

Zum Bierkrämer
Hauptstraße 14
77716 Haslach
Tel.: (07832) 976888
Montag bis Samstag ab 9 Uhr
Sonntag ab 10 Uhr
Tagesessen von 11.30 bis 14 Uhr
kein Ruhetag

Wolfgang Schwedler: Gastronom aus Leidenschaft und voller neuer Ideen.

Michael Marx: Koch, der eine neue Köche-Generation verkörpert. Seine Liebe zur Kochkunst, auch beim Tagesessen ein Muss.

Es sind vor allem die Haslacher geworden, die die Gemütlichkeit und gepflegte Atmosphäre im Bierkrämer zu schätzen wissen.

Wolfgang Schwedler und Michael Marx: Haslacher Mittagsmenü der Sonderklasse.

Wenn Wolfgang Schwedler seinen Gästen das Essen serviert, spürt man sofort, dass er ein Wirt aus Leidenschaft ist.

Kohlrouladen mit Kräuter-Kartoffel-Püree

Was man braucht:

1 großer Wirsingkopf, 600 g gemischtes Hackfleisch, 1 Zwiebel, Suppengemüse, 2 Knoblauchzehen, Brötchen vom Vortag, Milch zum Einweichen, 1 Bund Petersilie, 1 Ei, 1/2 Liter Fleischbrühe, Salz, Pfeffer, Muskat

So macht's Michael Marx

Den Wirsing-Strunk herausschneiden, die Blätter vorsichtig abtrennen, blanchieren und in Eiswasser legen. Zwiebel, Knoblauch, Petersilie klein hacken, mit dem ausgedrückten Brötchen und Hackfleisch mischen und würzen. Die Krautblätter auslegen, portionsweise mit der Füllung belegen und zu Rouladen wickeln. Scharf anbraten, Suppengrün dazugeben, mit der Fleischbrühe aufkochen. Etwa 25 Minuten leicht kochen.

Crêpes mit Vanilleeis

Was man braucht:

Teig: 120 g Mehl, 2 Eier, 1/8 l Milch, 2/8 l Wasser, Prise Salz, 1 EL Zucker, 1 EL Butter. Füllung: 4 Kugeln Vanilleeis, frische Waldbeeren, Früchte zum Garnieren, Sahne.

So macht's Michael Marx

Mehl, Milch und Wasser verrühren, die Eier, Salz und Zucker dazugeben. Diese Masse zu 4 dünnen Crêpes ausbacken, mit Vanilleeis füllen, die Waldfrüchte um den Crêpe anrichten und mit den restlichen Früchten und Sahne ausdekorieren.

Von Grandeln und der Liebe zu Steinen – Goldschmiedemeisterin Friederike Hüffner

„Man muss schon einen Bezug dazu haben, sonst kann man keinen Grandelschmuck machen.“ Nachdenklich betrachtet Friederike Hüffner die Hutnadel, die sie fertig gestellt hat.

„Die Jäger bringen mir die Grandel, den Eckzahn des erlegten Rotwildes. Das ist eine Trophäe wie das Geweih, und für den Jäger sehr wertvoll. Der Zahn wird dann in Gold gefasst, und zwar immer mit Eichenlaub dabei, und als Schmuck getragen.“

Friederike Hüffner hat das Herstellen von Grandelschmuck während ihrer Gesellenzeit in Freudenstadt gelernt. Sie baut die Goldfassung komplett von Hand auf, ohne vorgefertigte Teile aus Massenproduktion. „Ich finde das wichtig“, sagt sie. „Man muss begreifen, was dem Jäger so eine Grandel wert ist, und sie entsprechend behandeln. Auch wenn einem persönlich das Thema vielleicht nicht so liegt, sollte man eine gewisse Achtung vor dem Stück haben und sorgfältig damit arbeiten.“

Und was ist ihre persönliche Vorliebe? „Schöne Steine!“ Friederike Hüffners Augen leuchten auf. „Auf Mineralien- und Sammlerbörsen kaufe ich Steine, egal welcher Art und in welcher Preisklasse, nur nach Schönheit.“ Wieder zurück in ihrem kleinen Laden in Haslach, liegen die Steine oft erstmal in der Schublade. „Sie warten quasi darauf, das ich die passende Idee habe, was daraus entstehen soll. Oder bis der passende Kunde kommt.“ Denn Friederike Hüffner arbeitet viel auf Bestellung, das heißt die Kunden kommen mit dem Wunsch nach einem Armreif, einer Kette zu ihr und lassen sich ein ganz persönliches Stück entwerfen. „Das mache ich am liebsten“, erklärt Friederike Hüffner. „Ein Schmuckstück muss zu mir passen wie meine Frisur, meine Kleidung.“ Bei so einem Auftrag zeichnet sie mehrere

Friederike Hüffner, in Haslach aufgewachsen, ihr Vater hatte hier eine Apotheke, ist ein richtiges Multitalent. Aufgrund ihrer langen beruflichen Erfahrung ist sie in der Lage, alle Arbeiten, die in einer Goldschmiede anfallen, perfekt zu erledigen – von der Reparatur bis zum vollendeten Kunstwerk beherrscht sie die schwierige Klaviatur der Goldschmiedekunst in Perfektion.

Bild Seite 127 links unten: Heike Ruf, ausgebildete Goldschmiedin, ist die ideale Partnerin für Friederike Hüffner. Gemeinsam beraten, diskutieren und entwerfen sie die schönsten Schmuckstücke.

Entwürfe, die sie dann vorlegt. Doch selbst während des Entstehens des Schmuckes kann der Kunde oder die Kundin noch eingreifen. „Das ist wie ein Anprobetermin“, lacht die Goldschmiedemeisterin. „Dann kann man hier noch was wegnehmen, da noch umformen…“

Friederike Hüffner ist Goldschmiedemeisterin mit Leib und Seele. Das erkennt man schon am Blick, mit dem sie die Stücke betrachtet, die sie vorzeigt. Da existiert eine Beziehung zwischen ihr und ihrem Werkstück. „Manchmal ist es eine sehr schwere Arbeit“, erzählt sie dann auch. „Edelmetall kann ein sehr harter Werkstoff sein, der sich nicht formen lassen will.“

Friederike Hüffner legt großen Wert darauf, dass ihr individuell gefertigter Schmuck nicht nur für gut Betuchte erschwinglich ist. „Wenn ein junges Mädchen kommt und ihrer ersten großen Liebe ein ganz persönliches Geschenk machen will, kriegt sie bei uns genauso ein kleines Anhängerle gemacht wie der Unternehmer, der seiner Frau einen Brillantring bestellt.“

Damit die Existenz gesichert ist, haben Friederike Hüffner und ihre Gesellin Heike Ruf sich eine strenge Vorgabe gesetzt: Ein fertiges Stück pro Woche muss von der Werkbank kommen.

Außerdem werden in der Goldschmiede Hüffner alte, zum Teil uralte Schmuckstücke restauriert und Schmuck aller Art repariert – auch das mit großer Sorgfalt, die eben so zu Friederike Hüffners Arbeitsauffassung gehört wie die Leidenschaft zu ihrem Beruf.

Wenn man den Laden im Herzen von Haslach schließlich verlässt, hat man das sichere Gefühl, mit Friederike Hüffner eine Adresse gefunden zu haben, wo man Schmuck bekommt, der sehr schnell den Titel „Lieblingsstück“ erhalten wird.

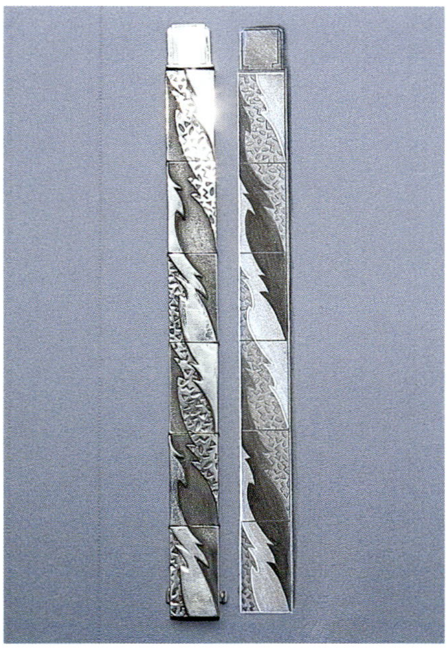

Friederike Hüffner und Heike Ruf sind ein eingespieltes Team. In Haslach und Umgebung sind die beiden schon lange erste Adresse, wenn es um individuellen Schmuck geht.

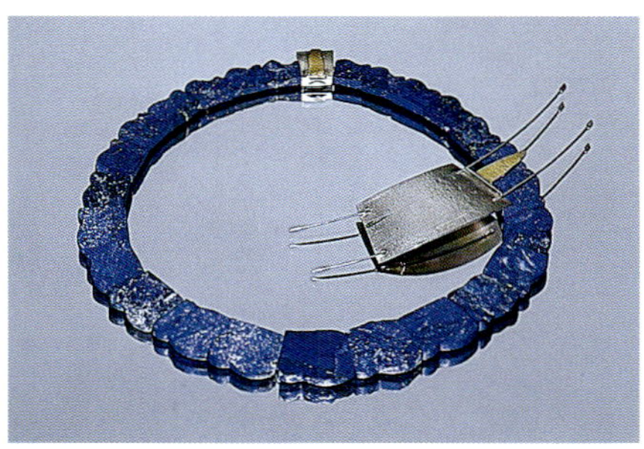

Goldschmiede
Friederike Hüffner
Hauptstraße 38
77716 Haslach
Tel. und Fax: (0 78 32) 46 78

Der Fronleichnamsteppich in Mühlenbach
„Wir tun's doch für unsern Herrgott!“

Wer an Fronleichnam nach Mühlenbach kommt, kann aus vielen verschiedenen Gründen hier sein: Die einen möchten diesen hohen katholischen Feiertag dort begehen, wo man sich ganz besonders viel Mühe mit der festlichen Ausgestaltung gibt. Die anderen kommen eher wegen der Schönheit des „Läufers“, weil sie die Blütenpracht begeistert. Und leider kommen auch noch die, für die der Mühlenbacher Fronleichnamsteppich in die Kategorie „Das muss man auch mal gesehen haben, dort muss man auch gewesen sein“ fällt, für die das Ganze nur ein abgehaktes Ereignis in ihrer Liste ist.

Doch sind die anderen in der Mehrzahl, und das ist gut so. Viel zu viel Mühe verwenden die Mühlenbacher auf die liebevolle Ausgestaltung ihres alljährlichen Schmuckes des Prozessionsweges durchs Dorf, als dass es nur für ein paar Schaulustige sein sollte.

Tage vorher beginnt die Mühe. Die Bilder der großen Motivtafeln werden ausgewählt und aufgezeichnet, die katholische Jugend ist in Feld und Flur unterwegs, Blüten zu sammeln. Da wird das Grün von mancher Hecke akribisch klein geschnipselt, Samen und Gräser, ganze Blüten und Blütenblätter in Körben, Kisten und Wannen gehortet.

Die großen Bilder werden schon im Voraus auf Holztafeln gestaltet, aber der eigentliche Fronleichnamsteppich, der Läufer, nimmt erst in der Nacht vor dem Feiertag Gestalt an. Um drei, vier Uhr im Morgengrauen erwacht Mühlenbach zu fleißigem Leben. Die ganze Anwohnerschaft ist auf den Beinen, jeder gestaltet das Stück Läufer vor dem eigenen Grundstück. Vorgaben gibt es keine, die Gestaltung ist ganz dem Können und der Lust der Anwohner überlassen. Dieses Jahr hat Sturm „Lothar“ Unmengen an Fingerhut beschert, der auf den freien Sturmflächen blüht. Sonst sieht es ein bisschen mager aus, die Bauern haben den ersten Wiesenschnitt längst in die Scheunen gebracht. Aber wer Blüten übrig hat, teilt gern mit den anderen. Überhaupt ist es ein schönes Miteinander, morgens in aller Frühe auf der Straße. Nach Stunden kreativen Schaffens erstrahlt der ganze Prozessionsweg in bunter Pracht. Die Altäre sind aufgestellt und ebenfalls geschmückt. Noch einmal wird mit dem Besen links und rechts gefegt, dann ist alles zur Zufriedenheit der Mühlenbacher gerichtet. Sie können sich jetzt zum Frühstück zurückziehen, während die ersten Pkw und selbst Busse mit Besuchern ankommen. Von weit her kommen die Leute, um die Arbeit der Mühlenbacher zu bestaunen. Diese aber lassen sich erst zu Gottesdienst und Prozession wieder auf der Straße sehen, denn: „Es ist doch alles unserem Herrgott zur Ehr'.“

Pünktlich zu Fronleichnam steht der Fingerhut in voller Pracht.
In stundenlanger Geduldsarbeit legen die Frauen die großen Bilder aus – mit Blüten, Blütenteilen, Samen und sogar Kaffeesatz – für die Konturen.
In dunkler Nacht beginnen die Mühlenbacher damit, ihre Straße herauszuputzen. Mit dem Heraufdämmern des Tages zeigt sich dann auch die ganze Farbenpracht.
Für die Prozession legt manche Mühlenbacherin die wunderschöne Tracht an. Trotz vieler Zuschauer bleibt die Prozession ein feierlicher Gottesdienst, und viele Gläubige schließen sich auf dem Weg an.

Tourist Information
Hauptstraße 24
77796 Mühlenbach
Tel.: (078 32) 9118-12
Fax: (078 32) 9118-20

Mühlenbach – die Tracht, ein Stück gelebte Kultur und Dank für ein gutes Jahr: Erntedankfest

Die Tracht als Symbol der Heimat
Die schönen alten Schwarzwälder Trachten gehörten noch vor gar nicht langer Zeit zum Alltagsbild. Heute werden sie noch zum Kirchgang und zu Prozessionen, zu Festen und besonderen Anlässen getragen. Aber sie sehen eben sehr attraktiv aus. Man ist überfordert, jeder Tracht den Platz einzuräumen, den Sie eigentlich verdient hat. Beispielhaft für die Pflege der Kultur der Trachten ist der Trachtenverein Mühlenbach.
In Mühlenbach (staatl. anerkannter Erholungsort mit rund 1660 Einwohnern) wird noch jahrhundertealtes Brauchtum gepflegt. Der so rege Trachtenverein ist aus dem Leben der Gemeinde nicht mehr wegzudenken. Besonders eindrucksvoll sind die Auftritte bei den farbenfrohen und prunkvollen Kirchenfesten.

Im September ist Erntedank
Mühlenbach ist ein gläubiges Dorf. Man lebt mit seiner Kirche, aber noch mehr für seinen Glauben, der auch nach außen hin bei vielen Festen demonstriert wird. Tracht und Glaube sind in Mühlenbach so eng miteinander verbunden, wie kaum in einer anderen Gemeinde. Nur so ist es auch erklärbar, mit wie viel Liebe und Hingabe am Erntedank oder bei anderen kirchlichen Festen das Dorf oder die Kirche geschmückt wird.
Am letzten September-Sonntag wird das Erntedankfest gefeiert. Zwei Wochen lang liegen in der Kirche etwa zwei Meter große Körner- und Früchtebilder mit biblischen Motiven. Im Mittelpunkt steht der prächtige Erntealtar, und wie zu Fronleichnam auch, lockt dieses Ereignis alljährlich unzählige Besucher an. Am Festtag selbst ist es der Erntezug. Die Kinder führen dabei Erntestäbe mit, die aus mit Ähren gefertigten Kränzen, Kreuzen, Kronen usw. bestehen die mit Blumen oder mit Obst reichlich geschmückt werden. Die Begleitung durch die Trachtenkapelle und den Trachtenverein sind für Besucher ein großes Erlebnis, für die Mühlenbacher ist es aus tiefer Gläubigkeit heraus ein Bedürfnis.

Man sieht es den Menschen an, dass Brauchtumspflege keine Show von Schwarzwald-Klischees ist, sondern aus voller Überzeugung gelebt wird.

Tourist Information
Hauptstraße 24
77796 Mühlenbach
Tel.: (0 78 32) 91 18-12
Fax: (0 78 32) 91 18-20
www.muehlenbach.de

In Steinach gibt es so viel zu entdecken

Wer einfach so durch Steinach fährt, kann sich kaum vorstellen, was dieses kleine Dorf und seine nähere Umgebung alles zu bieten haben.

Beim Durchfahren schaut man vor allem auf das herrlich restaurierte Gasthaus „Schwarzer Adler“, das sich mit seiner gutbürgerlichen bis gehobenen Küche einen Namen geschaffen hat. Weniger auffallend ist aber das kleine Haus gleich dahinter, das liebevoll vom Historischen Verein Steinach zu einem sehenswerten Heimat- und Kleinbrennermuseum umgebaut wurde.

Den einzigen Zwiebelturm im gesamten Kinzigtal haben die Steinacher ihrer wunderschön renovierten Kirche „Heilig Kreuz“ aufgesetzt, deren Fundamente noch aus dem Jahr 1150 stammen. So aber, wie die Pfarrkirche heute aussieht, wurde sie um das Jahr 1750 erbaut. Im Inneren erwarten den Besucher sehr schöne Plastiken des bekannten Bildhauers Joseph Kaltenbach.

Uralter Brauch: die Steinacher „Klausenbigger“

Zwischen dem 3. und 5. Dezember ziehen gar seltsame Gestalten durch Steinach: der Rubelz, der Bigger und zwei Nikolause, also die „Klausenbigger“. Sie besuchen, Haus für Haus, die Steinacher Kinder und verteilen Lob und Tadel. Meist gibt es ein kleines Geschenk, aber auch die Rute aus Birkenreisig wird, wenn notwendig, gezückt. Wahrscheinlich stammt dieser Nikolausbrauch aus dem Mittelalter, aber so genau weiß das niemand mehr. Aber genau das spricht für die Steinacher, die an alten Bräuchen festhalten und sie pflegen.

Steinach war einst auch eine Senfmetropole, aber leider hat die Fabrik den wirtschaftlichen Wandel nicht überlebt.
Um Steinach herum liegt nicht nur das idyllische Dorf Welschensteinach, sondern auch noch einige andere Schmuckstücke.
Schneekapelle: Diese schmucke Kapelle trägt den Namen Maria-Schnee und wurde in der zweiten Hälfte des 15. Jahrhunderts gebaut, der neuere Teil zu Beginn des 18. Jahrhunderts. Man findet diese reizvolle Kapelle an der Verbindungsstraße zum Ortsteil Lachen.

Welschensteinach: Um die 1300 Einwohner hat der winzige, aber optisch sehr interessante Ortsteil von Steinach, der 1972 eingemeindet wurde. Welschensteinach ist auch eine sehr alte Siedlung, deren erste Erwähnung auf das Jahr 1240 zurückgeht. Die Welschensteinacher sind ein sehr freundliches Völkchen, die herrlich zu feiern verstehen. Deshalb sollte man es nicht versäumen, das alljährlich im Juli stattfindende Dorffest zu besuchen. Beachten Sie aber: Die Welschensteinacher sind exzellente Schnapsbrenner und zeigen ihre Produkte bei diesem Fest, deshalb immer einen Fahrer mitnehmen, der absolut alkoholfrei bleibt.
Dominierend ist aber die romanische Dorfkirche von 1771, die den Aposteln Petrus und Paulus gewidmet wurde. Sie überwacht schützend die ganze Gemeinde und ist durch ihre Lage auf dem Welschensteinacher Dorfberg von überall zu sehen.

Touristinfo Steinach
Im Rathaus
Kirchstraße 4
77790 Steinach
Tel.: (078 32) 91 98-13
www.steinach.de

Der besondere Tipp:

Am Deutschen Mühlentag (immer am Pfingstmontag) ein Besuch der Vögeles Mühle

Aus dem Jahre 1835 stammt diese mit viel Liebe restaurierte Hofmühle im Ortsteil Niederbach. Innenbesichtigung und deftige Vesper sind nach Vereinbarung jederzeit möglich. Empfehlenswert ist aber die Öffnung der Mühle anlässlich des jährlichen Deutschen Mühlentages immer am Pfingstmontag. Da legen sich die vielen ehrenamtlichen Helfer so richtig ins Zeug. Dann erfährt man alles rund um das Mahlen. Es wird richtig gemahlen, speziell für Kinder ist es allemal ein Erlebnis zu erfahren, wo eigentlich das Mehl herkommt – und hervorragendes Essen gibt es auch.

Kreative Küche auf dem Campingplatz Kinzigtal

Wer von Steinach aus durch die Eisenbahnunterführung Richtung Welschensteinach fährt, trifft nach einigen hundert Metern auf zwei wichtige Steinacher Institutionen: das herrliche Freibad und gleich nebenan den idyllischen Campingplatz „Kinzigtal“.
Seit 1967 wird er von der Familie Tillmanns betrieben, seit 1995 in zweiter Generation von Thomas Tillmanns, ehemals Heizungsbauer, der seinem Hobby, dem Ralleysport, bis heute treu blieb, und seiner Ehefrau Constanze, ehemals Arzthelferin in Schramberg, aus dem Sulzbachtal bei Lauterbach. Zwischenzeitlich hat sich

Constanze und Thomas Tillmanns haben den Spielplatz für Söhnchen Lukas direkt vor der Haustüre. Spielmöglichkeiten bietet der Campingplatz für alle Altersgruppen – auch für Erwachsene in der überdachten Spielhalle.

mit Sohn Lukas die dritte Generation eingestellt.
Der Campingplatz ist ein richtiger Familienbetrieb mit 280 Stellplätzen und einigen Luxusbungalows. Die zahlreichen Stammgäste schätzen die persönliche Atmosphäre und die individuelle Betreuung durch die Tillmanns.
Obwohl in der Hauptsaison bis zu 400 Gäste den Platz bevölkern, kommt nie das Gefühl von Enge auf, so weitläufig ist der Platz. Aber es ist nicht immer Hauptsaison. Im Kinzigtaler Winter, der eigentlich gar keiner ist, lässt die Gästezahl doch zu wünschen übrig. Aber Thomas Tillmanns gehört nicht zu den jammernden Gastgebern, er ist ständig auf der Suche nach neuen Ideen.
Nach einer eingehenden Analyse beschloss der Familienrat, die Kapazitäten, die das Restaurant bietet, auszuschöpfen und vor allem in den schwächeren Monaten auch den Einheimischen eine außergewöhnliche Küche zu bieten.
Mit dem Bayer Thomas Haider holten Tillmanns sich einen erfahrenen Koch ins Haus, der neben dem Kochen auch noch einen Partyservice aufbaute. Und sie erstellten eine Speisekarte, die sich sehen lassen kann – mit speziellen Gerichten für Kinder und auch Senioren. Das Campingplatz-Team richtet aber auch Feste für bis zu 60 Personen aus und bietet den Einheimischen am Wochenende eine riesige Auswahl an Kuchen zum Mitnehmen an.
Das Lokal selbst ist ein riesiges Sammelsurium von alten Geräten und sonderbarem Handwerkszeug. Wer also dort einkehrt, kann nicht nur gut essen, sondern hat auch vieles zu entdecken und bestaunen.

Immer frisch in die Küche: Das ist für das Team des Campingplatzes Voraussetzung für eine Speisekarte, die sich überwiegend an den Jahreszeiten der regionalen Produkte orientiert. Küchenchef Thomas Haider zeigt gerne, was er in der Küche verwendet. Das üppige Camperschnitzel wird aus diesen Zutaten hergestellt.

Schon der Besuch der Campingplatz-Gaststätte ist ein Erlebnis. Was die Tillmanns alles zusammengetragen haben ist eine Mischung aus Flohmarkt, landwirtschaftlichem Museum und anderen skurrilen Dingen. Während Erwachsene die Sammlung anschauen können, haben Kinder die Möglichkeit, sich direkt am Lokal auf dem Spielplatz auszutoben.

Camperschnitzel, ein wahres Feuerwerk an Zutaten. Es ist unmöglich, dieses Rezept zu veröffentlichen, aber fragen Sie den Koch Thomas Haider, der es Ihnen gerne erklärt.

Campingplatz Kinzigtal
Familie Tillmanns
Welschensteinacher Straße 34
77790 Steinach
Tel.: (0 78 32) 81 22
www.campingplatz-kinzigtal.de
Öffnungszeiten: 8–13 und 15–22 Uhr

Welschensteinach: Neumeiers Schnaps für die Industrie, der des Ortsvorstehers für den Genuss

Die Straße von Steinach nach Welschensteinach kann man – etwas übertrieben – als Schnapsstraße bezeichnen, denn beinahe an jedem Haus kann man Schilder entdecken, die auf Schnapsverkauf hinweisen. Kommt man nach Welschensteinach, dann sind die Menschen dort offen, herzlich und vielleicht ein wenig rauer als im Kinzigtal selbst. So hört man öfters folgende Anekdote:

Ein Bauer hat zehn Jahre fürs Schnapsbrennen keine Steuern bezahlt. Der Finanzbeamte fragt: „Warum nicht?" Der Bauer: „Ich brenne keinen Schnaps!" „Aber das Gerät steht doch da!" – „Dann will ich auch Kindergeld!" – „Wieso? Sie haben doch keine Kinder." – „Wieso nicht? Das Gerät dazu ist doch auch da!"

Ein ganzes Tal brennt Schnaps

Viele Schnapsbrenner in der Gegend um Welschensteinach brennen noch mit alten Brenngeräten. Diese einfachen Brenngeräte erfordern zwei Brenndurchgänge, den Raubrand und den Feinbrand. Neuere Brenngeräte brennen in einem Durchgang.

Die Neumeiers aus Welschensteinach fallen aus der Rolle

Nicht anders macht es die Familie Neumeier in Welschensteinach, obwohl sie sich auf Industriealkohol

Schnapsbrennen ist bei den Neumeiers Familienangelegenheit und findet im Keller statt.

Wie wird denn nun aus der Fruchtbrühe Schnaps?

Das Vergären der Maische und das Destillieren sind komplizierte chemisch-physikalische Vorgänge. Ausgangsmaterial ist die Frucht. Sie muss sauber und gut ausgereift geerntet werden. Manche Sorten lässt man noch einige Tage nachreifen, bevor man sie einmaischt. Dabei wird das Obst mit dem Muser zerkleinert und im Fass zur Gärung angesetzt. Steinobst lässt man nicht durch den Muser, um keine Steine zu zerschlagen. Der Zucker wird während der Gärung von Hefepilzen zu Alkohol umgebaut. Wichtig ist, dass die Gärung möglichst rein und unbelastet von anderen Reaktionen abläuft. Saubere Fässer, gesundes vollreifes Obst, eine rasch einsetzende Gärung, ein tiefer pH-Wert der Maische und gut verschlossene Fässer sind Mindestanforderungen für eine erfolgreiche Gärung. Ein mit schwefliger Säure gefülltes Gärröhrchen sorgt dafür, dass Gärgase nach außen entweichen, Krankheitskeime mit der Außenluft aber nicht eindringen können. Für Edelbrände kommt noch einiges dazu, zum Beispiel eine spezielle Obstsortenwahl.

Zum Brennen wird die Maische nach Beendigung der Gärung oder auch einige Wochen bis Monate später in die Brennblase gefüllt und erhitzt. Dabei wird der Alkohol durch Verdampfung (Siedepunkt 78,3 Grad Celsius) und anschließendes Abkühlen zusammen mit den gewünschten Aromastoffen aus der Maische abgesondert. Obstbrände müssen sehr exakt destilliert werden, weil anfangs und am Ende des Brennvorganges unerwünschte Inhaltsstoffe auftreten. Bei manchen Bränden kann nur ein relativ eng begrenzter Zwischenlauf als Schnaps verwendet werden. Vorlauf und Nachlauf werden abgeschieden und kommen zur Ablieferung. Die Entscheidung, wann der Vorlauf endet beziehungsweise der Nachlauf beginnt, fällt der Brenner letztlich durch Probieren. Es gibt noch keine Messgeräte, die das geschmackliche Empfinden eines guten Brenners erreichen können. Der Alkoholgehalt des guten Zwischenlaufes liegt weit höher, als es für den fertigen Schnaps sinnvoll wäre. Wieder ist die Zunge des Brenners gefragt, um zu entscheiden, bei welchem Alkoholgehalt zwischen 37,5 und 45 Volumenprozent der Schnaps am besten ist. Eingestellt wird der Alkoholgehalt des Schnapses bei 20 Grad Celsius Temperatur durch Zugabe von Wasser. Nach einer Lagerzeit von einigen Monaten bis zu einem Jahr hat der Schnaps von seiner ursprünglichen Schärfe etwas eingebüßt, ist abgerundet und hat seine optimale Qualität erreicht.

Der letzte Schritt vor dem Abfüllen in Flaschen ist das Filtrieren des Schnapses. Alkohol geht mit Pektinen und anderen natürlichen Inhaltsstoffen der Frucht eine Verbindung ein, die sich meist in hellen Ausflockungen zeigt. Der Brenner kühlt nun den Schnaps auf null Grad oder etwas darunter und filtert die dadurch entstehenden Flocken ab. Nach einer letzten Überprüfung des Alkoholgehaltes steht dem Abfüllen nichts mehr im Wege.

spezialisiert hat. Für viele ein Frevel, aber vor allem die pharmazeutische Industrie benötigt für alle möglichen Medikamente reinen Alkohol. So endet die Arbeit der Neumeiers schon beim Alkohol, der über einen Zwischenhändler an die Industrie verkauft wird.

Die Arbeit vorher ist aber identisch. Frau Neumeier sammelt das Obst und muss sich für ein recht gutes Nebeneinkommen den Rücken krumm machen. Ihr Ehemann arbeitet bei einer Heizungsfirma. Wie bei vielen anderen Brennern auch wird das Schnapsbrennen im Nebenerwerb betrieben. Nicht zuletzt deshalb, weil auch sie schon seit vielen Jahren das Brennrecht besitzen, das sie vom Zollamt in Hornberg erhalten haben.

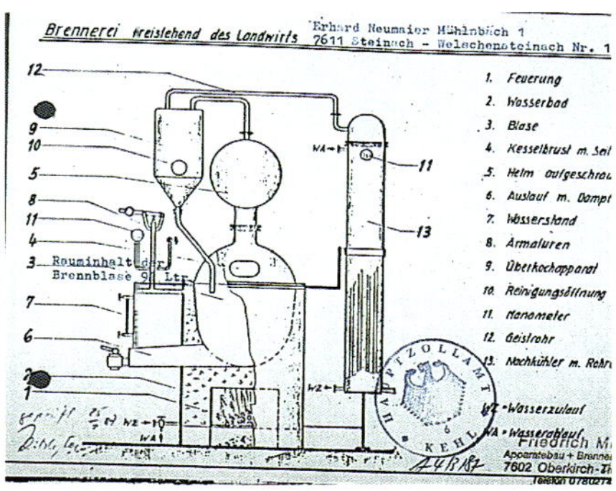

Das ist bei den Neumeiers bereits das Endprodukt. Der Alkohol wird jetzt nur noch in Kanister abgefüllt und an den Zwischenhändler verkauft. Die Medizin dankt es ihnen.

In den Hofläden des gesamten Kinzigtales gibt es unendlich viel zu entdecken. In Welschensteinach hat sich auch Ortsvorsteher Albert Haas einen solchen eingerichtet. Im Mittelpunkt stehen natürlich seine Schnäpse, die er durch eine originelle Werbung vor seinem Hof anpreist. Je nach Jahreszeit wechselt das Angebot an Obst, Wurst oder anderen Produkten, der Schnaps aber bleibt.

Liebevoll gehegt: das Kleinbrenner- und Heimatmuseum von Steinach

Eines der imposantesten Gebäude in Steinach ist das Gasthaus „Schwarzer Adler“, ein stattlicher Fachwerkbau von 1716. Dieses beeindruckende Bauwerk ist längst zu Steinachs Wahrzeichen aufgestiegen. Eher bescheiden nimmt sich das weit kleinere, doch ebenso hübsche Fachwerkhäuschen gleich über die Straße aus. Hier war früher der Tanzsaal des „Schwarzen Adler“ untergebracht, hier feierte man die großen Hochzeiten, Dorffeste und beging die Feierlichkeiten, die in den Gasträumen des Hauptgebäudes keinen Platz fanden.

Heute gehört das Kleinod der Gemeinde, und die hat es erfreulicherweise dem Historischen Verein Steinach zur Nutzung überlassen. Und so beherbergt das schmucke Häuschen das Heimat- und Kleinbrennermuseum von Steinach, das von den Mitgliedern des Historischen Vereins in freiwilliger Arbeit zusammengestellt und betreut wird.

Drei Stockwerke hat das Museum, und jedes ist einem eigenen Themenbereich gewidmet. Im Erdgeschoss kann man sich ein wenig allgemeiner zur Ortsgeschichte, zum Leben in Steinach in früheren Zeiten, zu Volksfrömmigkeit, Trachten und Bräuchen kundig machen. Eine komplett eingerichtete Bauernstube gibt es zu bewundern, und seit Neuestem kann man sich Videofilme zu wichtigen Volksbräuchen aus Steinach vorführen lassen, zum Beispiel zu den Klausenbiggern, die als Nikolaus, Knecht Ruprecht und eben „Klausenbigger“ von Hof zu Hof ziehen. Die entsprechenden Figuren kann man lebensgroß ebenfalls im Museum bewundern, genauso wie die Steinacher Fasnachtsgewänder und die Steinacher Trachten.

Im Dachgeschoss wird dem Besucher eindrucksvoll die Arbeit in der Landwirtschaft und in verschiedenen Handwerken, die am Ort ansässig waren, dargestellt.

Sicherlich am außergewöhnlichsten und interessantesten für den Gast ist das Kellergeschoss, wo sich alles um den Alkohol dreht. Neben alten Brennanlagen gibt es hier einiges zu Brauerei und Mosterei zu bestaunen. Nun, außergewöhnlich ist das Thema in Steinach eigentlich nicht, schließlich gab es einmal drei Brauereien im Ort, und gemostet wurde und wird im obstreichen Kinzigtal selbstverständlich reichlich. Steinach ist aber bekannt dafür, dass auf ungewöhnlich vielen Häusern noch ein Brennrecht liegt und eigentlich „jedes Bäuerlein sein eigenes Schnäpsle macht“. Was also lag näher, als diesem Thema eine eigenständige Abteilung im Museum einzurichten?

Schön für den Besucher, dass die Mitglieder des Historischen Vereins den offenen Blick haben für das, was für einen selbst zwar ganz alltäglich, für den Gast aber doch bestaunenswert ist.

Öffnungszeiten:
Mai bis Oktober
Mi 10–12 Uhr,
1. und 3. So im Monat 17–19 Uhr.

Informationen:
Tourist Info Steinach
Kirchstraße 4
77790 Steinach
Tel.: (0 78 32) 91 98-11

Steinach: Fliegenfischen und Lagerfeuer

Dies ist ein Platz, den nur Einheimische oder Eingeweihte kennen. Das gilt insbesondere für Fliegenfischer, denn nicht überall ist diese hohe Kunst des Fischens möglich. Kurt Schley aus Schutterwald kennt die Kinzig wie seine Westentasche, und er hat einen Lieblingsplatz: in Steinach unter der Eisenbahnbrücke, Richtung Biberach nach der scharfen Linkskurve am Ende der Leitplanke links den schmalen Weg fahren.

Dort ist es geradezu ideal, um den Fang am Lagerfeuer zu grillen und sofort zu verzehren.

Kurt Schley ist leidenschaftlicher Naturfan, er engagiert sich im unteren Kinzigtal mit Leib und Seele um die Hege und Pflege der Fische oder um die Ansiedlung von Störchen in Ohlsbach und anderswo.

Und er beherrscht das Fliegenfischen in Perfektion. Für das Auge des Zuschauers erscheint diese Art des Fischens zirkusreif, denn so genau trifft ein versierter Fliegenfischer wie Kurt Schley genau die Stelle, die er mit scharfem Auge anvisiert.

Besonders gerne angelt er am frühen Abend in die Dunkelheit hinein, denn dann beginnt der Himmel mit seinen Wolken seine Farbenpracht zu entfalten, und es entsteht Lagerfeuer-Romantik, der sich niemand entziehen kann. Ab und zu wird die Idylle durch vorbeibrausende Züge gestört, aber diese Unterbrechungen nimmt man gerne in Kauf.

Ein kleiner, aber feiner Sandstrand weckt sogar Erinnerungen ans Meer, und wer abends, auch ohne Angelrute, mit seinen Kindern Würstchen am offenen Feuer braten will, der kann dies hier in idealer Weise tun, und Treibholz gibt es auch genug!

Biberach: ein hoher Freizeitwert

Wer glaubt, dass der Name Biberach auf den Biber zurückgeht, der hat sich getäuscht, obwohl dieses Tier sogar im Ortswappen verewigt ist. Da „bi" früher einmal zwei bedeutete und „aha" Wasser, wird der Ortsname vermutlich auf „der Ort an den zwei Wassern" zurückzuführen sein, denn Biberach liegt an der Kinzig und am Erlenbach.

Aus dem Jahre 1222 stammt die älteste Urkunde mit der Ortsbezeichnung „Biberaha". Die Biberacher hatten es schon früher nicht leicht, denn das Kloster Gengenbach hatte klösterliche Rechte und nutzte diese durch enorme Steuern und sonstige Abgaben auch reichlich aus. Vieles veränderte sich im Laufe der Geschichte, aber dem Kloster Gengenbach blieb das Wasserrecht in Biberach, und das bekam der Ort auch zu spüren. Es gab ein alljährliches Fischergericht, um Fischfrevler zu richten – heute geht es den Schwarzanglern auch noch an den Kragen, aber man kann doch offizielle Angelkarten erwerben.

Zu Biberach gehört heute aber auch der Ortsteil Prinzbach, der ehemals „Brunsebach" hieß. Prinzbach lag lange im Dornröschenschlaf, bis so um das 13. Jahrhundert herum Silbererz gefunden wurde. Der Ort gehörte damals zur Grafschaft Geroldseck, für die das Silber enormen Reichtum bedeutete. Man baute die Stiftskirche, aber, noch bedeutender, die Hohengeroldseck. Auch für die Prinzbacher selbst bedeutete diese Zeit Wohlstand und Reichtum. Als der Berg nichts mehr hergab war es im 14. Jahrhundert um das Dorf geschehen. Man schrieb sogar vom Untergang der Gemeinde.

Heute sind Biberach und Prinzbach anerkannte Erholungsorte mit einem wahrlich reichhaltigen Angebot für die Gäste. Der Ort selbst lebt aber, wie in anderen Gemeinden auch, von der schier unendlichen Kreativität seiner Bürger. Welcher Ort hat zum Beispiel ein Maislabyrinth mit solch enormen Ausmaßen, einen „Märchengarten" oder gar ein echtes Flugzeug ohne Flugplatz.

Nicht zu vergessen ein Museum, in dem gegessen und getrunken wird, um lebendige Geschichte zu demonstrieren.

Brauchtum, Tradition: in Biberach unverzichtbarer Teil des lebendigen Gemeindelebens, das vor allem von den über 20 Vereinen getragen wird.
Einen der ursprünglichsten und schönsten Schwarzwaldhöfe um Biberach entdeckt man ganz am Ende von Erzbach.

Viele Wege führen durch das Maislabyrinth, aber nur einer wieder heraus.

Am Vatertag ist Biberach ein beliebtes Ausflugsziel für „Väter".

Eine willkommene Abwechslung für Kinder während einer Radtour: der Märchengarten.

Etwas Erleichterung bei der Erdbeerernte bei Fröschbach bringen diese Konstruktionen.

Der Ponyhof im schönen Erzbachtal ist besonders für Kinder ein Erlebnis. Neben Ponys, auf denen natürlich auch Ponyreiten möglich ist, gibt es dort Lamas, Ziegen, Hasen und zwei kleine Affen und Zebus.

In Fröschbach demonstriert die Familie Schmieder ein wahres Kürbis-Festival, bietet ein riesiges Blumenfeld für Selbstschneider an, und wer auf dem Schmieder'schen Erdbeerfeld für sich selbst geerntet hat, kann sich im beheizten Waldfreibad von seinen Rückenschmerzen erholen. Und wenn es sein muss auf der größten Riesenrutsche im südbadischen Raum mit 77 Metern.

Die Gemeinde ist für die S-Bahn, die aus dem Harmersbachtal kommt, Endstation. Hier steigen Tag für Tag Hunderte von Schülern und Pendlern in andere Bahnen um. Der Eisenbahnanschluss ist für Biberach geradezu genial, denn durch die gute Anbindung ist man schnell in Oberharmersbach, Offenburg oder Haslach, aber auch im Elsass.

Wirtschaftlich steht Biberach nicht schlecht da. Den etwa 3200 Einwohnern stehen rund 1200 Arbeitsplätze zur Verfügung. So gibt es zum Beispiel mit der Verpackungsfirma Knauer oder dem Büromöbelhersteller Hund zwei äußerst erfolgreiche Unternehmen in Biberach.

Und wer einen ganz besonderen Biberacher kennen lernen will, der sollte einmal Franz Rieger sprechen. Er ist stellvertretender Bürgermeister, Träger des Bundesverdienstkreuzes und nebenbei noch Vorsitzender des Motorsportverbandes Baden-Württemberg und beim MSC Berghaupten aktiv, er hat den Verein mit aufgebaut. Er weiß alles, was Biberach und das Kinzigtal betrifft. Sich mit ihm zu unterhalten ist wie in einem Buch zu lesen – nur lebendiger.

Gemeinde Biberach/Baden
Touristinfo
Hauptstraße 27
77781 Biberach/Baden
Tel.: (0 78 35) 63 65-11
Fax: (0 78 35) 63 65-20
www.biberach-baden.de

Der Ponyhof in Biberach-Erzbach ist ein ideales Ausflugsziel. Im Herbst bietet sich zuerst ein Besuch des Maislabyrinths, am Abzweig nach Erzbach gelegen, an, um dann nach Erzbach zu fahren – bis es nicht mehr weiter geht. Dort erwarten Kinder aufregende Stunden und alle anderen ein herzhaftes Vesper bei der Familie Melder.
Telefon: (0 78 35) 72 89

Das Kettererhaus und die Taverne „Zum kuehlen Krug“: Geschichte hautnah erleben

Eines der ältesten und schönsten Gebäude Biberachs, das Kettererhaus, beherbergt das Biberacher Heimatmuseum. Benannt nach seinem letzten privaten Besitzer, dem Ketterer-Schmied, weist der Fachwerkbau aus dem 17. Jahrhundert den ganzen Charme seiner langen Geschichte auf: Nicht nur die reichhaltige Ausstattung und das Inventar sind eine Besichtigung wert, sondern auch das Haus selbst. Die verschachtelte Bauweise, die original erhaltenen Fußböden und Wandverkleidungen lassen den Besucher auf Zeitreise gehen. Dazu kommen die Schätze des Museums, die vielen Handwerksstuben, die hier eingerichtet wurden (besonders originell: die Werkstatt der Zigarrenmacherinnen), aber auch die Bauernstube, Küche und Mägdekammer mit ihrer reichhaltigen Ausstattung. Sämtliche Facetten des ländlichen Lebens vergangener Zeiten werden hier liebevoll beleuchtet.

Zu einem ganz besonderen Anlass lädt das Kettererhaus dann außerhalb der normalen Öffnungszeiten. An einigen Sommerabenden wird im Keller die Taverne „Zum kuehlen Krug" eröffnet. Hier wird in originaler Atmosphäre eine mittelalterliche Schenke eröffnet, in der die Gäste zu zeitgenössischer Musik frische Fladen aus dem Holzofen, Dunkelbier, Wein, Honigmet und anderes aus Trinkhorn und Tonbecher genießen können. Zuständig für das mittelalterliche Ambiente ist Michael Maucher aus Oberharmersbach vom Verein Die Kriegsknechte e. V., geschichtsbegeisterte Leute, die sich der historisch korrekten Darstellung des Lebens im späten 15. Jahrhundert verschrieben haben. Bis ins kleinste Detail stimmt daher die Ausstattung der Taverne, genauso die Kleidung der Mitwirkenden und Musikanten. So kann man sich auf eine etliche Jahrhunderte umspannende Zeitreise begeben.

Zu diesen Tavernenabenden ist auch das Museum selbst geöffnet, außerdem zeigen ein Sattler und ein Korbmacher ihre Fertigkeiten.

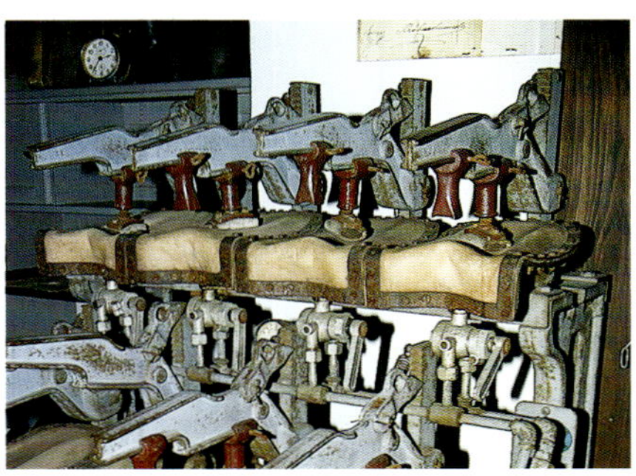

Museum im Kettererhaus
Öffnungszeiten:
Di 10–12 Uhr, jeden 1. und 3. So 10–12 Uhr
Tourist Information
Hauptstraße 27
77781 Biberach
Tel.: (0 78 35) 63 65-11

Die Kriegsknechte e. V.
Michael Maucher
Talstraße 88
77784 Oberharmersbach
Tel.: (0 78 37) 15 42
E-Mail: info@kriegsknechte.de
www.kriegsknechte.de

Ritterromantik: Ein Ausflug auf die Geroldseck

Die Geschichte der Burg

Das Kloster Gengenbach dominierte im 13. Jahrhundert weite Teile des Kinzigtales. So auch die Gegend um Biberach und der Nachbargemeinde Seelbach. Das Jahr 1139 ist das erste urkundlich erwähnte Datum in einem Schirmbrief, den der damalige Papst Innocenz II. für das Kloster Gengenbach verfasst hat.

Die Burg hat aber eine Vorgängerin, die Burg auf dem Raukasten. Es war der Herrschaftssitz der Geroldsecker, die im Jahre 1250 ihren Sitz auf den Schönberg verlegten. Dort wurde die Burg vollendet, um 1689 von den Franzosen zerstört zu werden.

So, wie die Burg heute aussieht, ist das Ergebnis unzähliger Restaurierungen, die bereits gegen Ende des 19. Jahrhunderts begannen.

Wer von der Geroldseck hinunter ins Tal blickt, der erkennt die strategische Bedeutung, die die Burg einst hatte.

Wer sich gerne von der ganz besonderen Atmosphäre einfangen lässt, die Ruinen, und ganz besonders die trutzig-wuchtigen Ruinen einst stolzer, wehrhafter Burgen ausstrahlen, der wird die Geroldseck lieben. Weithin sichtbar thront sie auf ihrem mächtigen Felsen zwischen Kinzig- und Schuttertal. Einst die stärkste Festung weit und breit, um das Jahr 1250 als Sitz des Geschlechts der Hohengeroldsecker erbaut, ist sie seit rund 300 Jahren Ruine.

Wer es wild-romantisch mag (und festes Schuhwerk an den Füßen trägt!), erklimmt den Burgberg über den „Spänleweg", einen schmalen, teils recht steilen Fußweg durch den Wald, der unterwegs immer wieder beeindruckende Ausblicke sowohl auf die hoch über den Köpfen der Wanderer aufragenden Mauern als auch weit ins Tal hinaus bietet. Es geht aber auch bequemer über den breiten Fahrweg.

Oben angekommen, nimmt einen die düstere Ausstrahlung der Ruine voll und ganz gefangen. Phantasiebegabten Menschen fällt es leicht, hier mittelalterliches Leben im Geiste wiederzuerwecken. Wer mit Kindern hier ist, kann sich den ganzen Tag mit Ritterspielen vergnügen.

Nach dem Abstieg lockt eine ganz andere Art von Romantik. Unterhalb der Stelle, an der der „Spänleweg" wieder aus dem Wald herausführt, lockt die Vesperstube Beck mit dem schönsten und lauschigsten Garten weit und breit. In einem bunten Blütenmeer sind die Tische verteilt, an denen die Ruinenbezwinger je nach Appetit leckere Kuchen oder herzhafte Vesper verzehren können. Ein Plätzchen, so recht geschaffen, um die Seele baumeln zu lassen.

Wer sich aber für einheimische Produkte interessiert, der sollte den samstäglichen Bauernmarkt vor dem Seelbacher Kloster nicht versäumen. Im Sommer von 8.00 bis 12.00, im Winter von 8.30 bis 12.00 Uhr.

Beck'sche Vesperstube
77960 Seelbach
Tel.: (07823) 2695
Mo bis Fr ab 12.30 Uhr
Sa, So ab 11.30 Uhr
Di Ruhetag

Kriemhild Schmieder: Die Kürbiskönigin von Fröschbach

Wer von Bruch in Richtung Schönberg fährt, kommt automatisch über Fröschbach. Nicht jeder, der glaubt, das Kinzigtal zu kennen, kennt auch diese drei kleinen Randgemeinden, die wie im kleinen Obst- und Gemüseparadies rechts der Kinzig liegen. Bruch und Fröschbach gehören zu Biberach, während Schönberg schon zu Gengenbach gehört.

Und mitten in diesem kleinen Paradies liegt der Traditionshof der Familie Schmieder. Ein Vorzeigebetrieb mit einer selbst für Kinzigtäler unglaublichen Kreativität. Zwei Generationen bewirtschaften den Hof, heute unter der Leitung von Sohn Armin, der 70 Kühe im Stall stehen hat und intensive Milchwirtschaft betreibt. Die kreative Seele des Hofes ist aber Mutter Kriemhild, die mit schier unglaublichem Elan ständig auf der Suche nach neuen Herausforderungen ist. „Eigentlich bin ich schon Altenteilerin", sagt sie lachend, „aber wir sind alle Bauern aus Leidenschaft und leben für unseren Hof, auch un-

Ehemann Otto unterstützt seine Frau vor allem dann, wenn Muskelkraft gefragt ist, aber auch beim Verkauf an der Straße.

Etwa 40 Kürbissorten hat Kriemhild Schmieder in ihrem Angebot – und sie kennt alle Namen.

Ein farbenfrohes Kürbis-Spektakel vor dem Hof der Schmieders: Autofahrer, Wanderer oder Radfahrer, die zufällig durch Fröschbach fahren, halten an und staunen.

ser Hund Blacky und unsere sieben Katzen."

Seit Jahren ist Kriemhild Schmieder Vorsitzende des Landfrauenvereins der Gegend und mitverantwortlich für die unzähligen Aktivitäten des Vereins, der unter anderem jährlich drei Märkte in Haslach veranstaltet, gefördert und unterstützt durch Verkehrsamtsleiter Schwendemann aus Haslach, der zusammen mit Bürgermeister Binder die Selbstvermarktung der Landwirte und Landfrauen vorbildlich fördert.

Am Anfang war die Kürbissuppe

Landfrauen kredenzten im Jahre 1998 auf der Herbstmesse in Offenburg in herrlicher Kürbisdekoration eine Kürbissuppe, die einen Stoff beinhaltet haben muss, der Kriemhild Schmieder infizierte, der in ihr die Faszination Kürbis weckte, denn schon ein Jahr später pflanzte sie die ersten Kürbisse der Sorte Muskat. Nach einer großen Kürbisausstellung im Garten des Ludwigsburger Schlosses war sie dann von der Vielfalt der Kürbissorten überwältigt und kam so zur Erkenntnis, dass nur Vielfalt Erfolg bringen kann. Und zwischenzeitlich baut sie bereits selbst 40 Sorten an, nachdem auch sie Lehrgeld bezahlen musste.

Der größte Feind: die Schnecken

„Eigentlich habe ich alles richtig gemacht, als ich mit den Kürbissen anfing, aber ich habe nicht bedacht, dass Schnecken nichts lieber mögen als Kürbispflanzen. Bis zu einem Drittel der Anzucht haben sie mir abgefressen. Und dann kamen die Krähen. Aber zwischenzeitlich habe ich alles im Griff und nach den im Schnitt 90 bis 120 Tagen Reifezeit haben wir heute mehr als 10 000 Kürbisse zu ernten."

Das allerdings hört sich einfacher an als es ist. Denn Kürbisse können so schwer sein, dass die Schmieders bei der Ernte auf einen Freund des Hauses, ein trainierter Sportler, angewiesen sind, der auch nur unter größter Anstrengung das Gemüse heben kann.

Kürbisse sind schwer, da kommt es den Schmieders gelegen, eine helfende Verwandtschaft mit kräftigen Oberarmen zu haben.

Kürbisse – Schmuck und Speise

Die Verwendung von Kürbissen ist so vielfältig wie die Sorten selbst. Da benötigt die Wolfacher Glashütte für eine Veranstaltung Hunderte von Kürbissen, da bleiben vor dem Hof die staunenden Besucher stehen, die bereits für 50 Cent ein Prachtstück erstehen können. Kriemhild Schmieder bedauert aber sehr, dass sich der Kürbis in den Küchen der Region noch nicht durchgesetzt hat. Dabei kann ein Kürbis zu allem verwendet werden: als Gemüse, Marmelade oder eingelegt usw. Wenn die Töchter Marianne und Heidi aus Stuttgart kommen, dann wird mit Kürbis gekocht – eine tolle Alternative zu den traditionellen Gerichten der Schmieder'schen Küche.

Die Schmieders kennen auch nur einen Gastronomen, der auf dieses herrliche Gemüse zurückgreift, es ist der „Stuben-Wirt" von Oberharmersbach.

Bauernhof Schmieder
Fröschbach 1
77781 Biberach-Fröschbach
Tel.: (0 78 35) 71 08
Fax: (0 78 35) 54 87 34

Kleine Kultur-Tour: Eine Auswahl Kinzigtäle

Viele bemerkenswerte Museen haben die Ortschaften entlang der Kinzig dem Kultur- und Bildungshungrigen zu bieten, und alle aufzuzählen käme nicht einem einzigen gerecht. So sollen hier stellvertretend noch einige vorgestellt werden, die ob ihres besonderen Themas, ihrer Skurrilität oder auch wegen des Umfangs ihrer Sammlungen besuchenswert sind.

Alles über die Flößerei

Im Flößer- und Heimatmuseum Wolfach ist eine eigene Abteilung der Flößerei gewidmet, denn die Wolfacher waren tonangebend in diesem Gewerbe im Kinzigtal. Mit anschaulichen Text- und Bilddokumenten, vielen Ausstellungsstücken aus der Zeit der Flößerei, mit Floßmodellen und einem originalen Gestör wird die Arbeit und das Umfeld der Flößer für den Besucher lebendig erläutert. Videofilme mit alten und neueren Aufnahmen von Floßfahrten und Dokumentationen zum Floßbau ergänzen die sorgfältig zusammengestellte Sammlung. Am Ufer der Kinzig ist seit neuestem der Flößerpark begehbar, in dem ebenfalls ein Teilstück eines Kinzigfloßes anzuschauen ist; außerdem sind ansprechende Schautafeln aufgestellt, die wichtige Informationen zur Flößerei bereithalten.
Telefon: (0 78 34) 42 84

Brauchtum in Hülle und Fülle

Wer sich für Brauchtum und Trachten interessiert, ist in Haslach an der richtigen Adresse. Im Schwarzwälder Trachtenmuseum sind über achtzig Originaltrachten ausgestellt, ergänzt durch wertvolle Einzelteile wie Schäppel, Hauben oder Goller (Kragen), mit Gegenständen des Brauchtums und

Auch das Gengenbacher Flößermuseum ist ganz bestimmt einen Besuch wert.

des bäuerlichen Alltags zu lebensnahen Gruppen zusammengestellt. Die Fest- und Alltagstrachten werden durch Uniformen verschiedener Bürgerwehren und einige Fasnetsgewänder komplettiert.
Untergebracht ist das Museum in einem Kapuzinerkloster aus dem Dreißigjährigen Krieg, das einzige noch so vollständig erhaltene barocke Kloster dieses Ordens in Süddeutschland.
Schon das Gebäude selbst lohnt den Besuch.
Telefon: (0 78 32) 80 80

Ein herrliches Sammelsurium
Das Museum für Liebhaber von Trödelläden und Flohmärkten: Der Storchenturm in Zell am Harmersbach! Im 1330 errichteten Wartturm mit Hungerverließ und Kerker findet sich ein unglaubliches Sammelsurium von über 3000 Einzelstücken. Nicht wohlgeordnet, sondern durch Stöbern und Entdecken findet man hier eine umfangreiche Sammlung von allem, was Heimatgeschichte erlebbar macht.
Beeindruckende Einzelstücke wie das Orchestrion „Zamba“, der berühmte „Basler Totentanz“, die alte Druckerpresse der „Schwarzwälder Post“ und vieles mehr machen den Storchenturm zu einem echten Highlight.
Der Turm selbst und die beeindruckende Aussicht aus dem obersten Geschoss über Stadt und Harmersbachtal lohnen ebenfalls den Besuch. Ein Museum für Entdeckerseelen mit hohem Unterhaltungswert! Und nach dem Stöbern kann man in den Cafés direkt unterhalb des Turms in der Sonne Kaffee trinken.
Telefon: (0 78 35) 63 69-47

Zell am Harmersbach: Liebe auf den ersten Blick

Schmuckschatulle des Harmersbachtales, so wird für die Stadt geworben. Auf den ersten Blick erscheint dieses Prädikat wohl übertrieben, aber es stimmt, denn der Charme der ehemaligen kleinsten Reichsstadt wird durch das mittelalterliche Ambiente aus Fachwerkhäusern, malerischen Winkeln, Storchenturm und Hirschturm geprägt. Im Mittelpunkt all dieser Schönheiten steht der historische Stadtkern mit seinen herrlichen Fachwerk-, Klassizismus- und Jugendstilbauten. Beispielsweise der Kanzleiplatz mit „Alter Kanzlei“, die Überreste der ehemaligen Stadtbefestigung, Hirsch- und Storchenturm und die alte Waschküche.

Es gibt aber noch andere Superlative: die größte Wallfahrtskirche Südbadens „Maria zu den Ketten“, das Kapuzinerkloster, den Gröbernturm und den Gröbernhof, aber auch den größten Weihnachtsbaum der Welt.

Auf den Storchenturm, der eigentlich Langer Turm heißt, können Sie hinaufsteigen. Und die Mühe lohnt sich wirklich, denn Sie haben einen einmaligen Überblick über das Städtchen. Die Schwedenkanonen auf der Rampe stammen aus dem Dreißigjährigen Krieg.

Im Storchenturm und im Fürstenbergerhof wurden Heimatmuseen eingerichtet. Im Storchenturm sind allerlei Handwerksstuben untergebracht. Sie

sehen, wie Weber und Töpfer, Schuhmacher und Bäcker arbeiteten. Alte Trachten und Fasnetsmasken erzählen vom Brauchtum, das hier noch heute sehr lebendig ist. Der Fürstenbergerhof in Unterharmersbach ist wie ein historischer Familienbetrieb eingerichtet, mit Aussteuer-Schrank und Himmelbett.

Beim Bahnhof in Zell beginnt ein neun Kilometer langer, gut markierter, interessanter Naturlehrpfad. Über 60 Tafeln geben ausführlich Bescheid über die heimischen Holzarten, über Forstwirtschaft, Geologie und Heimatkunde.

Zellkultur

Unter diesem Motto präsentiert die Stadt Zell am Harmersbach offizielle kulturelle Veranstaltungen mit einem hohen Anspruch: Konzert- und Theaterangebote, Kabarett, Kleinkunst, Dichterlesungen und Vernissagen international renommierter Künstler. Dazu zählen auch die alle zwei Jahre Ende Juli stattfindenden Zeller Kulturtage. Sie finden ihre Ergänzung in

einem vielfältigen Angebot an Veranstaltungen, die das regionale Kulturleben für Feriengäste und Einheimische präsentieren. Hier engagieren sich besonders die Vereine, aber auch einzelne Bürger, die ehrenamtlich ihre Stadt vorstellen.

Kultur- und Verkehrsamt
Alte Kanzlei
77736 Zell am Harmersbach
Tel.: (078 35) 63 69 47
Fax: (078 35) 63 69 50
www.zell.de

Eine Heimatzeitung

1997 feierte die „Schwarzwälder Post" in Zell am Harmersbach ihr hundertjähriges Bestehen. Als kleinste Lokalzeitung Baden-Württembergs ist dies in unserer Zeitungslandschaft keine Selbstverständlichkeit, sondern Ausdruck einer engen Leserbindung. Möglich ist dieser Erfolg nur durch eine konsequente lokale Ausrichtung. Keine überregionale Zeitung kann die lokale Information so vermitteln, und von diesen Informationen profitieren die Leser, die dies auch zu schätzen wissen und der Zeitung eine stabile Abonnentenzahl garantieren. Drei Verlegergenerationen waren und sind es, die das Harmersbach-, Nordrach- und das mittlere Kinzigtal mit

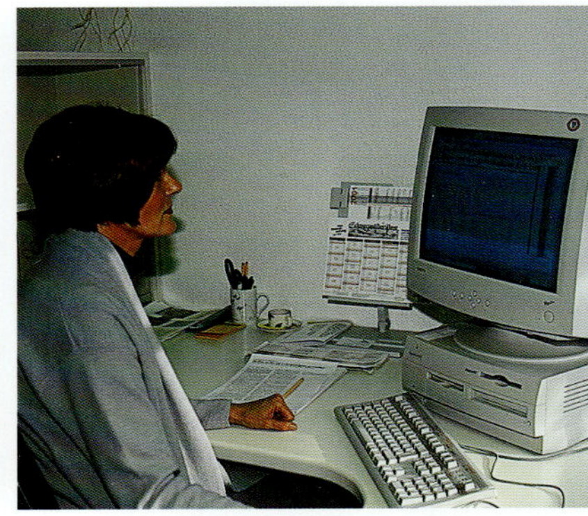

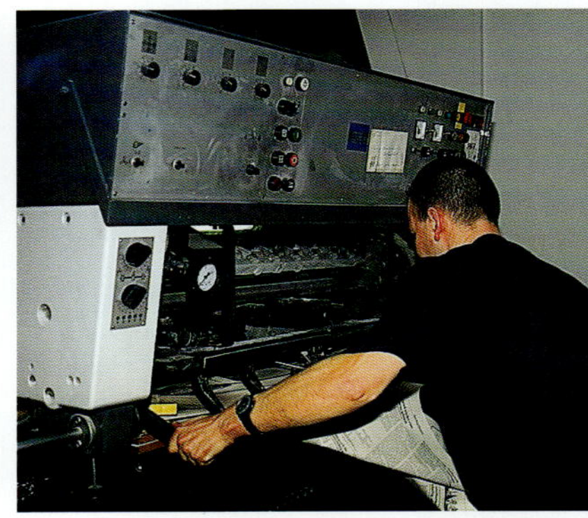

Probenummer. Zell a. H., 18. September 1897. Nr. 1.

Schwarzwälder Post

Allgemeines Anzeigeblatt für den badischen und württembergischen Schwarzwald.

Zeller Stadt-Anzeiger.

den Informationen versorgen, die die Menschen dort für ihre lokalen Bedürfnisse erwarten. Heute führen Herbert und Hanspeter Schwendemann den Verlag, der die Zeitung dreimal wöchentlich in der eigenen Druckerei produzieren lässt. Die Schwendemanns verstehen ihre Zeitung als Bindeglied zwischen Information und Bürger.

Im schmucken Verlagshaus im Zeller Pfarrhofgraben ist die Schaltstelle für alles, was mit der Zeitung zu tun hat: sowohl redaktionell als auch technisch. Heute wird im Offsetdruck produziert, wie man früher die „Schwarzwälder Post" gedruckt hat, kann man im Zeller Storchenturm sehen, dort steht noch die alte Buchdruckmaschine der Schwendemanns. Trotz der neuen Satz- und Drucktechniken wird noch vieles von Hand gemacht. Immer am Erscheinungstag kommen Frauen aus Zell, um die einzelnen Teile der Zeitung zusammenzutragen. Dann stehen auch Scharen von Schülern vor dem Haus, die nur darauf warten, die frischen Zeitungen austragen zu können. Und es ist nicht übertrieben wenn man behauptet, dass jeder Haushalt im Verbreitungsgebiet schon sehnsuchtsvoll auf das neue „Blättle" wartet.

Auch die Firmen aus diesem Gebiet wissen die „Schwarzwälder Post" als Werbeträger zu schätzen. So eng seine Nachricht an den Leser zu bringen, das kann keine andere Zeitung leisten. So ist die Zeitung auch ein enges Bindeglied zwischen der Geschäftswelt und dem Leser.

Über 100 Jahre ist die „Schwarzwälder Post" geworden, und wenn dieser Weg, der bisher so erfolgreich war, so fortgesetzt wird, werden sich auch noch weitere Generationen von Schwendemanns und Kinzig-, Nordrach- und Harmersbachtälern gegenseitig wunderbar ergänzen.

Schwarzwälder Post
Pfarrhofgraben 4
77736 Zell am Harmersbach
Tel.: (0 78 35) 215
Fax: (0 78 35) 70 47

DRUCKEREI
VERLAG ...
Schwarzwälder Post
Heimatzeitung
... seit 1897

Warum in die Ferne schweifen, Zell liegt doch so nah!
Angebote im historischen Schlemmerparadies

Warum in die Ferne schweifen, wenn das Gute liegt so nah. Jährlich unternehmen unzählige Vereine, Gruppen und Klubs ihre Ausflüge, und immer wieder wird diskutiert, wohin die Reise geht.

Zell am Harmersbach ist aufgrund der witzigen und kreativen Angebote für Gruppen genau das ideale Ziel. Was das Verkehrsamt und seine Mitarbeiter für Gruppen auf die Beine gestellt haben, das ist im Kinzigtal einmalig.

Es gibt aber eine Voraussetzung: Man muss gerne gucken, schwätzen, schlemmen und trinken. Die Begleiter der unterschiedlichen Touren sind schon ein Erlebnis für sich, auch sie schwätzen gerne. Aber nicht nur über die Geschichte der ehemals kleinsten Reichsstadt, sondern auch über die badische Küche. Da man beim Gucken und Schwätzen hungrig wird, erwartet den Besucher ein Menügang in einem von vier traditionsreichen Lokalen.

Also los und die alte Reichsstadt optisch und kulinarisch erleben.

„Achtele um halb zwölf"

Das ist eine hochinteressante Stadtführung in kleinen Gruppen, ganz individuell und gemütlich. Alles, was es in der Zeller Innenstadt zu sehen gibt, wird fachkundig und mit dem

Das „Achtele um halb zwölf" ist mit der Schwarzwald-Gästekarte kostenlos.

Ein kulinarischer Tipp für Wanderer

Schwarzwald, das ist nicht nur Bollenhut und Schwarzwälder Kirschtorte, dazu gehört auch ein Besuch auf einem richtigen Schwarzwälder Bauernhof. Josef Hug auf dem Hugenseppenhof zeigt den Gästen seinen Hof, seine Mühle und das Back- und Brennhäusle. Gemütlich wird's dann bei Schwarzwälder Versucherle, Most und Kirschwasser. Und wenn Karl-Heinz Link sein Akkordeon auspackt, dann ist Stimmung garantiert.

Geführte Wanderung, Hofbesichtigung, Versucherle, Most und Schnäpsle: 6 Euro pro Person.

Das Programm der Genießertage

1. Tag Anreise 19.00 Uhr
Begrüßung mit einem
„Zeller Schlückle"

Eine besondere Stadtführung:
„Historische Zeller Kneipentour"
mit dem „Reichsstadt-Menü"

2. Tag morgens
Besuch bei „Hahn & Henne"
in der Zeller Keramikfabrik

14.00 Uhr
„Das Geheimnis der beschwipsten
Torte"; anschließend
Stadtbummel auf eigene Faust

19.00 Uhr
„Zeller Schwarzwald-Menü"
4-Gang-Menü mit Spezialitäten
aus der Region

3. Tag Abreise

nötigen Schuss Humor erklärt. Und zum Schluss ein Achtele.
Gastlichkeit hat in Zell am Harmersbach Tradition und die berühmte gute badische Küche ist auch hier zu Hause.
Man kann komplette Pauschalangebote buchen, aber auch in Gaststätten eigener Wahl die Spezialitäten verkosten. Die einzelnen Menüs, die an Regionalität nichts zu wünschen übrig lassen, werden überwiegend aus Produkten rund um Zell und das Harmersbachtal bezogen. Auf dem Zeller Verkehrsamt wird man bestens und immer freundlich beraten.

Tipp:

Für Wanderfreunde ist dieser Vorschlag gedacht. Fahren Sie nach Zell am Harmersbach, steigen dort in die Ortenau-S-Bahn und fahren nach Oberharmersbach. Von dort können Sie bequem den Reichspfad nach Zell über Unterharmersbach zurückwandern. Diese flache Strecke erfordert keine besondere Anstrengung und ist höchst interessant. Zum Abschluss dieser Wanderung bietet sich ein deftiges Essen an: das Menü „Alt-Zell". Es gibt wohl keine bessere Belohnung für eine Wanderung. Bitte vorher beim Verkehrsamt buchen.

Historische Zeller Kneipentour
Eine ganz besondere Stadtführung.
Man hat die Auswahl zwischen zwei Menüs, die die Zeller Gastronomen zusammengestellt haben:

Menü Alt-Zell

Lauchrahmkuchen, Zwiebelkuchen
oder Flädlesuppe, 1/8 Wein

***

Pellkartoffel mit badischem Frischkäse,
1/8 Most

***

Badisches Schäufele mit hausgemachtem Kartoffelsalat,
ein Glas Bier aus dem Schwarzwald

***

Kapuzinerfürzle mit Vanillesauce,
1/8 Wein oder eine Tasse Kaffee

Reichsstadt-Menü

Feld- oder Blattsalat mit Speck
und Kracherle (saisonbedingt),
1/8 Weißherbst

***

Kartoffelsuppe mit Apfelküchle,
1/8 Müller-Thurgau

***

Frisches Harmersbacher Forellenfilet
an Rieslingsauce mit Nudeln,
1/8 Ortenauer Riesling

***

Imker-Parfait
1/8 Grauburgunder
oder eine Tasse Kaffee

Historische Kneipentour
Gemeinsam mit führenden Gastronomen hat die Stadt das „Zeller Schwarzwald-Menü" mit Spezialitäten aus der Region zusammengestellt, das man pauschal zusammen mit der „Historischen Zeller Kneipentour" buchen kann. Drei Tage soll und darf man keine Kalorien zählen, sondern richtig schlemmen.

Genießertage
Für ein erlebnis- und abwechslungsreiches Wochenende für Besucher auch aus der näheren Umgebung sind die „Zeller Genießertage" ein wirklich guter Tipp. Dieses Angebot eignet sich besonders für Gruppen, die sich auch kulinarischen Genüssen nicht verschließen. Gute Übernachtungsmöglichkeiten in Zell lassen auch hier keine Wünsche offen.

Tipp:

Das unglaubliche kulturelle Angebot von Zell am Harmersbach ist eigentlich schon alleine eine Reise wert – besonders für die Kinzigtäler selbst. Was hier angeboten wird, erfüllt höchste kulturelle Ansprüche. Was Zell bietet, das erfährt man am besten durch das Internet unter www.zell.de, aber auch durch spezielle Prospekte, die man über das Kultur- und Verkehrsamt anfordern kann. Krönender Abschluss einer Zeller Kultur-Tour sollte ein Gaststättenbesuch sein. Empfehlenswert das „Reichsstadt-Menü" (über das Verkehrsamt buchen).

Beschwipste Torte
In Zell wird auch gerne das „Geheimnis der beschwipsten Torte", einer „Schwarzwälder Kirschtorte" gezeigt. Mit einem Kännchen Kaffee wird diese leckere Verführung anschließend wunderbar schmecken.

Wer die feine Küche bevorzugt, wird auf das nachfolgende Menü zurückgreifen, besonders für persönliche Anlässe oder Feiern in eleganter Atmosphäre geeignet.

Zeller Schwarzwald-Menü

Aperitif: „Harmersbachwässerle"
***
Forellenklößchen im Nudelnest
***
Wilder Bauernsalat mit Kräutern
***
Gefüllte Zeller Kalbsbrust
mit Kartoffeltalern und Gemüse
vom Zeller Markt
***
Zeller Waldfrüchtle mit Vanilleeis

Kultur- und Verkehrsamt
Alte Kanzlei
77736 Zell am Harmersbach
Tel.: (07835) 6369-47
Fax: (07835) 6369-50
www.zell.de

Tönerne Kunst rund um den Storchenturm

Wo sonst als in Zell, der Heimatstadt der Zeller Keramik mit dem weit bekannten Hahn-und-Henne-Geschirr, sollte er stattfinden, ein Töpfermarkt in der Region Kinzigtal? Einen wunderschönen Herbsttag haben die Zeller und die vielen von auswärts angereisten Töpfer dieses Jahr für ihren Markt erwischt, und so strahlt das Dekor auf den Töpferwaren mit dem blauen Himmel und den Mienen der Besucher um die Wette. In aller Ruhe kann man durch die in der Altstadt aufgestellten Stände flanieren, kommt selbst im Schatten des mächtigen Storchenturms nicht ins Frösteln. Die Cafés haben die Tische und Stühle draußen, und alle sind voll besetzt. Ein Tag zum Genießen und Sonne tanken, bevor die trüberen Herbsttage anbrechen.

So bleibt Muße genug, um die ausgestellten Töpferwaren gebührend zu würdigen und sich das eine oder andere Stück für einen eventuellen Kauf genauer anzuschauen. Die Auswahl ist groß, unzählige Stilrichtungen sind vertreten. Klassisch strenge Formen, gewagt modernes Design, gemütliches bauchiges Frühstücksgeschirr, lustige Tiere, Dachreiter für das Eigenheim,... hier findet jeder etwas nach seinem Geschmack. Und auch wenn man daheim so gar keinen Platz mehr für neue Mitbringsel hat, so macht dieser Tag auf dem Markt in der Sonne einfach gute Laune – ein Genießertag eben.

Kultur- und Verkehrsamt
Alte Kanzlei
77736 Zell am Harmersbach
Tel.: (0 78 35) 63 69-47
Fax: (0 78 35) 63 69-50
www.zell.de

Malstüble
Kunstgewerbe
Geschenkartikel

Das Kunst-Highlight im Kinzigtal: Das Villa Haiss Museum in Zell

Die Villa Haiss gehörte einst zu einer Keramikfabrik gehörend, bis der Betrieb seine Pforten schloss. Zeitweise drohte dem Gebäude sogar die Abrissbirne, aber das denkmalgeschützte Haus überstand diese Gefahr durch zwei engagierte Menschen, die mit millionenschweren Investitionen eineinhalb Jahre umgebaut haben: Ulla Klein-Bischoff und Walter Bischoff. Es ist nicht einfach, die klimatischen, aber auch atmosphärischen Bedingungen zu schaffen, um hochwertige Kunst zu zeigen. Die genial ausgearbeitete Lichttechnik sowie die gesamte Komposition der Galerie und des Hauses zeugt davon, dass Walter Bischoff nicht nur ein exzellenter Galerist ist, sondern auch in seinem ursprünglichen Beruf als Architekt Maßstäbe gesetzt hat.

Die Einweihung des Museums für zeitgenössische Kunst mit einer Sonderborg-Ausstellung im November 1997 ließ auch den Kultusminister von Baden-Württemberg, Klaus von Trotha, nach Zell kommen. Vielleicht kannte er dieses wunderschöne Städtchen im unteren Kinzigtal vorher gar nicht, so, wie es vielen anderen Kunstkennern auch ging. Dies hat sich zwischenzeitlich grundlegend geändert, denn in der Dauerausstellung sind permanent Arbeiten bedeutender internationaler Künstler zu sehen: von Baselitz, Beuys, Haring, Kawamata, Ruff, Schumacher, Sonderborg und Warhol.

Im Erdgeschoss finden Sonderausstellungen statt. Das Villa Haiss Museum ist der bedeutendste Ausstellungsort zeitgenössischer Kunst im Kinzigtal. Hierher lohnt auch ein weiterer Anfahrtsweg, und Liebhaber zeitgenössischer Kunst sollten sich regelmäßig kundig machen, welche Sonderausstellungen in nächster Zeit geplant sind, denn da fallen so bedeutende Namen wie Ingeborg Lüscher, A.R. Penck, Jean Miotte, Gerhard Richter und Walter Stöhrer.

Doch damit nicht genug: Zehn Jahre nach dem Fall der Berliner Mauer ließ Walter Bischoff unter riesigem Transportaufwand fünf originale Graffiti-Mauerstücke, diese waren in Frankfurt am Main zwischengelagert, auf einem Tieflader nach Zell bringen.

Villa Haiss
Museum für zeitgenössische Kunst
Am Park 1
77736 Zell am Harmersbach
Tel.: (07835) 549987

Öffnungszeiten
Mi, Fr, Sa 12–17 Uhr
So 13–18 Uhr
Sonderausstellungen erfragen

Die „Dauer-Mauer von Zell“ wurde im Park gegenüber der Villa Haiss aufgebaut. Diese Mauerstücke sind zwischenzeitlich aus Zell nicht mehr wegzudenken und den Zellern längst vertraut. Um Zell dies zu ermöglichen, hat Walter Bischoff rund 72 000 DM investiert und hoffte, viele Sponsoren zu finden, die sich an diesem Objekt beteiligen. Dem war

jedoch nicht so, und er musste den Großteil aus eigener Tasche bezahlen. Für einen Galeristen das tägliche Risiko seines Geschäfts.

Das gesamte Kinzigtal kann sich freuen und stolz darauf sein, durch das Ehepaar Bischoff und ihr Museum einen Anziehungspunkt für Kunstfreunde aus dem Tal und aller Welt erhalten zu haben.

Nicht nur Hahn und Henne: die Zeller Keramik

Weltruhm hat es erlangt, das Motiv von Hahn und Henne. Mit keinem anderen Motiv wird die Zeller Keramik so stark verbunden wie mit diesem. Darüber auch nur ein Wort zu verlieren hieße Eulen nach Athen tragen. Eigentlich schade, dass dem so ist, denn schon längst geht man in Zell am Harmersbach andere, neue Wege. Modernes Design ergänzt geschickt das traditionelle, wobei es nur eine Frage der Zeit sein dürfte, wann andere Motive denselben Wiedererkennungseffekt auslösen.

Dem Trend der Zeit folgend, wurde die Design-Reihe „Toskana" entwickelt, die in Motiv und Farbe die wahre Toskanastimmung in unsere Wohnzimmer bringt.

Grundsätzlich besteht eine gewisse Konkurrenz zum Porzellan, Keramik ist eben Steingut, das mehr auf Funktionalität, verbunden mit optischen Raffinessen, ausgerichtet ist. Und wer einmal die Möglichkeit hat, in Zell die Entstehung eines Tellers oder einer Tasse zu verfolgen, der weiß dann, wie aufwändig die Herstellung einer ganzen Keramikserie ist. Die Zeller Keramik bietet Gruppen die Möglichkeit, begleitete Führungen durch die Produktion zu machen, den Beschäftigten über die Schulter zu schauen und hautnah mitzuerleben, wie hart und manchmal auch eintönig diese Arbeiten sind.

Wer dann an den Produkten Gefallen gefunden hat, kann im Verkaufsraum genau das erstehen, was er vorher gesehen hat. In Zell selbst werden überwiegend Teile zweiter Wahl verkauft, es braucht aber ein gutes Auge, um die kleinen Fehler zu erkennen. Wer das Geschirr erst im Gebrauch testen will, der kann dies im Café tun.

1794
Keramik
AHL-WERKS-VERKAUF

Aufbereitung der plastischen Masse

Masseaufbereitung mit Gießwasser

Formgebung

Verputzen

Auf die richtige Mischung kommt es an

Im Mittelpunkt einer jeden Geschirrserie steht das Material, das nur mit der entsprechenden Mischung den hohen Qualitätsanforderungen entsprechen kann. Und es muss so beschaffen sein, dass es auch mit den heute üblichen modernsten Produktionsmethoden verarbeitet werden kann. Die alte Töpferscheibe hat ausgedient, aber trotzdem kann man auch heute noch nicht auf Handarbeit verzichten. Die weltberühmte Geschirrserie Hahn und Henne wird noch komplett von Hand bemalt. So wird jedes Stück ein Unikat. Und trotzdem: Dieses Geschirr ist spülmaschinenfest, mikrowellengeeignet und – sehr wichtig – kantenstabil.

Herr über die Produktion:
Keramikmeister Ulrich Martin:

Keramikmeister Ulrich Martin ist der Garant für eine ständig gleich bleibende Qualität. Er hat die Erfahrung und die entsprechende Ausbildung, die notwendig sind, um dies zu erreichen. Er ist für den kompletten Produktionsablauf zuständig, er überwacht alles. Nur was seinen strengen Prüfkriterien gerecht wird, wird auch verarbeitet.

Betriebsführung: ein Erlebnis

Für Gruppen ab 15 Personen bietet die Zeller Keramik bei Voranmeldung interessante Führungen durch die Produktionsstätten an.

Öffnungszeiten:
Montag–Freitag: 9–17.30 Uhr
Samstag: 9–16 Uhr
Sonntag: 9.30–17.30 Uhr
(Mai bis Dezember)

Zeller Keramik, Hauptstraße 2
77736 Zell am Harmersbach
Tel.: (0 78 35) 786-0
Fax: (0 78 35) 786-52
www.zeller-keramik.de

Gießerei

Rohbrand

An der hauseigenen Siebdruckmaschine

Getrocknete Ware auf dem Weg zum Ofen

Anbringen der Motive vor der Glasur

Dekorieren

Modell-Lager

Glasuraufbereitung

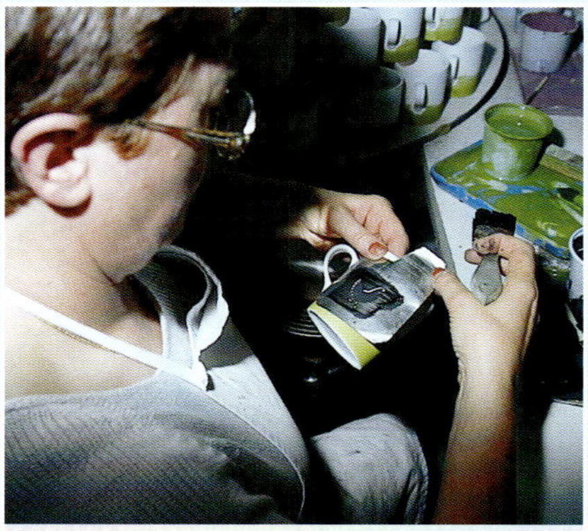
Schablonieren

Modellbau

Zwei Feste im Kinzigtal: unterschiedlicher geht

Kräuterbüscheltag in Gengenbach

Einmal im Jahr zu Maria Himmelfahrt wird Gengenbach vom würzigen Duft der unzähligen Kinzigtalkräuter überflutet. Da wissen die Einheimischen: Es ist Kräuterbüscheltag.

Man sieht Frauen aus Gengenbach und der Umgebung mit duftenden Kunstwerken auf dem Weg zum Hochamt in der Stadtkirche St. Marien zur Kräuterweihe. Die ganze Kirche ist eingehüllt in den herrlichen Kräuterduft, der so nur entstehen kann, wenn alles, was die Natur hergibt, in Hülle und Fülle zu Ehren der Mutter Gottes zur Weihe gebracht wird.

Der für Gengenbach typische Kräuterbüschel wird in der Tradition des Biedermeier gebunden, und große Kunstwerke haben bis zu einem Meter Durchmesser.

Nach dem Hochamt beginnt dann der spannendste Teil: die Prämierung der Büschel. Alle Teilnehmer stellen sich vor dem Rathaus auf – ein beeindruckendes Bild, das die ganze Fülle, die die Natur an Kräutern bietet, zeigt. Mit wie viel Liebe und Hingabe tagelang auf diesen Tag hingearbeitet wurde, wird dem Betrachter jetzt erst richtig bewusst.

Die Preisrichter haben wahrlich keine leichte Aufgabe, denn beim Binden wird nicht gekleckert, sondern geklotzt.

Die Preisrichter haben aber genaue Vorgaben, nach welchen Kriterien gewertet werden muss: Die Vielfalt der Heilkräuter muss erkennbar sein, die Zusammenstellung soll einen biedermeierischen Eindruck vermitteln und die Farbzusammenstellung soll ein möglichst geschlossenes Bild abgeben.

Natürlich gehen bei der Bewertung die Meinungen zum Teil weit auseinander, aber wer dieses Jahr nicht gewinnt, setzt seine Hoffnungen und seinen Ehrgeiz voller Optimismus auf das nächste Jahr.

ohl kaum, aber typisch für die Lebensfreude
Kuhfladenlotto in Wolfach-Kirnbach

Im Mittelpunkt steht die Kuh, die durch das Öffnen und Schließen ihres Hinterteils so manchem Besucher im Laufe des Samstagnachmittags zu großem Glück verhelfen soll. Was zum Vorschein kommt, wird von allen mit großer Spannung erwartet.
Zwölf knackige, kernige Kirnbacher Kerle, von jung über mittelalt, behaupten, dass ihre Vorliebe nicht nur jungen, hübschen Damen, sondern vor allem dem Rindvieh gilt. Ab und zu treffen sie sich zu einem geselligen Beisammensein im Stammlokal Gasthaus Hirsch in Kirnbach.
Dabei steht aber nicht nur ihr eigenes Vergnügen im Vordergrund: Spaß und Gaudi sollen auch die Kirnbacher und Gäste aus nah und fern haben. So veranstalten sie jeden Sommer im August den „Kirnbacher Kuh-Kack", eine fetzige Party rund um die Kuh. Höhepunkt der Veranstaltung ist der mit großer Spannung erwartete „Schiss" im Q-Stadion, das in neun Felder am extrem steilen Hang eingeteilt ist. Einige Kühe werden in das eingezäunte Areal getrieben, um ihrer verantwortungsvollen Aufgabe nachzukommen. Hunderte von wettbegeisterten Besuchern schauen voller Spannung den Hang hinauf. Der Sieger wird reich belohnt.

Der „Hirsch" in Kirnbach bietet anlässlich dieses Festes originelle Gerichte an. Fleischküchle mit ausgezeichnetem Kartoffelsalat werden in kleinen Schubkarren von richtig netten Servierdamen an die Tische gebracht. Es gibt aber auch „Hosenträger" zu essen. Fragen Sie am besten den Hirschwirt, was das ist.

Krönender Gipfel – der Brandenkopf

Wandern kann man (fast) überall und in den unterschiedlichsten Schwierigkeitsgraden im Kinzigtal. Ob flach am Ufer der Kinzig entlang, durch die vielen Seitentäler oder bergauf und bergab an den Hängen beidseits der Kinzig – für jeden findet sich hier der geeignete Weg. Doch ein Wort lässt des Wanderers Herz höher schlagen: Brandenkopf!

Stolze 933 m überragt er die Landschaft und bietet deshalb auch schon von Halbhöhenlage aus wunderbare Ausblicke, die einem den Atem oft mehr nehmen als der Aufstieg.

Für diesen hat man die Qual der Wahl: Ungezählte Wanderwege führen aus allen Richtungen auf den Brandenkopf, vom bequemen breiten Fahrweg bis zum schmalen Steig. Liebevoll mit schönen Holztafeln beschildert, führen sie bergan durch Mischwald, der lichter und freundlicher ist als die oft düster wirkende reine Nadelholzbepflanzung anderer Höhen. Auch hat der Mischwald dem Sturm „Lothar" weit besser getrotzt als die Nadelgehölz-Kulturen. Allerdings verdankt der Brandenkopf seinen heutigen Namen einer anderen Naturkatastrophe, nämlich einem verheerenden Waldbrand im Jahre 1730.

Auf dem Gipfel angekommen, kann man noch den Aussichtsturm aus dem Jahre 1929 besteigen. Das ganze Kinzigtal auf- und abwärts, das Elsass und Lothringen, sämtliche Schwarzwaldhöhen – der weite Blick lässt jede Mühe von den müden Wanderern abfallen. Dafür, dass man auch wirklich wieder zu körperlichen Kräften kommt, sorgen die Wirtsleute des Höhengasthauses vom Schwarzwaldverein gleich neben dem Turm. Hier gibt es neben den üblichen Stärkungen Heidelbeer-, Kirsch- und Brombeerwein zu probieren. Wem es nicht zu schwer zu tragen ist, nimmt sich ein Fläschchen mit nach Hause.

So kann man sich wohl gestärkt einen neuen Weg für den Abstieg auswählen, mit neuen Ausblicken, neuen lauschigen Strecken und Lieblingsplätzen. Wer kein Rucksackvesper dabei hat, kann wahlweise eine weitere Einkehr auf dem Nillhof oder in der Bauernwirtschaft „Zum Durben" einlegen.

Auch nach etlichen Jahren und vielen Wanderungen wird der Brandenkopf nicht langweilig, kann wohl keiner behaupten, jetzt alles gesehen zu haben. Schon allein der Wechsel der Jahreszeiten beschert wieder völlig neue Erlebnisse. Die gleiche Wanderung, einmal im Sommer, einmal im Winter, ist einfach nicht „gleich". Zumal der Brandenkopf einer der wenigen Orte im Kinzigtal ist, der dank seiner Höhe noch richtige Winter zu bieten hat.

Wanderheim Brandenkopf
Brandenkopf 1
77784 Oberharmersbach
Tel. und Fax: (07831) 6149
ganzjährig bewirtschaftet
Montag Ruhetag

Wandervorschlag:
Sie gehen direkt von Oberharmersbach immer den Hansjakobweg entlang, so erreichen Sie automatisch den Gipfel des Brandenkopf.

BRANDENKOPF in Daten:

Brandenkopf: 933 m ü. N.N.
Brandenkopfturm 967 m ü. N.N. begehbar für 0,50 Euro. Höhe: 32 Meter. Errichtet in den Jahren 1928/29 vom Badischen Schwarzwaldverein und der Gemeinde Oberharmersbach.
Architekt: R. Wacker, Offenburg.
Windkraftanlage 932 m ü. N.N.
Funkturm: Funkübertragungsstelle der deutschen Telekom.

Aufgepasst!

Merken Sie sich gut die Zufahrtsstrecke, damit Sie wieder, wie gewollt, an Ihrem Ausgangsort ankommen.
Der Brandenkopf liegt praktisch zwischen zwei Landstraßen, welche nicht so einfach gegeneinander befahren werden können. So kann es passieren, dass Sie von Oberharmersbach den Brandenkopf anfahren, aber bei der Abfahrt in Wolfach landen. Das sind etliche Kilometer mehr!

Tipp

Regelmäßige Brandenkopf-Exkursionen veranstaltet: Tourist-Information Oberharmersbach, in der Reichstalhalle, 77784 Oberharmersbach, Tel.: (07837) 277, Fax: (07837) 678, E-Mail: Tourist-Info.Oberharmersbach@t-online.de

Eine Mountainbike-Tour für Hartgesottene auf den Brandenkopf

Strecke: 25 km, ca. 670 Höhenmeter
Tourenverlauf: Schweißtreibende Auffahrt durch das malerische Einbachtal, stufenweise zurück ins Kinzigtal.
Start: Gasthaus Hirsch, Hausach-Einbach. 270 m, nach rechts, ins Hintertal. 5,6 km: Laßgrund 637 m – Wechsel auf Schotterstraße – Fahrstraße. 6,2 km: Hirzwasen 735 m, der Westweg streift die Fahrstraße. 7,4 km: Bettelfrau 790/800 m, nach rechts Fahrstraße Brandenkopf – und nach wenigen abschüssigen Metern - Bettelfrau Parkplatz – jetzt wieder links hoch. 9,0 km: Brandenkopf 933 m – Den Naturlehrpfad Richtung Schwarzenbachsattel, etwas unterhalb vom Brandenkopf geradeaus in den Wald. Nach 400 m kreuzt der steinige Pfad einen Holzabfuhrweg. Weiter den schmalen, steinigen Pfad in den dichten Wald hinein. Nach 600 m erreichen wir wieder den breiteren Naturlehrpfad. 10,3 km: Schwarzenbachsattel 786 m, jetzt dem Schild folgen, welches etwas im Wald versteckt angebracht ist: Kürzerer Weg Nillhöfe/Schornfelsen/Haslach. 11,9 km: Weg wechselt auf ansteigende Teerstraße. Der Teerstraße bis zu den Nillhöfen folgen. 12,4 km: Nillhöfe 666 m, Richtung Haslach über Schornfelsen (blaue Raute auf weißem Grund). 13 km: Niller-Eck 640 m, nach links hinunter, Richtung Schornfelsen. 13,2 km: überm Eckerhof. 13,6 km: beim Eckerhof. 14,0 km: über der Karfunkelstadt 600 m. 15,1 km: Wegegabelung – geradeaus zum Schornfelsen oder nach links Richtung Rechgrabenkapelle – (Wege kommen bei 15,9 km wieder zusammen.). 15,5 km: Schornfelsen 647 m. 15,9 km: Richtung Rechgrabenkapelle/Eschgrundweiler/Fischerbach. 16,7 km: Rechgrabenkapelle, den parallel zur Straße waagerecht verlaufenden Waldweg nehmen, Richtung Fischerbach über Geistacker. 17,2 km: auf der Waldlichtung den halb rechts abfallenden Weg nehmen (gelber Balken). Verdecktes Zeichen bei der Wegekreuzung Bergeckhöfe. 19,0 km: unterhalb der Kriegergedächtniskapelle. 19,5 km: Hauptstraße, nach links Richtung Hausach. 22,0 km: bei der Abzweigung Gechbach auf den am Waldrand verlaufenden Weg wechseln. Beim Badepark Hausach links am Zaun vorbei bis zur Fahrstraße beim Feuerwehrgerätehaus, nach links Richtung Hausach-Einbach. 25 km: Gasthaus Hirsch, Hausach-Einbach.

Tipp

Zur Orientierung im verzweigten Waldwegenetz hält die Tourist-Info Gastliches Kinzigtal Karten bereit.
www.kinzigtal.com

Die Ortenau-S-Bahn – ein Stück Heimat

3 Uhr morgens. Frühschicht! Markus Staiger aus Oberharmersbach trinkt noch seinen Kaffee, isst sein Müsli, schaut durch das Dunkle der Nacht und erahnt schon die Gleise der Ortenau-S-Bahn, die er von seinem Haus bei Tag sehen kann. Die S-Bahn, sein Arbeitsplatz im Cockpit.

Das war natürlich nicht immer so. Markus Staiger ist gelernter Orgelbauer und hat jahrelang in diesem Beruf gearbeitet. Aber wie so oft im Leben sucht man eine neue Herausforderung, und diese fand er bei der Ortenau-S-Bahn, einem Tochterunternehmen der SWEG.

Endstation im Harmersbachtal ist Riersbach. Dort wird das Tal so eng, dass die Erbauer der Bahn vor den Bergen kapitulierten.

Markus Staiger beginnt seine Arbeit mit der Kontrolle der weißen Trieb-

wagen. Ähnlich, wie man es aus dem Flugzeug kennt, wird nach einer Checkliste kontrolliert: Die Sicherheit der Fahrgäste steht an allererster Stelle. Mit einer Taschenlampe begutachtet er vor allem die Bremsanlagen und die Radreifen. Aber auch heute ist alles in bester Ordnung. Er weiß, dass die regelmäßigen Inspektionen der Triebwagen Früchte tragen. Matthias Laber, technischer Leiter der Ortenau-S-Bahn, hat mit einem ausgeklügelten Wartungssystem dazu beigetragen, dass es kaum Probleme technischer Art gibt.
Zwischenzeitlich legt sich bereits die Morgenröte über das Tal, die Minute der ersten Abfahrt ist gekommen. Schon bald erreicht der Wagen die Ortsmitte von Oberharmersbach, es blinkt und bimmelt vor der Kulisse der Kirche, und nicht wenige Frühaufsteher wissen jetzt genau wie spät es ist. Denn die Bahn ist pünktlich. Ja die Pünktlichkeit, das ist der Ehrgeiz der Fahrer, wohl wissend, dass spätestens in Biberach die Anschlusszüge erreicht werden müssen.
Aber noch ist die Bahn fast leer. Nur vereinzelt betreten schlaftrunken Frühschichtler die Waggons.
Markus Staiger muss aber schon voll konzentriert sein, denn eine automatische Streckensicherung ist auf der Strecke Biberach – Oberharmersbach kaum möglich. Ständig kreuzt die Bahn kleinere und größere unbeschrankte Bahnübergänge. Hier ist optisches Fahren gefordert. Das heißt für die Fahrer, ähnlich wie beim Autofahren, nach links und rechts zu schauen, ob die Straßenfahrzeuge auch tatsächlich anhalten. Denn immer wieder kommt es zu

Fast bis an die Häuser reichen die Gleise der Ortenau-S-Bahn. Sehr bequem für die Schüler.

Fahrgäste müssen morgens noch nicht fit sein – Markus Staiger fährt sie sicher ans Ziel.

Auf der Kinzigtalstrecke von Hausach nach Offenburg erreicht die Bahn 120 Stundenkilometer.

Situationen, wo Auto- oder auch Traktorenfahrer trotz lautem Signal der Bahn noch versuchen die Gleise zu überqueren.

Tatsächlich kommt auch an diesem Morgen ein Auto mit großer Geschwindigkeit den Berg hinunter und hält erst nach energischen Pfeiftönen der Bahn noch an. Der Vorteil auf der Harmersbachtalstrecke ist aber auch für solch einen Fall die Geschwindigkeit der Bahn. Die Gleiskörper sind lediglich für eine Spitzengeschwindigkeit von 60 Stundenkilometern ausgelegt, während auf der Strecke der Schwarzwaldbahn bis zu 120 Stundenkilometer gefahren werden. Es ist ein gemütliches Dahintuckeln, es passt zum Tal. Die Fahrt von Biberach nach Oberharmersbach ist für den Besucher eine richtige Sightseeingtour. Die großen Glasflächen der Bahn erlauben einen wunderschönen Rundumblick, die Geschwindigkeit lädt sogar zu näherer Betrachtung der Umgebung ein. Und die hat es allemal verdient.

Nur Markus Staiger hat keine Muße, sich die Landschaft zu betrachten. Unbemerkt von den Fahrgästen kämpft er immer wieder mit leicht durchdrehenden Rädern. Nicht vom Frost, im Gegenteil. Wie ein feuchter Film legt sich im Morgentau der Blütenstaub auf die Schienen und verhindert den nötigen „Grip“. Unsichtbar ist diese „Frühjahrsglätte“, aber sie erfordert vom Fahrer höchste Aufmerksamkeit, vor allem beim Bremsen. Markus Staiger aber hat die Bahn im Griff. Umsichtig und voller Konzentration erreicht er Biberach, um sofort wieder nach Oberharmersbach zurückzufahren. Vorher fragt er aber bei der zentralen Zugleitstelle an, ob er noch auf einen Anschlusszug warten muss. Das ist heute nicht der Fall. Der Führerstand ist mit einer Funkanlage ausgestattet, man hat ständigen Kontakt zur Zentrale.

Die nächste Fahrt ist dann die Spitzenzeit mit Fahrgästen. Pendler und vor allem Schüler, die nach Haslach oder Offenburg zur Arbeit oder zur Schule fahren, stürmen die Waggons. Vermutlich sind alle im Besitz einer Monatskarte, denn man sieht kaum jemand, der sich an den Automaten Fahrscheine kauft. Wenn dieser Ansturm vorbei ist, wird ein Wagen abgekoppelt, und die Ortenau-S-Bahn fährt mit einem einzigen Triebwagen.

In den Morgenstunden bleibt für Markus Staiger kaum Zeit, sich etwas zu entspannen. Zu dicht gedrängt sind die Fahrzeiten. Erst gegen zehn Uhr kann er sich die Zeit nehmen, um sich einen Schluck Kaffee aus der Thermoskanne zu genehmigen.

Maximal sechzig Stundenkilometer kann die S-Bahn im Harmersbachtal fahren. Hier in Grün fährt die Bahn so langsam, dass man Zeit hat, um die herrlichen Schwarzwaldhäuser zu betrachten.

INGRID STAIGERS

Putenschnitzel in Zwiebelsahnesoße

WAS MAN BRAUCHT:
4–6 Putenschnitzel, 1 Liter Zwiebelsuppe, 1 Becher Sahne, Goudakäse

WIE MAN'S MACHT:
Die Zwiebelsuppe wie bekannt zubereiten, Sahne hinzugeben und die Soße etwas reduzieren. Nach Geschmack würzen. Die Putenschnitzel in eine Auflaufform legen und die Suppe darüber gießen, dass die Schnitzel bedeckt sind. Die Form mit den Käsescheiben ausfüllen und im vorgeheizten Backofen bei 180 Grad eine Stunde backen. Dazu serviert man Reis oder Nudeln.

Hoch über Oberharmersbach haben die Staigers gebaut – mit einem Traumblick übers Tal.

Zwei Dinge haben die Kinder der Staigers und Labers gemeinsam: S-Bahn und Hunger.

Dann wird es etwas ruhiger, bis die Schüler wieder in ihre Heimatgemeinden zurückkehren, eine weitere Spitze der Fahrgastzahlen kommt dann erst wieder abends. Markus Staiger hat dann aber bereits Feierabend und freut sich, zu seiner Familie zu kommen. Dann knurrt der Magen, dann ist Zeit zum Essen, Zeit für Frau und Kinder. Das ist der Ausgleich, den man auch braucht, um von einer solch verantwortungsvollen Tätigkeit abzuschalten.

Ingrid Staiger weiß, dass ihr Mann einen Bärenhunger mitbringt, und Markus Staiger weiß, dass seine Frau eine exzellente Köchin ist. Wenn es sich ergibt, wird im Hause Staiger auch die Kollegialität gepflegt.

Matthias Laber (Geschäftsführer Technik) ist zu Gast und hat gleich Sohn Moritz mitgebracht. Er weiß, S-Bahn funktioniert nur im Teamwork und mit guter Kollegialität, um auf die verschiedensten Situationen flexibel reagieren zu können. Man trifft sich auch privat, Betriebsklima was willst du mehr! Und wie musisch S-Bahn-Fahrer sein können, sieht man daran, dass Markus Staiger in der evangelischen Kirche in Oberharmersbach die Orgel spielt.

Markus und Ingrid Staiger mit Matthias Laber beim „Arbeitsessen".

Das Kinzigtal und Müllers Mühle: ein Paradies für Radler

Es gibt Tage, da wird es im Kinzigtal bunt. Farbenfrohe Farbtupfer flitzen das Tal hinunter oder etwas langsamer wieder hinauf. Es ist oft eine Mischung von Werbekolonne und Tour de Kinzigtal, wenn Dutzende von Radlern die schön ausgebauten Radwege bevölkern. Da wird's manchmal sogar recht eng, denn auch Inline-Fahrer mischen sich dazu, aber auch ganz „normale" Wanderer.
Es ist, fährt man das Tal hinunter, eine ausgesprochen familienfreundliche Strecke, und erst bei der Rückfahrt unterscheiden sich die Sportler von den Freizeitfahrern. Man soll sich nicht täuschen: Das Tal hinauffahren erfordert andere Waden und eine andere Kondition. So wundert es nicht, dass das Kinzigtal und seine Nebentäler, seine Berge und Hügel auch für Trainingseinheiten z. B. des so erfolgreichen hansgrohe-Teams aus Schiltach genutzt wird.

Die Gegend bietet für jeden etwas: für Amateure, die nur am Wochenende fahren, für Familien mit Kindern, für alle Altersklassen, doch auch für echte Wettkämpfer.
Eines aber vereint alle: Einkehren in einem der vielen Gasthäuser oder Wanderwirtschaften, die sich für die Stärkung der Sportler bereithalten. Radler sind immer willkommen, bringen sie doch einen richtigen Durst oder Hunger mit.

Vor der Mühle: die „Schutzheilige" der Radfahrer im Kinzigtal.

Riesige Schmalzbrote erwarten den ausgelaugten Radfahrer, um ihm neue Kraft zu verleihen. Wem das noch nicht reicht, der kann auch noch mit einem Most nachhelfen.

Ein sehr beliebtes Ziel ist Müllers Mühle in der Nähe von Gengenbach. Dort erwarten Rita und Johann Müller ihre Gäste in ihrer unglaublich schön ausgebauten Mühle, mit dem riesigen Mühlrad und einer gemütlichen Gartenwirtschaft. Bis ins Jahr 1960 war die Mühle noch in Betrieb, dann wurde sie von einem schweren Sturm zerstört.
Die Müllers sind aber nicht nur Wirte, sondern in erster Linie Bauern, die sich nicht aufs Jammern beschränken, sondern kreativ in die bäuerliche Offensive gehen. Alles, was sie auf ihrem nahe gelegenen Hof produzieren, wird auch in der Mühle angeboten. Und davon profitieren die Gäste in hohem Maße. Und wer um die Weihnachtszeit kommt, der kann sich gleich einen Weihnachtsbaum mitnehmen, der auf den Kulturen des Hofes angebaut wird und auf seine Käufer wartet. Mitnehmen kann man aber auch Fleisch aus eigener Schlachtung oder Most.
Ein absoluter Tipp ist jedoch die Möglichkeit, zum Beispiel für Radlergruppen oder für Wanderer, in der Mühle zu übernachten. In den oberen Stockwerken finden sich Mehrbettzimmer für bis zu 23 Personen, die am nächsten Morgen mit dem schon legendären Frühstück von den Müllers verwöhnt werden.
Was auf den ersten Blick skeptisch macht, ist ein sportliches Aufbaumittel, das man kaum für möglich hält: das sensationelle Schmalzbrot in Müllers Mühle.
Das so gute Holzofenbrot, von den Müllers natürlich selbst gebacken, wird durch das Schmalz zu einer wahren Kraftnahrung. Mitglieder des hansgrohe-Teams und Freizeitradler können dies bestätigen, sie fuhren nach diesem Genuss schneller denn je wieder das Tal hinauf.

Müllers Mühle
Rita und Johann Müller
Dantersbach 5
77723 Gengenbach
Tel.: (078 03) 27 95

Nordrach: ein Künstlerdorf.

Rund um Nordrach: ein Wanderparadies.

Der ganze Stolz: ein renoviertes Bildstöckle.

Finkenzellers Gänse begrüßen den Besucher.

Beim Bildstöcklefest: Geselligkeit ist Trumpf.

Nordrach: reizvolles Tal mit gesundem Klima

Kommt man vom Kinzigtal her in das Tal der Nordrach, einem der Zuflüsse der Kinzig, so erstreckt sich das gleichnamige Dorf Nordrach über eine Länge von zehn Kilometern das Tal entlang. In mehrere Siedlungsgebiete unterteilt, ist es vor allem durch die einzeln stehenden, wunderschönen Schwarzwaldhöfe links und rechts an den Hängen geprägt, einer schmucker und gepflegter wie der andere.

Der Ortskern mit dem bezeichnenden Namen „Dorf“ beherbergt die Kurkliniken, die Nordrach bekannt gemacht haben und die heute einen nicht unbedeutenden Teil der Arbeitsplätze stellen. Schon 1890 wurde die erste Kurklinik in Nordrach gegründet, und seither wurde der Kurbetrieb stetig ausgebaut. Doch nicht nur der Genesung Suchende, auch der „normale“ Urlauber hat Nordrach als lohnendes Ziel entdeckt, und so hat sich die Gemeinde zu einem Ferienort mit vielen Angeboten entwickelt.

Ansonsten war und ist Nordrach stark vom Holz geprägt. Der größte Teil des Gemeindegebietes ist Wald, und die holzverarbeitenden Betriebe geben vielen Nordrachern Lohn und Brot. Auch die riesigen Holzlager, die nach dem Sturm „Lothar“ dem ganzen Tal ein neues Gesicht gaben, zeugen von diesem Reichtum.

Überhaupt der Sturm! Gerade um Nordrach herum hat er die Landschaft verändert. Der Moosturm auf dem Mooskopf bei Nordrach, den man sonst für den Blick über den dichten Wald erklettern musste, steht heute auf einem komplett kahl geschlagenen Bergrücken. Völlig neue Ausblicke hat dieser Sturm geschaffen, doch am Grundcharakter der Landschaft zur Freude des Wanderers nichts verändert.

Zu deren Freude tragen sicher auch die vielen gemütlichen Vesper- und Bauernwirtschaften bei, die sich rund um Nordrach erwandern lassen und für die wohlverdiente Einkehr sorgen. Im Ort selbst gibt es ebenfalls viel zu entdecken. Nicht nur das weit bekannte Puppenmuseum, auch die Backofenschmiede und die Maile-Gießler-Mühle, in denen hin und wieder noch das uralte Handwerk vorgeführt wird, sind äußerst sehenswert. Lauschige Plätze finden sich auch ohne anstrengende Fußmärsche, und die Gastronomie ist auf viele verschiedene Wünsche und Ansprüche bestens vorbereitet.

Handarbeit in Holz und Keramik
Bei Berthold Eble werden individuelle Wünsche wahr

Wenn Berthold Eble von seinem Werdegang erzählt, hört sich das an wie die Anleitung: „So werde ich glücklich und zufrieden mit meiner Arbeit.“ Und genau diesen Eindruck vermittelt Berthold Eble auch als Mensch. Mit Ruhe und Besonnenheit führt er den Besucher durch Werkstatt und Laden, erklärt alles, erzählt, wie alles angefangen hat und welche Pläne er für die Zukunft hat.

„Etwas Künstlerisches“ wollte er schon als junger Bursche machen, und so ließ er sich bei der Zeller Keramik als Keramikmaler ausbilden. Sein Hobby war nicht weniger künstlerisch, denn zu Hause widmete sich Berthold Eble dem Holzschnitzen. Doch auch das sollte nicht amateurhaft bleiben, und so besuchte er die Kunstschule im Lechtal in Österreich. Heute beherrscht er die Schnitzkunst so perfekt, dass er um die 30 verschiedene Fasnetsmasken schnitzen kann, außerdem Krippenfiguren und andere kleinere Holzfiguren.

Sein Stolz sind aber die lebensgroßen Schnitzfiguren und das beeindruckende Holzrelief vor der Werkstatt, die die ganze Geschichte des Vogts auf Mühlstein, eine alte heimatliche Geschichte, nacherzählen.

Als bei der Zeller Keramik immer mehr die Schiebebilder zum Einsatz kamen, als auch die Zukunft des Betriebs auf eher wackeligen Füßen stand, wagte Berthold Eble den Sprung, kündigte und vergrößerte seine Holzschnitzwerkstatt zu Hause um eine eigene Keramikmanufaktur. Gemeinsam mit Bernhard Hettig, einem Keramiker, der damals ebenfalls die Zeller Keramik verließ, tüftelte er ein Jahr lang an Tonzusammensetzung, Farben und Glasuren, bis alles so war, wie sie es haben wollten.

Bei Berthold Eble wird wirklich alles selbst gemacht; angefangen vom Ton, die Gießformen, das Brennen, die Farben und Glasuren werden selbst gemischt, jeder Arbeitsgang mit Muße von Hand ausgeführt.

Während Bernhard Hettig für das Mischen der Farben und Glasuren zuständig ist und ein ehemaliger Meister aus der Zeller Keramik beim Malen hilft, hat Berthold Eble den Vorteil, seinen Arbeitsplatz ständig wechseln zu können. „So bleibt die Konzentration immer erhalten“, erklärt er. „Wenn ich einige Stunden sehr feine Malarbeiten ausgeführt habe, kann ich mich beim Formengießen wieder entspannen oder beim Schnitzen ganz anders arbeiten.“

Dazu kommen dann noch Restaurierungen, z. B. von Kirchenfiguren. Das sind wieder ganz andere Herausforderungen.

Seit einiger Zeit gibt Berthold Eble sein Können auch weiter: Einmal in der Woche können Kurgäste oder andere interessierte Besucher bei ihm das Keramikmalen ausprobieren. Im Rahmen des Nordracher Ferienprogramms gibt er auch Mal- oder Töpferkurse für Kinder. Und vielleicht kann man ja bei Berthold Eble auch ein wenig die Ausgeglichenheit und Zufriedenheit mitnehmen, die er ausstrahlt.

Bei Berthold Eble bleiben keine Motivwünsche unerfüllt: Ganz individuell gestaltet er Teller, Becher usw. nach den Wünschen der Kunden – ob nach einem Foto oder aus dem Kopf. Besonders schön: Die heimatlichen Motive, z. B. auf den Weihnachtsglocken aus Keramik oder auch auf großen Wandtellern. Diese große Holzfigur soll einmal das Bildstöckle bereichern, das Berthold Eble zum Bildstöcklefest im Jahr 2002 aufstellen will. Bis dahin wird noch so mancher Span fliegen.

Keramik und Holzschnitzkunst
Berthold Eble
Lindach 1
77787 Nordrach
Tel.: (078 38) 674

Genuss für Augen und Gaumen – Hans Göhringer, Heimatmaler und Bienenlehrer

„Eigentlich bin ich ja Schuhmacher!" Hans Göhringer lacht verschmitzt. Gerne hätte er, der schon früh begann, seine Eindrücke mit Stift und Pinsel auf Papier zu bannen, ein Kunststudium absolviert, doch der Vater misstraute der „brotlosen Kunst", und so lernte Hans Göhringer das Handwerk des Vaters, um später dessen Schuhmacherei zu übernehmen. Doch zollte der Vater trotz seiner nüchternen Einstellung dem Talent des Sohnes Respekt. Während seiner Ausbildungszeit in der Werkstatt des Vaters bekam Hans Göhringer jede Woche einen freien Nachmittag. Den verbrachte er bei Kunstprofessor Helbig aus Berlin, der sich nach seiner Lehrzeit an der Akademie in Karlsruhe in Nordrach zur Ruhe gesetzt hatte.

Professor Helbig erkannte das Talent seines freiwilligen Schülers, und diese

Ausbildungsbesuche und die sich daraus entwickelnde Freundschaft währten gut ein Dutzend Jahre.

Neben Beruf und Malerei fand Hans Göhringer auch noch die Zeit, sich um die Bienenvölker, die er vom Vater übernommen hatte, zu kümmern.

Keine Aufgabe für nebenher, denn es war eine große Imkerei, und Hans Göhringer engagierte sich im Landesverband der badischen Imker. Und so kam es, dass sein Leben noch einmal eine ganz neue Wende nahm, als er nämlich 1971 die Stelle als Bienenzuchtberater angeboten bekam. Da man als handwerklicher Schuhmacher immer weniger gegen die großen Fabriken bestehen konnte, sah Hans Göhringer das als Chance, sein zweites großes Hobby zum Beruf zu machen, und griff zu. „Du meine Güte, war ich aufgeregt, als ich meinen ersten Vortrag vor einer großen Imkerversammlung halten sollte!", erinnert er sich.

Viel unterwegs war er in der Zeit als Bienenzuchtberater, und so kam die Malerei in dieser Zeit ein wenig kurz. „Aber alle unsere drei Kinder haben in dieser Zeit die Kunst zu ihrem Beruf

gemacht", erzählt der Familienvater nicht ohne Stolz. Was ihm selbst verwehrt blieb, ermöglichten er und seine Frau den Kindern. Tochter Petra studierte Schmuckdesign, Tochter Cornelia arbeitet als Maltherapeutin. Der Sohn ist heute ein namhafter Bildhauer. „Als Armin zu mir kam und sagte, er wolle Kunst studieren, war mir klar, dass ich ihm keine Steine in den Weg legen werde. Aber ein bisschen hat die Einstellung meines Vaters vielleicht doch auf mich abgefärbt." Das Kunststudium wurde gutgeheißen, aber für's Brot gab es doch auch was – Armin bekam von seinem Vater 20 Bienenvölker. Was er aus dem – vielleicht vom Vater ererbten Talent – entwickelt hat, zeigen die Seiten 180–181.

Seit Hans Göhringer im Ruhestand ist, hat er wieder mehr Zeit zu malen, auch wenn er sich nach wie vor um die Bienenschule und die Aus- und Fortbildung junger Imker kümmert und selber noch eine stattliche Anzahl Bienenvölker betreut.

Auffallend bei einem Besuch in Hans Göhringers Atelier ist die Vielfältigkeit seines Schaffens. Er ist immer offen geblieben für neue Ideen und Stile, malt manches im klassischen Stil der Schwarzwaldmaler, anderes leicht und transparent, lässt sich auch

auf Experimente ein. „Da kommt vieles von den gemeinsamen Kunst-Urlauben mit den Kindern", erzählt Hans Göhringer und betrachtet eine abstrakte Bildtrilogie – geschaffen von Vater, Tochter und Sohn. „Wir waren zum Beispiel gemeinsam in Italien, in einem kleinen Künstlerdorf am Meer. Dort haben wir viel experimentiert, uns ein Motiv ausgesucht und dann jeder in einer vorgegebenen Zeit gemalt. Im Urlaub sind immer ganz andere Sachen entstanden als zu Hause."

Das ist auch die Ehrlichkeit, die im Werk von Hans Göhringer zu spüren ist – er malt nicht, um ein bestimmtes Ergebnis präsentieren zu können, eine Ansicht oder Aussicht. Er malt, um etwas auszudrücken – und das gelingt ihm hervorragend. Sein Hinweis, dass er sich sehr vom Wasser inspirieren lässt, ist fast überflüssig – beim Betrachten seiner Bilder spürt man die Anziehungskraft, die das nasse Element auf ihn ausübt. Und wenn man mit seinen ganzen Eindrücken dann wieder auf dem Heimweg ist, muss man einfach sagen: Bienen und Kunst – eine gelungene Kombination! Auf jeden Fall bei Hans Göhringer.

Hans Göhringer
Im Dorf 36
77787 Nordrach

Keine Kunst für den schnellen Blick: Armin Göhringers Auseinandersetzung mit den Polaritäten

„Mir reicht es nicht, wenn jemand einfach sagt, das gefällt mir und das gefällt mir nicht. Ich finde, dass man ein Werk schon hinterfragen muss, die Intention des Künstlers im Blick haben."

Wer sich bei Armin Göhringer und seinen Skulpturen auf eben diese Forderung einlässt, merkt schnell, um wie viel mehr er so aus den Werken erfahren kann. Natürlich ist ein erster Eindruck da, den man sicher auch nicht leugnen oder beiseite schieben sollte. Das eine spricht jemanden spontan an, lässt eine Saite im Betrachter klingen, das andere verweigert vielleicht zunächst den Zugang. Lässt man sich Zeit, ändert den Blickwinkel, „erläuft" sich eine Skulptur, entdeckt man die Vielschichtigkeit und Vieldeutigkeit, findet neue Perspektiven. Wenn man jetzt dazunimmt, was Armin Göhringer selbst über seine Werke sagt, welchen Weg er verfolgt, so kann man zum einen verstehen, wenn er sagt: „Jedes meiner Werke ist auch ein Selbstbildnis." Zum anderen beginnt man einen Dialog mit Armin Göhringers Argumenten und seinem eigenen Inneren. Spannung wird erzeugt, Spannung aus einem selbst heraus und in Auseinandersetzung mit der Skulptur und der Aussage des Künstlers, die hineingearbeitet ist.

Jetzt ist man auf dem Weg, auf den ei-

nen Armin Göhringer mit seinen Werken locken will. Die Spannung ist es, die Gegensätzlichkeiten, die sie erzeugen, der er nachspürt. Der Dialog von Waagrechter und Senkrechter, das Kraftvolle und das Filigrane, die strenge Ordnung und das offene Spiel. Die Quintessenz liegt aber in den Treffpunkten der gegensätzlichen Elemente, dort, wo gegeneinander laufende Sägeschnitte unerwartete neue Durchbrüche freigeben, wo freie Elemente strenge Ordnungen auflösen und gerade dadurch an Kraft dazugewinnen lassen.
„Die Zwischentöne sind es, die mich interessieren“, erklärt der Künstler denn auch. „Hier spielt sich alles ab, entsteht aus dem Zusammentreffen der Gegensätzlichkeiten. Doch ohne die Polaritäten gäbe es diese Zwischentöne nicht, man braucht den Gegensatz, um das Ineinanderkommen zu erreichen.“
Beim Erzählen modelliert Armin Göhringer mit der Stimme seine Skulpturen nach, spricht zum Teil kraftvoll, fast aggressiv von den Extremen, wird weicher im Ausdruck, wenn er über die Zwischentöne (ein überaus ausdrucksstarkes Wort für das, was es beschreiben soll) spricht. Man spürt, dass Künstler und Kunstwerk eine Einheit bilden, das sein Schaffen Ausdruck der steten Auseinandersetzung mit sich selbst ist.

Die Begegnung mit Armin Göhringer und seiner Kunst ist etwas, das lange in einem nachhallt, das beschäftigt und zu Reflexion zwingt. Eben keine Kunst für den „schnellen Blick“.

Armin Göhringer, geboren 1954 in Nordrach, studierte an der Hochschule für Gestaltung in Offenbach und lebt heute in Zell am Harmersbach. Er erhielt mehrere bedeutende Preise und Stipendien und hatte zahlreiche Einzel- und Gruppenausstellungen in Galerien und Museen.

Werke im öffentlichen Raum u. a.:

Brunnenskulptur in Lahr-Langenwinkel

Holzskulptur, Klinikum Lahr

Kirchengestaltung mit Altar, Ambo, Orgel, Herbolzheim

Skulpturen, Firma Ratiopharm, Ulm

Außenplastik, Skulpturenweg, Emmendingen

Außenplastik, Kunstpfad, Mummelsee

Holzbrunnen, Galerie Winter, Wiesbaden

Brunnengestaltung, Firma Möschle, Ortenberg

Kirchengestaltung, Kapelle, Margarethe Ruckmich Haus, Freiburg

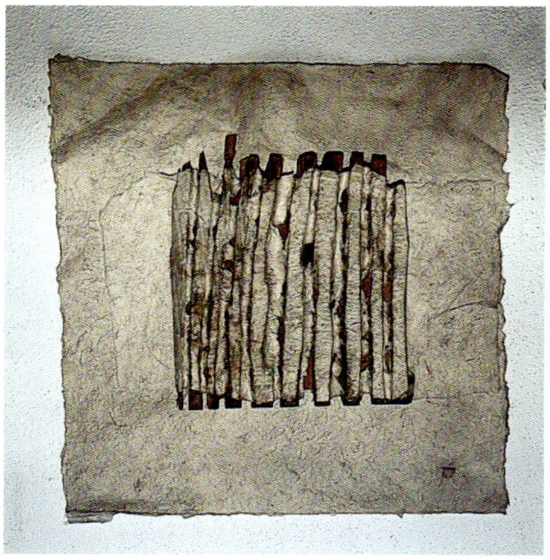

Mit senkrechten und waagrechten Sägeschnitten schafft Armin Göhringer Polaritäten. Wo im Zusammentreffen neue Durchbrüche entstehen, liegt für ihn die Quintessenz, die Möglichkeit der Zwischentöne. Auch bei seiner neueren Ausdrucksform, den Abdrücken von Holzarbeiten in Büttenpapier, schafft Armin Göhringer bewusst Durchbrüche im Papier, um die Öffnung für die Zwischentöne zu erhalten.

Heile Welt für Gänse und Co.

Uwe Lehmann mit seiner Lieblings-Gänsedame: „Das ist die Schönste und auch die Liebste!“

Oben der stattliche Finkenzeller-Hof, beeindruckend und wunderschön. Daneben das gemütliche Lager, wo die angehenden Gänsemütter ihre Eier ausbrüten. Freier Zugang zum Wasser und eine riesig große Wiese machen das Gänse-Paradies perfekt. Auch die eine oder andere (frei lebende) Ente hat das schon entdeckt und sich aus freien Stücken hier einquartiert.

Am Ortsausgang Nordrach Richtung Kolonie entdeckt man eine große Wiese, die über und über weiß gesprenkelt ist: Das ist die paradiesische Heimat von Eugen Finkenzellers und Uwe Lehmanns Gänsen. Ein idealer Platz, finden sicher auch die Gänse selber, denn sie haben schier unendlichen Auslauf bis hoch in den Wald und freien Zugang zur Nordrach, in der sie nach Herzenslust schwimmen können, obendrein.

Aber Gänse im Kinzigtal? Das ist doch eher etwas ungewöhnlich. Hier lacht Uwe Lehmann. Er hat die Idee mit der Gänsezucht in die Tat umgesetzt. „Das habe ich gleich gesehen, dass hier ideale Bedingungen für Gänse sind“, berlinert er drauflos. „Bloß den Eugen musste ich noch überzeugen.“

Nach Nordrach kam Uwe Lehmann während seines Forstwirtschaftsstudiums in Freiburg. „An der Uni hat eine Bekannte diesen Platz als Wochenendwohn- und -arbeitsstätte vermittelt, mit dem ich mir das Studium finanzieren konnte. Mir hat es hier gut gefallen, und der Eugen und ich sind gleich miteinander klar gekommen. Schon damals war der Eugen dabei, die Landwirtschaft aufzulösen. Zu viel Arbeit, zu wenig Ertrag. Da habe ich ihm dann vorgeschlagen eine Gänsezucht aufzubauen.“

Die Nordracher beäugten die Gänsezucht erstmal eher misstrauisch. Gänse im Bach hatte es so noch nie gegeben! Aber nach und nach gewöhnten

sich die Nordracher an die neuen Nutzer des Wasserlaufs.
Heute leben rund 80 Gänse aus drei verschiedenen Rassen auf den weitläufigen Wiesen rund um den stattlichen Finkenzeller-Hof. Sie leben hier in natürlichen Bedingungen, bilden wie in der Natur lebenslange Partnerschaften. Den Gänsedamen steht ein gemütlicher, strohgepolsterter Stall für die Nester zur Verfügung. „Sie haben aber auch schon alle am Bach entlang gebrütet, da lassen die sich

Immer unter wachsamer Aufsicht: Die jungen Gänschen wachsen wie im Kindergarten auf.

nicht dreinreden", erzählt Uwe Lehmann. Seine Zuchtgänse kennt er alle genau, weiß, welche ihr Nest mit Schnabelhieben verteidigt und welche er auch mal runternehmen darf und welches der dazugehörige Ganter ist. „Bei der Aufzucht funke ich dann ein bisschen dazwischen", gesteht er. Denn bei den Gänsen gibt es gute und schlechte Eltern. Den pflichtbewussten, die sich gut um ihren Nachwuchs kümmern, schiebt er noch etliche „Adoptivkinder" unter. So kommt es, dass ein Gänsepaar sich um bis zu 30, 40 Junge kümmert. Aber als fortschrittliche Eltern teilen sich bei den Gänsen Männchen und Weibchen die Arbeit.
Zu Martini und zu Weihnachten kann man dann natürlich aufgezogene Gänse für den Festbraten direkt vom Züchter beziehen. „Aber bitte 14 Tage vorbestellen", bittet Uwe Lehmann.

Aus Berlin angekommen: Die jungen Weideschweine fühlen sich „sauwohl".

Seine Zuchtgänse schlachtet er nicht, schließlich kennt er die ja alle persönlich. Nur der Fuchs holt hin und wieder eine raus. Diesen Tribut muss Uwe Lehmann an die natürlichen Haltungsbedingungen zahlen.
Außerdem verkauft er hin und wieder ein Gänsepaar an Leute, die selber Gänse halten wollen. Aber eben nur die zusammengehörigen Pärchen. Junge Gössel kann man ebenfalls erwerben, zudem Gänseeier und Federn und Daunen.
Kaum aber hatte das Dorf sich an die Gänse im Bach gewöhnt, bekam Uwe Lehmann die nächste Idee: Heidschnucken! Halb wild, fast frei lebend, auf riesigen Hangweiden hinter dem Hof. Die Heidschnucken leben glücklich hier, und so gewöhnten sich die Nordracher auch daran.
Nun hat Uwe Lehmann die nächste Überraschung parat. Stolz zeigt er seine vier jungen deutschen Weide-

Zotteln auf vier Beinen: Heidschnucken scheinen nur aus Fell zu bestehen.

schweine. „Die habe ich jetzt in Berlin abgeholt. Dort sind diese Schweine im Museumsdorf rückgezüchtet worden, und nun sind sie ungefähr so wie die Schweine im 12. Jahrhundert, die die Dorfgemeinschaften im Wald weiden ließen. Hier kriegen sie jetzt auch wieder eine riesige Waldweide."
Gänse im Bach, Heidschnucken am Hang, Schweine im Wald... es ist schon einiges an Neuem, was Eugen Finkenzeller und Uwe Lehmann den Nordrachern bieten. Aber es funktioniert glänzend, und so gibt es auf dem Finkenzeller-Hof jetzt außer Gänsen, Eiern und Federn auch Heidschnuckenlämmer und Lammfleisch zu erwerben, und demnächst dann auch gesundes, urwüchsiges Schweinefleisch, so lecker und natürlich, wie es vor hunderten von Jahren einmal war.

Gänsezucht Eugen Finkenzeller
Talstraße 1, 77787 Nordrach
Tel.: (07838) 1007

Schlachtgänse, Eier, Federn und Daunen ab Hof, Heidschnuckenlämmer und Lammfleisch, Fleisch vom deutschen Weideschwein

Vielfalt und Vielzahl: Da

Wer bei dem Wort „Puppenmuseum“ an Kinderkram denkt, hat weit gefehlt. In Nordrach ist ein ganzes Haus bis in den letzten Winkel mit Puppen und Bären angefüllt. Den Schwerpunkt bieten die vielen hundert von Museumsgründerin Gaby Spitzmüller selbst gefertigten Stoffpuppen, die in großen Vitrinen zu kompletten Spielszenen zusammengestellt sind und so vor allem das ländliche Leben im Kinzigtal darstellen. Doch auch die mit großer Sammelleidenschaft zusammengetragenen Stücke aus aller Herren Länder sind beeindruckend. Die ganze Vielfalt der Puppenwelt ist hier zu bestaunen, Kurioses und Schönes, Filigranes und Lus-

tiges, ganze Ladenzeilen aus unterschiedlichen Spiel-Einkaufsladen, Marionetten, Stab- und Handpuppen, Fremdländisches und die viel geliebten, wohl bekannten Teddybären. Ein einziger Besuch reicht nicht aus, um die rund zweitausend „Bewohner“ des Puppenmuseums zu bestaunen. Besser ist es, mehrmals zu kommen und sich immer neue Schwerpunkte zu setzen. Sonderausstellungen, z. B. mit Postkarten aus Omas Zeiten, ergänzen das ständige Angebot.

Coca-Cola
BOTTLING CO.
ATLANTA, GA

Motorsport im Kinzigtal hat eine große Tradition. Zwei Vereine dominieren diesen Sport: der MSC Hornberg und der MSC Berghaupten. Das ehrenamtliche Engagement der Vereinsmitglieder danken die Fahrer mit zum Teil Weltklasse-Platzierungen. Wichtiger aber für viele ist die intensive Jugendarbeit. Beim MSC Hornberg wird mit Maxi Fischer vermutlich ein hochtalentiertes Eigengewächs herangezogen, während sich in Berghaupten mehrere Jugendliche auf den Spuren des Ausnahmefahrers Bernd Diener bewegen. Nicht zuletzt deshalb ist der Motorsport ein guter Werbeträger für das Kinzigtal.

MOTO CROSS in Hornberg

im Kinzigtal

Grasbahnrennen in Berghaupten

Bernd Diener: der erfolgreichste Sportler im Kinzigtal zwischen Methanol und Natur

Bernd Diener, geboren 1959, ist unter den Grasbahn-Rennfahrern eigentlich ein Oldie. Aber Rennen zu fahren setzt einen ganz besonderen Virus frei, von dem er immer noch infiziert ist. Noch immer fährt er vom Frühjahr bis zum Herbst fast jedes Wochenende durch halb Europa. Und fast jedes Wochenende steht er auf dem Siegertreppchen.

Seine Fans kennen ihn meist nur im Rennoverall und Helm. Die wenigsten wissen, dass unter der harten Schale eines Rennfahrers, der immer am Limit fährt, ein naturverbundener, liebenswürdiger Familienvater steckt. Der seine Kraft, seine Inspiration und seine Erholung im eigenen Haus, ganz hinten in Gengenbach-Haigerach, also mitten in der Natur, findet.

Die Dieners leben im ehemaligen Haigeracher Försterhaus, mit allerlei Tieren, die hier zur Familie gehören. Nichts deutet darauf hin, dass hier

einer der besten Gras- und Sandbahn-Rennfahrer der Welt zu Hause ist. Erst wenn man das Haus betritt, ändert sich das schlagartig, denn wer seit seinem 19. Lebensjahr Rennen auf solch hohem Level fährt, der sammelt Pokale wie andere Briefmarken. Über 500 sind es inzwischen, und langsam geht den Dieners der Platz aus. In Vitrinen, in Schachteln auf dem Dachboden, im Keller, ja sogar auf dem Fußboden stehen die Pokale mit zum Teil gigantischen Ausmaßen.

Bernd Diener ist ein Siegertyp und ein Verrückter in Sachen Motorsport, zu dem er kam, weil seine Brüder ebenfalls Rennen fuhren und er das Glück hatte, beim MSC Berghaupten zu landen. Dieser hervorragend geführte Verein, der unter dem nimmermüden Hermann Armbruster zu einem Aushängeschild für das ganze Kinzigtal geworden ist und mit Franz Rieger aus Biberach den 1. Vorsitzenden des Motorsportverbandes Baden-Württem-

berg stellt, ist die zweite Heimat von Bernd Diener. Hier findet er alles, was ein so heimatverbundener Fahrer braucht, hier wurde er gefördert und zu einem Star des Motorsports.
Doch Bernd Diener lebt nicht vom Motorsport, er hat auch noch einen Beruf. In einem Gengenbacher Recycling-Betrieb arbeitet er im Schichtdienst als Papiermacher. Und mit seinem Chef hat er zum Glück auch einen verständnisvollen Motorsportfreund gefunden. Trotzdem ist es der Normalfall, dass Bernd Diener nachts um ein Uhr von einem Rennen nach Hause kommt und bereits wieder um fünf Uhr im Betrieb steht. Das ist Idealismus.
Doch dies alles funktioniert nur, wenn man eine Frau hat, die ebenso vom Rennsport begeistert ist und so viele Wochenenden auf ihren Mann verzichtet. Selten fährt sie mit, um ihrem Mann die Daumen zu drücken, denn rund um das Diener'sche Haus gibt es viel zu tun.
Die zwei Gesichter des Bernd Diener: umgeben vom Geruch nach Methanol und Rhizinus, umgeben vom Duft nach Holz und Natur – ein richtiger Kinzigtäler!

Ein wichtiges Stück Berghauptener Geschichte

Vor rund 250 Jahren wurden durch die Freiherren „Roeder von Diersburg" und das Adelgeschlecht „von der Leyen" Zunsweier, Bergknappen angeworben mit der Aufgabe nach Heilwasser zu graben, um der erlauchten fürstlichen Damenwelt die Genüsse und Annehmlichkeiten eines Heilbades, wie es im 18. und 19. Jahrhundert in jenen Kreisen üblich war, zu bieten. Bei den erfolgten Grabungen und Schürfungen fand man jedoch keine Heilquellen, sondern stieß auf Steinkohlen. Das Jahr 1755 kann als das Ursprungsjahr der Entstehung des Berghauptener Kohlebergwerks gelten. Der Bannherr von Berghaupten, Freiherr „von der Schleys", wurde Besitzer des Grubengeländes. Es war nun an eine Förderung der Kohle zu denken.
Stollen und Schächte wurden angelegt, teilweise bis in die Tiefe von über 200 Meter. Auch eine Kapelle war in unmittelbarer Nähe dieses Geländes vorhanden, wo der Bergmann vor jeder Einfahrt in den Berg sein Gebet sprechen musste. Ohne dieses Gebet wurde ihm die Einfahrt in den Berg verwehrt.
Das Kohlebergwerk wurde bis nach dem Ersten Weltkrieg, also über 160 Jahre lang betrieben, wobei insgesamt 524 000 Tonnen beste Steinkohle gefördert wurden. Ein Gutachten aus dem Jahre 1845 bestätigt dies mit der Feststellung: „Die Vorzüglichkeit der besseren Berghauptener Kohle ist unbestritten, sie übertrifft die Saarkohle und ist der besten Ruhrkohle gleich. Zehrt das Eisen nicht ab, wie andere Steinkohlen und das gröbste Eisen und Stahl kann damit verarbeitet werden."
Gefördert wurden zwei Kohlearten: anthrazitische Steinkohle und die so genannte Schmiedekohle. Weshalb also wurde die Förderung eingestellt? Die Antwort ist eindeutig in der Unrentabilität der Fördermengen zu se-

Einziger Zeuge einer für Berghaupten so wichtigen Zeit ist ein Gedenkstein, der direkt an der Gaststätte „Bergwerkstube" zu sehen ist.

ie Chronik des Steinkohlenbergwerks

hen, da man vor allem mit riesigen Wassermassen zu kämpfen hatte.
Das Verhältnis Wasser zu Kohle betrug 20:1, das heißt: Bei der Förderung von einem Zentner Kohle mussten 20 Zentner Wasser auf irgendeine Art abgeleitet werden. Dadurch war die Tagesförderung verhältnismäßig gering. Sie betrug in den Jahren 1850 bis 1860 im Schnitt pro Arbeiter in Berghaupten ca. 80 bis 90 kg, im Saargebiet ca. 470 kg, im Ruhrgebiet ca. 765 kg.
Durch diese Schwierigkeiten gingen bekannte Bergbauunternehmer wie Hecht, Derndinger, Ringwald und andere trotz hoher persönlicher Vermögenseinlagen in Konkurs. Zeitweise waren im Bergwerk um die 80 Männer beschäftigt, davon oft mehr als die Hälfte Zimmerleute, die für die Abstütz- und Spriesarbeiten der Stollen und Schächte benötigt wurden.
Im 18. und 19. Jahrhundert war auch die Berghauptener Bevölkerung nicht mit Gütern gesegnet. Die armen Schichten überwogen.
Die meisten Einwohner lebten von der Landwirtschaft, einerseits als Hofbauern, überwiegend jedoch als Taglöhner, Knechte oder Mägde. Durch das Bergwerk fanden viele Einwohner Arbeit und Brot. Im Jahre 1875 verdiente ein Steiger (Aufsichtsperson) in einer 12-Stundenschicht 1 Gulden bzw. 60 Kreuzer, was umgerechnet einem damaligen Stundenlohn von 14 Pfennigen entsprach. In einer 12-Stundenschicht also rund 1 Mark und 70 Pfennige.
Seit den zwanziger Jahren unseres Jahrhunderts fährt der Bergmann nicht mehr ein. Stumme Zeugen dieser Vergangenheit sind noch heute das Kamin und der Gedenkstein.

Im ehemaligen Verwaltungsgebäude des Bergwerks ist heute das Gasthaus „Bergwerkstube" beheimatet. Im Garten kann man direkt neben dem Kamin im Sommer den berühmten Schwenkbraten der Familie Lang genießen. Im Innenraum sind noch Dokumente und Fotografien aus der Bergwerkszeit zu sehen.

Bild unten: Man kann nur noch erahnen, wo sich das Bergwerk einst befand. Außer dem Kamin, deutet nichts mehr darauf hin. Aber schon die schöne Landschaft lohnt einen Besuch.

Gengenbach: Capitale im Kinzigtal

Uralt ist die Stadt, auf Klostermauern gebaut, die aus dem 8. Jahrhundert stammen, von den Benediktinern gegründet. Sie war schon immer voller Selbstbewusstsein, die wunderschöne Stadt im unteren Kinzigtal, und auch dies war mit ein Grund, warum schon 1230 die Stadtrechte verliehen wurden. 1360 wurde dem Ganzen noch die Krone aufgesetzt: Gengenbach wurde freie Reichsstadt und zählt heute um die 11 000 Einwohner.

Ein nachvollziehbares mittelalterliches Stadtbild mit Mauern, Türmen und Toren, mit idyllischen Gässchen, in denen man seine eigene Romantik wieder entdeckt. Hochhauslos duckt sich die Stadt an den Hängen der unzähligen Weinberge, die ehemals vom Kloster bewirtschaftet wurden.

Heute machen dies viele kleinere und größere Weinbaubetriebe, die ihre Produkte entweder selbst oder über die Winzergenossenschaft vertreiben. Ab hier etwa beginnt das Weinland des vielfältigen Kinzigtales. Es ist wärmer, lauer – einfach freundlicher, oft schon im frühen Frühjahr. Da sitzen die Menschen schon in den Straßencafés, um das im kurzen Winter Erlebte weiterzugeben.

Ja die Menschen dort: offen wie das Tal an dieser Stelle, herzhaft wie Vesper und herzlich wie der Wein. Und kulturell! Narrenmuseum, Stadtmuseum, Flößerei- und Verkehrsmuseum, Kinzigtorturm und jedes Jahr der zwischenzeitlich weitbekannte

Gengenbacher Adventskalender, wo sich jeden Tag ein künstlerisches Türchen öffnet. Jetzt gestaltet von Schülern ortsansässiger Schulen. Die Eröffnung am 1. Dezember ist auch ein Fest der Genüsse. Apropos Fest: Der Gengenbacher macht aus allem ein Fest. Geselligkeit ist eine seiner herausragenden Tugenden. Schaut man in den städtischen Veranstaltungskalender, könnte man – etwas übertrieben – 365 Tage im Jahr feiern. Und was für tolle Feste. Historisches von der Bürgerwehr, Kulinarisches von den Winzern und den unzähligen Gaststätten. Dies über Gengenbach zu berichten ist Pflicht: Die Stadt ist ein wahrliches gastronomisches Juwel. Gute Köche, nette Lokale und nicht zuletzt die überdurchschnittlichen Gengenbacher Weine der Winzergenossenschaft oder vom Weingut Huber in Reichenbach. Auch wer das Glück hat, einen Privatwinzer kennen zu lernen, der wird aus dem Staunen nicht mehr herauskommen, was man in Gengenbach an Weinen ausbaut.

Die Pflege der traditionellen guten Gastronomie ist in Gengenbach Tradition. Hinzu kommen aber auch unzählige kleinere Mühlen-, Wander-, Straußen- und Vesperwirtschaften. Jeder, aber auch wirklich jeder kommt hier auf seine Kosten, und zwar vom kleinen bis zum großen Geldbeutel. Seit Helmut Armbruster sein Stadthotel gebaut hat, sind Übernachtungen kein Problem mehr, wenn man nicht in eine der vielen Privatunterkünfte will oder Ferien auf dem Bauernhof sucht. Fazit: ein tolles Städtle, dieses Gengenbach.

Gengenbach Kultur- und Tourismus GmbH
Im Winzerhof
77723 Gengenbach
Tel.: (0 78 03) 93 01 43
Fax: (0 78 03) 93 01 42
www.badenpage.de/gengenbach

Gertrud Rauers Holzofenbrot: einmalig im Kinzigtal

Es ist Ende April und 6 Uhr morgens. Kalt ist es noch im Hüttersbachtal bei Gengenbach. Aber auf dem Rauerhof herrscht bereits geschäftiges Treiben. Gertrud Rauer, Bäuerin aus Leidenschaft, betritt das wunderschön renovierte Backhaus des Hofes, um ihrer Arbeit, dem Brotbacken, nachzugehen.
Über 100 Jahre alt ist der Backofen, der im Rauerhof nicht mehr wegzudenken ist, doch noch immer tun die geschwärzten Schamotte-Steine ihren Dienst. Ursprünglich ragte der Ofen aus dem Haus ins Freie, aber im Zuge der Renovierung wurde er ins Haus integriert. Drei Meter tief ist er, und gerne erinnert sich Gertrud Rauer daran, als ihr Mann Bernhard unter größten Schwierigkeiten durch die schmale Öffnung kroch, um Reparaturen an den Steinen vorzunehmen. „Ich hätte nie gedacht, dass er da durch passt!" schmunzelt sie.
Am Abend vorher hat sie den Vorteig angesetzt, den man hier Hebe nennt, nicht ohne einen Blick in den Mondkalender zu werfen. „An den Blütentagen wird das Brot am allerbesten. Ich versuche immer, an solchen Tagen zu backen, das merkt man am Aussehen und am Geschmack."
Mitentscheidend ist aber auch das Holz. Da die Rauers aber auch einen Weinberg haben, fällt viel Rebenholz an, das geradezu ideal zum Feuern und für das Aroma ist.
Es entwickelt eine große und vor allem eine lang anhaltende Hitze. „Rebschenkel" nennt man das im Hüttersbachtal.
Noch vor einigen Jahren hat Gertrud Rauer den Teig von Hand geknetet, als ihr aber ein einheimischer Bäcker eine ausgediente Knetmaschine anbot, hat sie sofort zugegriffen – eine große Arbeitserleichterung.

Das ist der Stoff aus dem die Brotträume gebacken werden: Mehl, Hefe, Salz und Wasser.

Über 100 Jahre alt ist der Holzofen – dazu getrocknetes Rebenholz, ideal fürs Brot.

Wenn der Teig so aufgeht hat man alles richtig gemacht, jetzt kann man formen.

Jetzt sind starke Arme gefragt. Nochmals kneten und dann den Teig in Form bringen.

Der letzte Schritt vor dem Backen: Mit einem scharfen Messer wird der Teig eingeschnitten.

Bis zur Glut muss das Holz heruntergebrannt sein, dann ist die Hitze perfekt.

Ein Glück, dass vor dem Haus ein Bach die Besen-Wässerung übernimmt.

Der gewässerte Besen ist Voraussetzung für einen absolut sauberen Ofen.

Das Einschießen der Teiglinge muss schnell gehen, damit alle Brote gleich gebacken sind.

Das hauseigene Wachpersonal vor dem Ofen. Zeit für Streicheleinheiten muss sein.

Der spannendste Moment: die erste Probe, nachdem das Brot abgekühlt ist.

Immer wieder ein herrlicher Anblick, dem sich auch der Besucher nicht entziehen kann.

Gertrud Rauers Holzofenbrot

Was man braucht für 2 grosse Bauernbrote:
2000 g Mehl, 40 g Salz,
1,5 Würfel Hefe, 1,5 Liter Wasser

Wie man's macht:
Wird im Text beschrieben

Punkt halb sieben setzt sie die Maschine in Gang, während im Ofen bereits das Feuer lodert und eine angenehme Wärme den Raum erfüllt. Jetzt sieht man auch im ganzen Tal die Rauchfahne aufsteigen und jeder weiß, dass auf dem Rauerhof Brot gebacken wird.

Wenn der Teig richtig durchgeknetet ist, wird er zugedeckt und eineinhalb Stunden kann er gehen.

So lange dauert es auch, bis der Ofen die richtige Temperatur erreicht hat. Da wird aber kein Thermometer verwendet, Gertrud Rauer hat alles aufgrund ihrer langjährigen Erfahrung im Gefühl.

Als sie die Teigabdeckung hebt, sieht man einen herrlich Blasen schlagenden Teig, der schon seines Aussehens wegen keine Wünsche offen lässt.

Zwischenzeitlich ist auch Mutter Helene eingetroffen, die hilft, die Teiglinge zu formen und nochmals zu kneten. Es sind in der Regel ca. 30 bis 35 Stück. Ein sehr wichtiger Arbeitsschritt ist aber auch das Reinigen des Ofens, bevor das Brot eingeschossen wird. Hierzu bindet sich Gertrud Rauer einen Besen, der über eine Stunde lang im Bach gewässert wird. Erst kurz vor dem Einschießen wird der Ofen gereinigt und die Glut mit dem Besen zur Seite gedrückt. So kommt es auch, dass die Brote, die an der Seite des Ofens backen, knuspriger werden als die in der Mitte.

Wenn mit dem Einschießen begonnen wird, muss alles sehr schnell gehen: Teigling für Teigling wandert in Sekundenschnelle in die Hitze. Zuerst die großen Brote und dann die kleineren. „Meine Kinder mögen die größeren lieber, während ich selbst die kleinen bevorzuge, aber Hauptsache die Qualität ist dieselbe." Mit überwacht vom ständigen Begleiter, dem Dackel Strolch, der sich vor allem in der kalten Jahreszeit vor dem Ofen einen Stammplatz ausgesucht hat.

Wieder eineinhalb Stunden herrscht jetzt Ruhe im Backhaus. Der Ofen ist verschlossen, aber schon bald duftet es herrlich im Raum. „Die ersten zehn Minuten sind die wichtigsten beim Backen. Hier entscheiden sich Aussehen, Form und Farbe. Da darf man den Ofen auf keinen Fall öffnen, es darf kein Lüftchen an die Brote kommen. Das hängt damit zusammen, dass jetzt die Hitze am größten ist."

Wer aber glaubt, dass die Bäuerin ein Päuschen macht, der täuscht sich. Jetzt werden die Tiere versorgt: Kühe, Schweine, Hühner und die Hasen, aber immer begleitet von Strolch, der jeden Besucher mit freundlichem Gebell empfängt. Oder aber sie kümmert sich um ihre Ferienwohnungen, die in diesem wunderschönen Tal beste Erholung garantieren, sehr umsorgt von der Bäuerin, die ihren Gästen die Wünsche von den Lippen abliest.

Jetzt ist es soweit, der Ofen wird geöffnet und ein unbeschreiblicher Duft strömt einem in die Nase. Aber auch jetzt muss wieder alles schnell gehen. Mit viel Geschick holt Gertrud Rauer die Brote mit dem Schieber wieder heraus, und es ist ein faszinierender Anblick, so richtig zum Reinbeißen, wenn's nicht so heiß wäre.

Aber etwas abgekühlt kann man dieses Brot schon genießen – und wie, ohne Butter oder Wurst, einfach so. Das Brot kann man allerdings nicht kaufen, dazu ist der Ofen zu klein, die Menge reicht gerade dazu aus, um die Familie zu versorgen. Und trotzdem kann der Besucher von Gertrud Rauers Backkunst profitieren, denn Zuschauer sind immer willkommen. Und das ist auch gut so, denn wer zu Hause ein solches Brot nachbacken will, der bekommt von ihr noch viele wertvolle Tipps, auch wenn man mangels Holzofen sein eigenes Brot im Elektrobackofen machen muss. Ein Holzofenbrot-Versucherle liegt aber für jeden Gast bereit. Wer also einmal Gertrud Rauer beim Backen über die Schulter schauen will, sollte vorher anrufen und fragen, wann wieder der Backtag ist, und man wird von einer Frau begrüßt, deren Gastfreundschaft und Herzlichkeit einige interessante Stunden garantiert.

Ferienhof Rauer
Unterer Hüttersbacher Weg 3
77723 Gengenbach
Tel.: (0 78 03) 17 24
Fax: (0 78 03) 92 91 78

Gaumenfreuden in der Natur
Karfreitags-Fischessen am Ziegelwaldsee

Die Sonne glitzert auf dem Wasser, das erste, hell leuchtende Frühlingsgrün lässt die Bäume leuchten, hier und da entfalten ungeduldige Obstbäume schon ihre Blütenpracht: ein Frühlingstag für Genießer im Kinzigtal, dieser Karfreitag. Und wer nicht nur die Natur genießen will, sondern auch noch lecker schlemmen, für den ist heute der Ziegelwaldsee ein besonders lohnendes Ziel.

Seit einem guten Dutzend Jahren laden die Angler-Freunde Gengenbach am Karfreitag zum Fischessen an ihren See und in ihre Fischerhütte. Diese Tradition hat das in früheren Jahren veranstaltete Backfischfest im August abgelöst. Das sommerliche Fest sprengte mit der Zeit den Rahmen dessen, was ein Verein bewältigen kann, und so bieten die Angler nun in beschaulichem Rahmen Forellen, Hechtspieße und Merlan vom Grill.

Gut, dass das Wetter mitspielt und man schon draußen auf der Terrasse sitzen kann! Eine lange Warteschlange hat sich vor den Grills gebildet, in

der Fischerhütte ist kein Stuhl mehr frei. Längst hat es sich über die Jahre in der Umgebung herumgesprochen, dass man am Karfreitag bei den Gengenbacher Angler-Freunden leckeren Fisch, frisch und knusprig gegrillt, bekommt.

Wen der Hunger noch nicht so sehr zwackt, der spaziert noch gemütlich eine Runde um den friedlich schimmernden See.

Der Ziegelwaldsee ist einer jener künstlichen Seen, die im Zuge des Ausbaus der B 33 entlang der Strecke entstanden, um das Gelände zu entwässern. Die Angler-Freunde Gengenbach betreuen den See, haben sich hier die Fischerhütte gebaut, sorgen für den Fischbesatz. Ein großes Stück Land gehört auch zum See, das ebenfalls gepflegt werden muss. Hier betreiben die Angler Biotop-Pflege, und sie sind stolz auf die seltenen Krötenarten, die sich bei ihnen heimisch fühlen.

Der Ziegelwaldsee ist auch als Badesee zugänglich, was natürlich nicht zuletzt die Kinder der Angler freut, und hin und wieder fragen Taucher bei den Anglern an, ob sie mal unter Wasser können.

Wenn man mit Präsident Rainer Wörner und Ehrenpräsident Richard

Köhninger am Tisch in der Fischerhütte sitzt und die beiden vom Vereinsleben erzählen, merkt man schnell, dass die Geselligkeit eines der Hauptanliegen der Angler-Freunde ist. Die Mitgliedschaft im Verein gilt eigentlich immer für die ganze Familie. An den See kommt man nicht nur zum Angeln, sondern um sich zu treffen, um Spaß miteinander zu haben. Der Austausch mit anderen Kinzigtäler und auch Elsässer Vereinen wird rege gepflegt. „Der Spaß dabei ist doch das Wichtigste", erklären die Angler einhellig.

Gäste sind herzlich willkommen, am und im See, aber auch in der vom Verein bewirtschafteten Fischerhütte. Der Ziegelwaldsee ist ein ideales Naherholungsgebiet für die Gengenbacher, und das kleine Städtchen kann froh sein um seine fröhlichen, aufgeschlossenen Angler, die dieses Fleckchen Erde eben nicht nur für den Eigennutz hegen und pflegen.

Angler-Freunde Gengenbach e. V.
Fischerhütte am Ziegelwaldsee
Tel.: (078 03) 67 73
kein Ruhetag

Reinhard Rösch: ein Leben für die Forellen

Eng ist es, das Haigerachtal bei Gengenbach. Es ist eigentlich ein Tal der Einsamkeit, geprägt vom Bach, der ganzjährig sein Wasser der Kinzig zuführt. Sein Wasser ist klar und kalt, von bester Qualität – ideal für Reinhard Rösch und seine Forellenzucht, die bereits in der dritten Generation

betrieben wird. Er ist Fischwirtschaftsmeister und hat die Forellenzucht schon von Kindesbeinen an zu seinem Lebensinhalt gemacht. Reinhard Rösch ist aber in der Tat mehr als ein normaler Züchter.

Projekt „Lachs 2000"

Der Landesfischereiverband Baden-Württemberg startete mit ihm zusammen das Projekt „Lachs 2000", die Wiedereinsetzung von Lachsen in

die Kinzig und in den Rhein. So wurden z.B. im Jahr 2001 ca. 6000 Lachse in Wolfach unter großer Anteilnahme der Bevölkerung eingesetzt. Es sind nicht viele Lachse, die von Wolfach aus den Weg in die Nordsee via Rhein überleben. Noch weniger dürften es sein, die wieder in

die Kinzig zurückkommen. Das Überqueren der Staustufen ist eine der größten Schwierigkeiten.

Aus der Kinzig wurde bis zum Jahr 2000 noch keiner der markierten Lachse gefangen. Hier ist man aber auch auf die Mitarbeit der Angler angewiesen, die eigentlich einen solchen Fang melden sollten. Anders ist es am Rhein, wo bei der Staustufe Iffezheim bereits 81 Lachse gezählt wurden, die den Weg zurück überstanden haben, um an ihre Laichplätze zurückzukehren.

Reinhard Rösch bezieht seine Lachseier für diese Aktionen aus Irland, sie schlüpfen in seinen Brutbecken, um im Frühjahr ausgesetzt zu werden. Das Wasser muss schon wärmer sein, damit die Lachse fressen und im Bach heranwachsen können.

Reinhard Rösch demonstriert das Einsetzen von Lachsen.

Die Hege und Pflege von Forellen

Reinhard Rösch erklärt dem Besucher gerne, welch ein Zeitaufwand nötig ist, um wohlschmeckende Forellen zu züchten. Da steht an erster Stelle die Hygiene.

Die Brutbecken müssen ständig gereinigt werden, Bakterien dürfen keine Chance haben. Es ist ein tolles Bild, wenn tausende von ca. ein Zentimeter großen Fischkindern durch die Brutbecken flitzen. Der Verlust einer Brut wäre ein erheblicher finanzieller Verlust. Der Fischwirt mit Leib

und Seele kennt aber alle Gefahren und hatte noch nie Verluste. So können seine Forellen zwei Jahre wachsen, um dann ihre optimale Größe und ihren optimalen Geschmack zu erreichen.

Durch die terrassenartige Anlage verliert aber das Wasser in den unteren Becken an Sauerstoff. Damit die Sauerstoffversorgung aber auch dort klappt, hat Reinhard Rösch so genannte Sauerstoffeintragungsgeräte, die aus einem Tank mit Flüssigsauerstoff versorgt werden.

„Qualität braucht eben einen solchen Aufwand", sagt er. Und wer in die unzähligen Becken im Haigerachtal schaut, der sieht, wie wohl sich die Fische fühlen.

Und dies wissen zwischenzeitlich nicht nur viele Gastronomen im weiten Umkreis, sondern auch Angelvereine, die mit Rösch-Forellen ihre Besätze erneuern.

Sieht aus wie Kaviar: Forelleneier im Augenpunkt-Stadium wachsen im Brutbecken.

Ein unglaubliches Durcheinander: Bachforellenbrut im Langstrombecken.

Bereits fressende Bachforellenbrut: Bereit zum Aussetzen in die Gewässer.

Forellenzucht Reinhard Rösch
Haigerach 25
77723 Gengenbach
Tel.: (0 78 03) 22 84

Die „Pfeffermühle“ und ein kulinarischer Aktivist

Direkt an Gengenbachs historischem Marktplatz liegt bescheiden, aber herrlich restauriert Klaus Armbrusters Pfeffermühle. Wenn man das Lokal betritt, wird man gleich von einer heimeligen Atmosphäre empfangen. Wohltuend unterscheidet sich die Pfeffermühle von vielen anderen Lokalen, die einen saalartigen Charakter haben. Holzgetäfelte Wände in angenehmem Licht – der richtige Platz für einen kulinarischen Genuss.
Die Pfeffermühle ist ein historisches Gebäude, das vermutlich schon vor dem großen Gengenbacher Stadtbrand im Jahre 1689 existierte. Zur Gaststätte wurde das Haus 1836, zum Spezialitätenrestaurant im Februar 1978, als Klaus Armbruster mit Ehefrau Ivanka das Lokal eröffnete.

Klaus Armbruster vor seinem Lokal und bestimmt wieder mit neuen kulinarischen Ideen, mit denen er seine Gäste verwöhnen will. Nichts scheint ihm schlimmer, als sich auf seinen Lorbeeren auszuruhen, aber eines bleibt bestehen: immer regionale und saisonale Produkte auf der Speisekarte, die er selbst aussucht, das bedeutet Qualität.

So viel Zeit muss sein, auch für einen vielbeschäftigten Mann: Klaus Armbruster beim Forellenkauf im Haigerachtal bei Fischwirtschaftsmeister Rösch, der fachkundig auf die Wünsche der Kunden eingeht.

Klaus Armbruster, der Küchenchef und Besitzer, man könnte über ihn alleine ein Buch schreiben. Er ist nicht nur Wirt, sondern auch einer der aktivsten Gengenbacher, wenn es um die touristische Vermarktung der Stadt geht. Ständig auf der Suche nach neuen Ideen, um den Gästen Gengenbachs einen abwechslungsreichen Aufenthalt zu ermöglichen, sich abzuheben von den anderen Gemeinden.
Gengenbach leidet ständig unter Bettenmangel, und keinen hat es gewundert, dass der Pfeffermühlenwirt statt Worten Taten folgen ließ. Er baute zwei Gästehäuser mitten in die Stadt und trug so seinen Teil zur Minderung des Bettenmangels bei.
Als einer der konsequentesten Vertreter einer regionalen Saisonküche setzt er auch hier Maßstäbe. Die Speisekarte der Pfeffermühle ist mehr als Beweis. Klaus Armbruster verzichtet aber auch nicht auf das Glück der Nähe Frankreichs. Im Frühjahr, wenn

Klaus Armbruster will aber auch wissen, was Meister Rösch in seinen Teichen sonst noch zu bieten hat.

Für einheimischen Spargel ist es noch zu früh Anfang April, um aber auf die Wünsche seiner Gäste einzugehen, kauft er französischen Spargel, der aber von exzellenter Qualität sein muss.

Forelle „blau", ein Standardgericht, das aber nur dann ein kulinarisches Erlebnis wird, wenn alle Produkte frisch in der Küche verarbeitet werden. In der Pfeffermühle eine Selbstverständlichkeit.

So macht's Klaus Armbruster

Haigeracher Bachforelle „blau" in zerlassener Butter mit frischem Stangenspargel und Frühkartoffeln

Was man braucht:

2 Forellen à 500 bis 600 g
1 kg Stangenspargel
800 g Kartoffeln

Wie man's macht:

Für die Forellen einen Sud vorbereiten. Hierzu spickt man eine Zwiebel mit Lorbeer und Nelken, würzt mit etwas Salz, einem Schuss Essig und etwas Zucker. Die ausgenommenen Forellen einige Minuten im Sud ziehen lassen und sie erhalten die berühmte blaue Farbe.
Den Spargel waschen und schälen, das Endstück abschneiden, im Spargeltopf garen lassen.
Die Kartoffeln schälen und kochen, die Butter zerlassen.

Gäste nach Spargel fragen und der einheimische noch nicht so weit ist, dann holt er ihn aus dem Elsass. Qualität und Frische, das Markenzeichen der Pfeffermühle, auch bei der Auswahl der Forellen. Klaus Armbruster greift hier auf das Wissen und Können des Gengenbacher Forellenzüchters Rösch zurück, der im idyllischen Haigerachtal mit 35 Weihern und einer Aufzuchtstation alles zu bieten hat, um erstklassige Ware zu liefern.

Es ist eine Binsenweisheit, dass dort, wo die Einheimischen essen, eine hervorragende Küche zu Hause ist. So wundert es nicht, dass die Gengenbacher Familie Ahne, die gegenüber ein Schreibwarengeschäft führt, hier gerne isst. Auch die Ahnes sind engagierte Gengenbacher beim „Aktionsteam".

Die zweite Generation Armbruster steht mit Sohn Axel, Jahrgang 1977, schon in den Startlöchern. Nach seiner Lehre in Baden-Baden hat ihn sein Vater Stück für Stück auf die Übernahme des Betriebes im Zentrum von Gengenbach vorbereitet. Irgendwie hat Axel Armbruster seine Liebe zu kalten Platten entdeckt. Er sahnte schon etliche Preise bei diversen Kochkunstschauen ab – bei der Offenburger Kochkunstschau holte er sich Gold und Silber.
Leider hat er für solche Wettbewerbe gar keine Zeit mehr, denn er ist jetzt der zweite Mann in der Küche. Und bereits jetzt setzt er dort seine Akzente. Und auch bei der Feuerwehr ist er aktiv. Da kann der Vater beruhigt in die Zukunft sehen. Die Pfeffer-

mühle ist aber kein elitäres Lokal. Wichtig ist nur, dass es den Gästen schmeckt. Auch dann, wenn eine Gruppe Radfahrer ihren Durst stillen will, erlebt man einen freundlichen Service.

Neben dem Stadthotel bietet das Pfeffermühlen-Team einen exklusiven Partyservice für bis zu 1000 Personen an, und zwar mit allem Drumherum: von A wie Aperitif bis Z wie Zelt. Kalt, mit den außergewöhnlichen Platten von Axel Armbruster, es werden aber auch sämtliche Register der klassischen regionalen Küche gezogen.

Tipp: Das Lamm nach Art der Provence: eine weitere Spezialität von Axel Armbruster.

Aber was wären ein gutes Lokal und eine gute Küche ohne das freundliche Servicepersonal. Klaus Armbruster hat auch dafür ein glückliches Händchen, und er weiß, dass nur durch ein gutes Betriebsklima auch ein guter Service funktioniert. Beweis hier ist die lange Betriebszugehörigkeit des Personals.

Es wundert auch nicht, dass der nimmermüde Klaus Armbruster eine weitere Neuerung auf allen Speisekarten der Gengenbacher Gastronomie angeregt hat: eine Speisekarte, ausschließlich mit Produkten aus Gengenbach.

Das ist genau die Konsequenz aus BSE- und MKS-Krise: wissen, woher was kommt. Das bedeutet die jahreszeitliche Küche in ihren Ursprüngen. Zu wissen, wie ist das Tier aufgewachsen, wurde das Gemüse gespritzt und all die anderen Dinge.

Was die Produkte aus Gengenbach alles hergeben und was die Köche daraus machen, das allein ist schon einen gastronomischen Besuch wert.

Restaurant „Pfeffermühle“
Familie Klaus Armbruster
Victor-Kretz-Straße 17
77723 Gengenbach
Tel.: (07803) 9335-0
Fax: (07803) 6628
www.badenpage.de/pfeffermuehle

Weingut Huber: Winzerfamilie aus Leidenschaft

Ganz hinten, noch hinter Reichenbach, nämlich in Sondersbach, liegt rechter Hand am Hang das Weingut Huber. Die ganze Familie hat sich dem Wein verschrieben: seinem Anbau, seiner Pflege, seinem Ausbau und seiner Vermarktung. Die ganze Kinzigtäler Weinregion profitiert vom Wein-Engagement der Familie Huber, so kreativ sind sie.
Die Hubers hatten schon immer Reben und engagierten sich in der Winzergenossenschaft Gengenbach. Es waren auch die Hubers mit vielen anderen Winzern, die den Gengenbacher Weinlehrpfad errichteten.
Seniorchef des Weinguts ist Erwin Huber, die Seele des Betriebes. Ein richtiger Schaffer, der nicht nur viel vom Wein versteht, sondern alles um diesen herum bestens erklären kann. Ein Stunde mit Erwin Huber auf dem Weinlehrpfad ist nicht nur Wissensvermittlung, sondern hat auch einen hohen Unterhaltungswert. Neben all dieser vielen Arbeit hat er zusammen mit Frau Hildegard sechs Kinder großgezogen, von denen sich zwei Söhne ebenfalls dem Weinbau verschrieben haben. Bernhard Huber ist Winzermeister, und Michael Huber arbeitet als Weinküfergeselle in der Ortenau.
Dann aber kam die große Wende. 1995 übernahm Sohn Bernhard den Betrieb, nachdem er seinen Winzermeister gemacht hatte. Da sich der Winzermeister aber nicht nur mit den Reben und deren Anbau beschäftigt, sondern auch im Ausbau der Weine ausgebildet wird, packte Bernhard Huber der Ehrgeiz, eigene Weine auszubauen. Vater Erwin unterstützte ihn dabei.
Als die Familie diesen Entschluss fasste, wurden noch Rebflächen in Berghaupten und Gengenbach zugekauft oder gepachtet, so dass heute eine Rebfläche von zehn Hektar von den Hubers bewirtschaftet wird.
Der Betrieb wurde dann geteilt: Fünf Hektar gehören Kathrin Huber, der Ehefrau von Bernhard, deren Anteil

Zwei Generationen erstklassiger Winzer: Erwin und Bernhard Huber in der Eichberg-Strauße.

Modernste Maschinen entlasten die Winzer; Bernhard Huber beim Mulchen.

Von solchen Rebstöcken kann ein Winzer nicht genug haben – es sind die besten.

Junge Weinreben, die nur darauf warten, von Erwin Huber in den Boden gesetzt zu werden.

Die Weinblüte beginnt im Kinzigtal im Mai: filigran und zart, aber viel versprechend.

Hanglage und Boden unterhalb der Gengenbacher Kapelle sind ein ideales Anbaugebiet.

Mühsame, aber notwendige Handarbeit: das Ausbrechen der Triebe.

Weingut Huber
Sondersbach 6
77723 Gengenbach
Tel.: (0 78 03) 79 70
Fax: (0 78 03) 92 73 23
www.weingut-huber.de

zu hundert Prozent an die Genossenschaft geliefert wird. Die anderen fünf Hektar sind das Reich von Bernhard Huber, der Müller-Thurgau, Riesling, Grauburgunder, weißen Burgunder und Gewürztraminer als Weißweine und Blauen Spätburgunder und Regent, eine neue Sorte Rotwein anbaut.
1997, nach Jahren der intensiven Vorbereitung, konnte dann zum ersten Mal eine richtige Ernte eingefahren werden. Und nachdem die letzten Flaschen abgefüllt waren, begann im Weingut Huber das Zeitalter der Selbstvermarktung.
Wichtigstes Standbein wurde dabei die neu gebaute Strauße und der Verkaufsraum, wo man die ganze Produktpalette verkosten kann.
Schnell hat sich über die Region hinaus herumgesprochen, welch hervorragende Weine bei den Hubers ausgebaut werden. So werden 80 Prozent der Weine ab Hof verkauft, die restlichen 20 Prozent teilen sich Gastronomie und andere. In der gehobenen Gengenbacher Gastronomie, z.B. „Pfeffermühle" oder „Hirsch", wird Huber-Wein in 0,75-Liter-Flaschen angeboten.
Aber die Hubers wären keine echten Kinzigtäler, würden sie nicht auch Schnaps brennen. Fünf Hektar Obstbau werden auch noch bewirtschaftet – und was für herrliche Schnäpse in einer unglaublichen Vielfalt.
Da bleibt nur noch, viel Spaß auf dem Weingut Huber zu wünschen.

Rebstock für Rebstock muss das ganze Jahr über gepflegt werden, jetzt wird aber geherbstet.

Auch Sarah, die Tochter von Bernhard Huber, hilft im Weinberg gerne mit.

Bernhard Hubers Schwiegervater Adolf Herb, ebenfalls ein unentbehrlicher Helfer.

Kann ein Winzervesper schöner sein als über den Dächern der alten Reichsstadt Gengenbach? Wohl nicht! Und so ist die harte Arbeit im Weinberg nur halb so schwer. Das weiß auch Hildegard Huber, die die Arbeitenden mit Selbstgemachtem versorgt. Nicht fehlen darf natürlich neuer Wein.

Die Traube des blauen Spätburgunders ist an der Rebe herrlich anzuschauen.

Elegant, aber nicht übertrieben, so stellen sich die Weine vom Weingut Huber dar.

Alles Handarbeit: Beim Trotten (Mosten) müssen alle helfen.

Der Weinkeller: Hier ist das Reich von Bernhard Huber, der die Weine ausbaut.

Die Auswahl im Verkaufsraum scheint unübersehbar, die Entscheidung fällt schwer.

Edelfäule: Trauben springen auf, trocknen aus und erhalten einen hohen Süßegrad.

Der besondere Tipp
Mit Erwin Huber auf dem Weinlehrpfad mit Weinprobe und Vesper auf dem Gut

Die Hubers servieren bei der Weinprobe ein Vesper aus eigener Schlachtung. Das Holzofenbrot bäckt Hildegard Huber selbst.

Bibiliskäse stets frisch gemacht darf bei den Hubers nie fehlen. Links: Erwin Huber in seinem Element, bei der Weinbesprechung.

Gengenbach zu besuchen lohnt schon der wunderschönen Stadt wegen. Aber Gengenbach ist nicht nur Architektur und viel Historie, Gengenbach ist in der Breite gesehen auch kulinarisch der Mittelpunkt des Kinzigtales. Und was wäre diese Stadt ohne den Wein? Ohne die vielen Winzer, die in wirklich harter Arbeit an ihrem Produkt arbeiten. Wie schnell vergisst man beim Genuss eines Glases Wein, wie viel Arbeit dahinter steckt, bis der Wein im Glas funkelt. Manche „Weinnasen" wissen überhaupt nicht, wie Wein gemacht wird.
Zum Glück gibt es in Gengenbach Erwin Huber, der von manchen als Mensch gewordener Wein bezeichnet wird. So viel weiß er über dieses edle Getränk zu erzählen und vor allem so anschaulich zu erklären. Wer mit ihm über den Weinlehrpfad geht, ist anschließend mit dem nötigen Grundwissen ausgestattet, hat also was gelernt – und dies auf eine Art des Unterrichts, die man sich auch in unseren Schulen wünschen würde. So viel Spaß macht es Erwin Huber zuzuhören. Nach so viel Theorie folgt die Praxis auf dem Weingut selbst. In der neuen, blitzblanken Strauße der Hubers wird erstmal deftig gevespert – natürlich alles selbst gemacht. Die richtige Grundlage für eine ausgiebige Weinprobe, die durch Erwin Huber ebenfalls zu einem Erlebnis wird. Und Sohn Bernhard serviert höchstpersönlich – und wie nett.

Leckere Nudeln aus dem Kinzigtal

Eigentlich gehören Nudeln ja zu der Kategorie Lebensmittel, über deren Herkunft man sich nicht allzu viele Gedanken macht. Wie Puddingpulver, Dosenerbsen und Ähnliches stammen sie ganz einfach aus dem Supermarktregal. Von woher sie dorthin gelangen, wird selten gefragt.
Eigentlich. Bis zu dem Tag, an dem der Nudelname, der doch immer für Qualität stand, für ekelige Schlagzeilen sorgte und den Appetit auf die guten „Hochzeits-, Sonntags-“ oder sonstwie titulierten Eiernudeln gegen Null brachte. Fortan griff man zu den italienischen Pasti, aus 100 Prozent Hartweizen, garantiert ohne Ei und ohne eierähnliche Scheußlichkeiten. Oder man quälte sich mit der Heimproduktion von Nudeln ab, „nudelte“ endlose Teigschleifen durch die handbetriebene Nudelmaschine, legte in der ganzen Wohnung die mühsam hergestellten Nudelbänder zum Trocknen aus und wusste anschließend nicht, wie und wo die mühevoll angefertigte Nudel aufzubewahren sei.
Oder man hatte das Glück, von der Existenz des Geflügelhofes Josef Zapf zu wissen, und dass die Zapfs aus den Eiern der eigenen Hühner in hofeigener Produktion Eiernudeln vom Feinsten herstellen.
Josef und Maria Zapf machen Nudeln seit sie die Landwirtschaft auf Geflügelhaltung umgestellt haben. Zuerst in kleinstem Rahmen, alles von Hand, einfach um die Eier, die man nicht direkt verkaufte, zu verarbeiten. Nach und nach wurden es aber mehr Eier, die zu verarbeiten waren, und so wurde die Nudelproduktion professioneller.
Heute werden dreimal in der Woche Nudeln gemacht. Längst stehen eine Teigrührmaschine und eine Nudelwalzmaschine im Betrieb, und auch ein Vortrockenofen und ein Trockenschrank wurden in der Zwischenzeit angeschafft. Aber das wirklich Wichtige: Wie eh und je kommen nur tagesfrische, eigene Eier in

Klassisch im Kinzigtal: Der Bauernhof von Familie Zapf in Schönberg ist ein typischer Schwarzwaldhof mit dem bekannten wuchtigen Dach. Der üppige Blumenschmuck im Sommer ist traditionell ein Muss.

Martin Zapf, der Junior des Betriebs, mit zweien seiner fleißigen „Mitarbeiterinnen“.

Mit diesem Wagen sind die Zapfs auf den Wochenmärkten der Umgebung vertreten.

Das Schwätzle gehört dazu: Einkaufen im schönen Hofladen bei Maria Zapf.

Da lacht das Herz des Feinschmeckers: „Jetzt gibt's wieder a feine Nudelsupp'.“

die Nudeln, von Hand aufgeschlagen, und zwar sechs Stück pro Kilo, für Spätzle sogar acht. In Kombination mit dem hochwertigen Durumweizen, der für den Nudelteig verwendet wird, also rundum frische, beste Qualität.
Die Eier von Zapfs Hühnern tragen das Herkunfts- und Qualitätszeichen Baden-Württemberg, was auch aussagt, dass die Hühner gesund ernährt werden, ohne Wachstumsbeschleuniger und sonstiges Turbo-Futter, was unsereinem den Genuss von Huhn, Ei und Nudel sonst erschwert.
Die Produktpalette der „Zaschö"-Nudeln umfasst alle gängigen Nudelformen, dazu Spätzle, Dinkelnudeln und Spinat- und Tomatennudeln. Nudelteig in breiten Bahnen, Bandnudeln und Spätzle erhält man auch frisch, also ungetrocknet. Das ist ein solcher Genuss, und daraus macht man am besten ganz einfache Nudelgerichte wie Bandnudeln mit Salbeibutter oder Spätzle in brauner Butter mit frischen Pilzen.
Martin Zapf, dem Sohn von Maria und Josef Zapf, der längst auf dem Hof mitarbeitet, fallen auch aufwändigere Nudelgenüsse ein, z. B. Lachs-Spinat-Lasagne oder Tagliatelle mit Lachs. „Meine Frau kocht gern und gut", freut er sich verschmitzt.
Zaschö-Nudeln, frische Eier, Hühner und (für den Nachtisch) Eierlikör gibt's im Hofladen, außerdem sind die Zapfs auf den Wochenmärkten in Wolfach, Gengenbach, Haslach und Offenburg vertreten. Auch in einigen Kaufläden im Kinzigtal erhält man Nudeln und Eier von Zapfs Geflügelhof. Womit wir fast wieder am Ausgangspunkt der Geschichte, dem Supermarktregal, angekommen wären. Aber nur fast, denn dazwischen liegt die Erfolgsstory von Frische, Qualität und Geschmack.

Frische ist Trumpf: Zwei Mitarbeiterinnen schlagen gekonnt die tagesfrischen Eier auf.

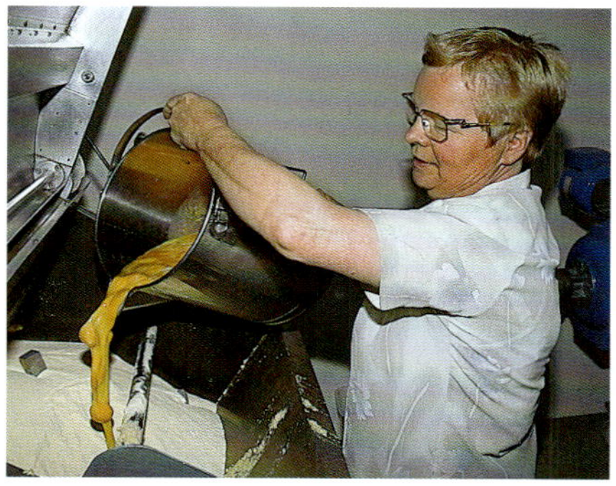

Maria Zapf mischt Eier mit dem Durum-Weizengrieß in der Teigmischmaschine.

Ein imponierendes Ungetüm: Die Walz- und Schneidemaschine.

Handarbeit für den frischen Nudelteig: Auswalzen und Aufrollen.

Sorgfältig werden die Nudeln auf den Trockensieben verteilt und aufgelockert.

Der letzte Arbeitsschritt vor dem Verkauf: das Eintüten der frischen Ware.

Josef Zapf
Geflügelhof
Im Rossgraben 1
77723 Gengenbach (Schönberg)
Tel.: (0 78 03) 28 35

Öffnungszeiten:
tagsüber an der Ladentüre klingeln

Ohlsbach: Ein richtig schönes Dorf

Es ist so richtig gemütlich in Ohlsbach, dem Städtchen mit rund 3000 Einwohnern und an seiner untersten Stelle nur 200 Meter über dem Meeresspiegel. Ein nettes Örtchen an den Hängen des Schwarzwaldes auf der einen Seite und offen ins Tal der Kinzig hinaus auf der anderen. Es ist nicht nur die Mineralquelle, die den Ort sehenswert macht, es ist der Ort in seinem Gesamteindruck. Schöne gepflegte Häuser und Gärten, nette Läden und eine bekannt gute Gastronomie. So wundert es nicht, dass an Wochenenden viele Gäste aus dem nur einen Katzensprung entfernten Offenburg in Ohlsbach die Wanderstiefel schnüren.

Ohlsbach ist ein idealer Ausgangspunkt für tolle Wanderungen. Und zu feiern verstehen die Bürger auch. Unzählige Feste das ganze Jahr über, meist von den über 20 Vereinen getragen. Und wenn im Oktober das Ohlsbacher Weinfest gefeiert wird, dann platzt das Dorf aus allen Nähten.

Nur die ehemals dicht bewaldeten Hänge trüben diese Idylle, denn der Jahrhundertsturm „Lothar“ hat Ohlsbach mit seiner ganzen Stärke heimgesucht. In vielen Holzlagern liegen die Stämme aus Ohlsbach. Und es wird lange dauern, bis dieses ehemals schöne Schwarzwald-Bild wieder so sein wird, wie es einmal war.

Ohlsbach ist eine gläubige Gemeinde, und 22 Bildstöckle legen hier Zeugnis dafür ab. Oben, Richtung Hinterohlsbach, liegt die wunderschöne Kapelle mit einem informativen Kräutergarten. Ein Spaziergang hierhin lohnt sich allemal. Wer aber noch weiter wandert, der kommt an den Bergbauernhof der Familie Benz und wird von deren Ziegen mit fröhlichem Meckern begrüßt. Wenn die Bäuerin gerade ihren Ziegenkäse gemacht hat, lässt sie den Besucher gerne kosten.

Dank des Einsatzes einiger Bürgerinnen aus Ohlsbach ist es gelungen, wieder einen Storch ansässig zu machen. Alle Kosten hierfür hat die Gemeinde übernommen – was heute auch nicht mehr selbstverständlich ist.

Wer gerne Produkte aus Ohlsbach probieren will, sollte sich vorher informieren, wann der nächste Bauern- oder Landfrauenmarkt stattfindet.

Bürgermeisteramt Ohlsbach
Hauptstraße 18
77797 Ohlsbach
Tel.: (0 78 03) 96 99-0
Fax: (0 78 03) 96 99-25
www.ohlsbach.de

Gesundheits-Oase
Die Mineralquelle in Ohlsbach

Dass der Schwarzwald reich mit Mineralquellen gesegnet ist, sieht man in jedem Getränkemarkt. Einträchtig stehen hier die Mineralwasserkästen aus den bekannten Ortschaften, die die berühmten Quellen beherbergen. Doch auch das kleine Ohlsbach hat eine wichtige Quelle. Nicht zum Trinken geeignet, da viel zu salzhaltig, hat das aus 65 Meter Tiefe stammende Wasser andere Qualitäten. Es ist ein typisches Natrium-Chlorid-Mineralwasser und so wirksam bei Atemwegserkrankungen und auch bei degenerativen und rheumatischen Erkrankungen des Bewegungsapparates.

Ein Förderverein Ohlsbacher Mineralbrunnen setzt sich für das gesunde Nass ein. Ein Stück außerhalb des Ortes, in ungefähr einer Viertelstunde zu Fuß zu erreichen, gibt es ein schön angelegtes Areal, auf dem verschiedene Wasserbecken für Arm- und Fußbäder angelegt sind. Ausführliche Tafeln erklären die Benutzung für die Gesunden wie für die Kranken.

Mittelpunkt ist die sehr schön gestaltete Gradieranlage, in der an großen Gerüsten Bergtannenreisig aufgehängt ist, über die das Solewasser rieselt (Bild unten links). Dadurch wird das Wasser fein zerstäubt, nimmt gleichzeitig die würzigen

Harze des Reisigs auf und gelangt in feinsten Tröpfchen in die Atemluft. Hier zu sitzen und tief einzuatmen (Bild unten rechts) bringt dem Kranken Linderung und Heilung und dem Gesunden Erfrischung. Im Sommer lädt der Förderverein öfter zu Grillabenden oder zu einem Fest auf das Gelände des Mineralbrunnens, denn für den Erhalt der Anlage ist man auf solche Einnahmen oder auch Spenden angewiesen. Der Mineralbrunnen steht jedermann kostenfrei zur Verfügung.

Mineralquelle Ohlsbach
geöffnet April bis Oktober
9 Uhr bis 20 Uhr

Verkehrsbüro Ohlsbach e. V.
Boerscher Platz 3, 77797 Ohlsbach

Förderverein
Ohlsbacher Mineralbrunnen e. V.
Horst Wimmer
Mühleckle 3, 77797 Ohlsbach

Bergbauernhof Benz: Ziegenkäse der besonderen Art

Etwa fünf Kilometer hinter Ohlsbach, wenn man schon lange glaubt, dass es nicht weiter geht, stößt man auf ein Gehöft, dessen Ziegen den Besucher schon von weitem fröhlich anmeckern. Es ist der Hof der Familie Benz, die sich vor einigen Jahren auf die hohe Kunst des Käsemachens spezialisiert hat. Genauer gesagt Frau Margrit, die sich autodidaktisch dieser nicht einfachen Materie genähert hat: Denn Ziegenkäse machen ist eine Kunst, wenn man Perfektion anstrebt, und Margrit Benz hat dies mit bewundernswerter Ausdauer getan. Aber es hat sich gelohnt: Was sie heute auf den Tisch bringt, ist erstens ein absoluter Hochgenuss und zweitens ein hundertprozentig biologisch hervorragendes Produkt.

Ein Ziegenparadies in Hinterohlsbach.

Doch was bewegt eine Frau, die hauptsächlich einen Hof bewirtschaftet, zwei Ferienwohnungen vermietet, Holzofenbrot bäckt, Ehemann Karl und die zwei Töchter Melanie und Katarina versorgt, also völlig ausgelastet ist, sich in Ziegenkäse zu versuchen? Es ist der unbändige Wille, der wohl nur Bäuerinnen inne ist, ständig Neues zu versuchen und ein weiteres Standbein für die Existenz des Hofes zu finden.

Kaum ein Bauernhof wurde von Jahrhundertsturm „Lothar" so betroffen wie der Benz-Hof in Hinterohlsbach. Von den 28 Hektar Wald wurden 14 Hektar zerstört. Für Karl Benz, der nebenberuflich den Wald hegt und pflegt, ein materieller Scherbenhau-

Das ist die Lieblingsziege der Familie Benz, die auf den Namen Pia hört. ... und sie hört wirklich, wenn jemand ihren Namen ruft.

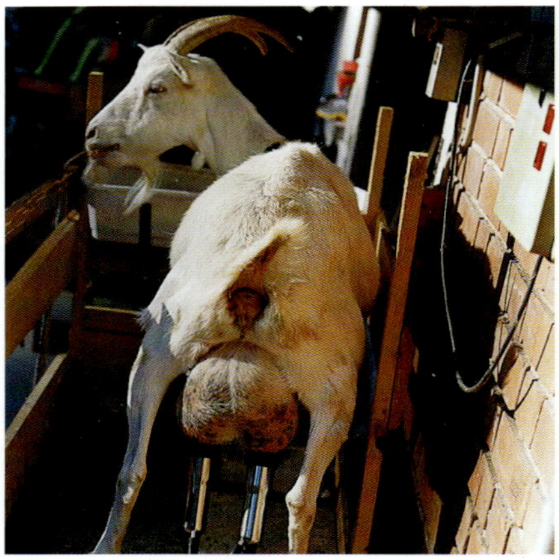

Karl Benz hat eine eigene Melkvorrichtung für die Ziegen gebaut. Sie klettern von alleine hinauf und lassen sich friedlich melken.

Im Hintergrund wartet Margrit Benz schon auf die Milch. Noch ist es nicht so weit, erst muss die Ziege „leer" sein und die Milch umgefüllt.

Einen Teil der Frischmilch braucht man für den Käse, ansonsten verwendet man die Milch vom Vortag, die auf 32 Grad Celsius erhitzt wird.

Die mit Lab versetzte Milch muss etwa 10 Stunden ruhen, dann schwimmt der Käse oben und wird mit dem Bruchmesser getrennt.

Von einem Kilo bleiben etwa 600 Gramm Käse übrig. Dann beginnt die kreative Phase von Margrit Benz: der Käse wird gewürzt.

fen: in wenigen Stunden wurde jahrelange Arbeit zerstört, nicht unerhebliche finanzielle Verluste waren die Folge.
Dieses Ereignis war ein zusätzlicher Antrieb für Frau Margrit, die Käseproduktion zu forcieren. Heute ist sie so weit, aus den täglichen 6 bis 7 Litern Milch der Ziegen einige kleine Laib Käse herzustellen, die sie ihren Gästen anbietet oder selbst verzehrt. Gerne würde sie ihren Käse auch ab Hof verkaufen, aber die oft unsinnigen Auflagen, die vom Wirtschaftskontrolldienst überwacht werden, bremsen ihren Tatendrang enorm. Ihr Ziel ist jedoch die Vermarktung ihrer Produkte. Wer wissen will, ob es so weit ist, kann gerne Margrit Benz anrufen, denn die Qualität des Käses hat ein breites Feinschmeckerpublikum verdient.
Eines jedoch lässt sie sich nicht verbieten, kommen Wanderer an ihrem Hof vorbei, hält sie immer ein Versucherle bereit, oft mit ihrem eigenen Holzofenbrot. Und wenn erst das heutige Backhaus zu einer Käserei umgebaut ist, dann steht der größeren Produktion nichts mehr im Wege.
Würzmischungen, die auf den Käse gelegt werden, sind so etwas wie die heimliche Leidenschaft von Margrit Benz. Immer und immer wieder testet sie neue Variationen, holt sich neue Ideen beim Ziegenstammtisch in Urloffen und liest Bücher über die Käseproduktion. Dabei gibt sie ihrem Käse auch Geschmacksrichtungen, die man nicht vermuten würde: mild mit Schnittlauch, Calvados mit Walnüssen, Kräutermischungen aller Art oder herzhaft-intensiv mit Knoblauch.

Auch ein echter Augenschmaus: Ziegenkäse mit Baguette und Gengenbacher Rotwein. Von links nach rechts: Ziegenkäse, natur mit Schnittlauch; natur; mit einer Calvados-Walnuss-Mischung; mit einer Kräutermischung (Schnittlauch, Pepperoni, Kümmel), Knoblauch und Oliven.

Ferienwohnungen und Ziegenpension

Ferien auf dem Bauernhof, da denkt man eher an Urlaub mit Kindern, aber weit gefehlt. Gäste mittleren Alters aus dem Ruhrgebiet suchen immer mehr die Ruhe und die Idylle, die der Bergbauernhof bietet. Es ist so ruhig am hinteren Ende von Ohlsbach, dass die ganze Familie Benz schon am Motorengeräusch eines Autos erkennt, wer kommt. Das heißt, sie wissen auch sofort, ob sich ein Fremder dem Hof nähert. Sollten sie es einmal nicht hören, dann meldet ganz bestimmt der Hofhund den Besucher.
Die Bauernhof-Idylle perfekt machen die weiteren Tiere des Hofes: Jede Menge Katzen, Enten, Hühner und zwei Mutterkühe wohnen dort. Und als wäre das nicht genug, geben befreundete Ziegenzüchter, die Urlaub machen, ihre Ziegen bei Karl und Margrit Benz in Pension. Platz ist genug, 5,2 Hektar Weideland reichen für viele Ziegen, die im Nebeneffekt auch noch Landschaftsschutz betreiben, denn sie fressen so, dass Hecken und Gestrüpp niedrig gehalten werden.

Tipp

Die kaum befahrene Straße nach Hinterohlsbach ist ideal für eine kleine Wanderung. Vorbei an der Kapelle mit einem sehr interessanten Kräutergarten erreichen Sie den Bergbauernhof Benz. Die Bäuerin gibt Ihnen bestimmt auch ein erfrischendes Getränk, denn einen Gasthof gibt es auf diesem Weg leider nicht.

Bergbauernhof Benz
Hinterohlsbach 9
77797 Ohlsbach
Tel.: (07803) 7692
Fax: (07803) 929171
www.bergbauernhof-benz.de

Nachwort und Dank an die Kinzigtäler

Unsere Reise durch das Kinzigtal und seine Nebentäler ist zu Ende. Wir hoffen, dass wir Ihnen, liebe Leserinnen und Leser, ein breites Spektrum und interessante Ansichten über die Region vorstellen konnten.
Natürlich kann so ein Buch nur einen sehr subjektiven Blick gewähren, und natürlich kann es nur einen kleinen Ausschnitt dessen zeigen, was im Kinzigtal erzählenswert und zeigenswert ist. Aber dieses Buch soll Sie eigentlich auch neugierig machen auf die Region und die Menschen dort und Sie dazu verleiten, sich selber auf Entdeckungsreise zu begeben.
Auch uns fiel die Auswahl der Geschichten nicht immer leicht, und manches mussten wir weglassen, obwohl wir gerne eine Geschichte darüber in dieses Buch aufgenommen hätten. Und es war nicht nur das Aussortieren wegen des beschränkten Platzes, weshalb die eine oder andere Geschichte fehlt und warum nun wohl auch manch Leser sein ganz persönliches „Kinzigtal-Highlight“ vermissen wird.
Bewusst weggelassen haben wir den „geschichtlichen Hintergrund“. Dieses Buch soll das Kinzigtal so darstellen, wie es heute erlebt werden kann. Der Werdegang dieser Region, die Historie der einzelnen Ortschaften, ist für den interessierten Leser längst in Chroniken und geschichtlichen Abhandlungen beschrieben. Diese sind in den Buchhandlungen erhältlich, und die Gemeindeverwaltungen oder Tourismusbüros helfen gern bei der Suche nach solchen Publikationen.
Leider meinte es während unserer Recherchen der Wettergott nicht immer gut mit uns, einige Veranstaltungen sind im wahrsten Sinne des Wortes ins Wasser gefallen bzw. konnte man beim besten Willen keine angemessenen Fotos machen. Im Herbst wurden viele Feste kurzfristig abgesagt, weil nach den Anschlägen in den USA den Menschen nicht nach feiern zumute war. So fiel das große Trachtentreffen in Wolfach diesen Ereignissen zum Opfer, und damit auch unser Fototermin für den Überblick über die vielen traditionellen Trachten des Kinzigtales.

Dank an viele Kinzigtäler
Wir haben viele Monate an diesem Buch gearbeitet, sind ungezählte Male im Kinzigtal unterwegs gewesen und haben dabei unzählige Menschen kennen gelernt. Die Unterstützung und Hilfsbereitschaft all dieser Menschen, die Offenheit, mit der sie sich auf unser Projekt eingelassen haben, haben dieses Buch erst möglich gemacht. All diesen Menschen gilt unser herzlichster Dank, Dank für die viele Zeit, die sie uns geopfert haben, für die Geduld, mit der sie unsere Fragen beantwortet haben und auf unsere Fototermin-Wünsche eingegangen sind.

Motorsportveteran: Hermann Armbruster

Alt-Gengenbacherin: Doris Feger

Engagierter Biberacher: Franz Rieger

Stellvertretend für alle diese freundlichen Kinzigtälerinnen und Kinzigtäler wollen wir uns bei einigen wenigen ganz speziell bedanken.
So die heute in Schramberg lebende

Chef der „Pfeffermühle“: Klaus Armbruster

Kinzigtalkenner: Alois Krafczyk

Gengenbacherin Doris Feger, die viele Kontakte für uns herstellte und uns manche Tür öffnete. Durch sie lernten wir Klaus Armbruster von der Gengenbacher „Pfeffermühle“ kennen, dem wir auch wieder etliche Kontakte verdanken. Ihm sei hier auch stellvertretend für alle Gastwirte gedankt, die uns zum Teil ihre Ruhetage opferten, um für uns zu kochen.

Für die vielen ehrenamtlichen Vereinsmitglieder, die bei Veranstaltungen und Ähnlichem Zeit für uns hatten, seien Hermann Armbruster und Franz Rieger vom MSC Berghaupten genannt, die uns in die Welt des Grasbahnrennens mitnahmen.
Auch Privatleute mussten Langmut für uns aufbringen. Gertrud Rauer hat den ganzen Arbeitsablauf, wie sie ihr hervorragendes Holzofenbrot backt, für uns „fotogerecht“ umgestellt, und Uwe

Lehmann von der Gänsezucht Finkenzeller vermittelte uns ein großes Wissen darüber, wie Gänse leben und was sie brauchen, um glücklich zu leben.
Manche haben uns fast ein ganzes Jahr lang immer wieder freundlich aufgenommen, damit unsere Geschichten vollständig wurden, so die Familie Schätzle vom gleichnamigen Obsthof in Schnellingen und die Familie Huber vom Weingut in Reichenbach.
Last but not least sei Alois Krafczyk aus Haslach gedankt, der ungezählte Fragen von uns über sich ergehen ließ und sich am Ende sogar bereitfand, das Vorwort für dieses Buch zu schreiben.

Dank an die Mitarbeiter
Sehr viele Menschen arbeiten an der Realisation eines solchen Buchprojektes mit. Ohne sie käme kein Buch auf den Markt, und doch treten viele von ihnen in der Öffentlichkeit nie in Erscheinung. Vom Verleger bis zum Buchbinder muss ein Rädchen ins andere greifen. Uns ist es ein großes Anliegen, allen, die an diesem Buch mitgearbeitet haben, zu danken, und hier einige der technischen Mitarbeiter auch im Bild vorzustellen.
Unser ganz großer Dank gebührt natürlich dem Verlegerpaar Jutta und Günther Ruf, ohne die dieses Buch nie über das Stadium des Gedankenspiels hinausgekommen wäre. Sie hatten den Mut, sich mit uns auf dieses Großprojekt einzulassen, was ja auch mit enormen finanziellen Vorleistungen verbunden ist. Für dieses Vertrauen und diesen Mut möchten wir unseren herzlichen Dank aussprechen.

Frauke Napierala und Horst Schöck

Die Verlegerin: Jutta Ruf

Der Verleger: Günther Ruf

Die Autorin: Frauke Napierala

Der Autor: Horst Schöck

Der Fotograf: Rudolf (Rudi) Plenzig

Am Scanner: Bianca Hirt

Der Setzer: Hans Schranzhofer

Korrektur: Claudia Eberhardt

Technische Leitung: Michael Ruf

Der Drucker: Oliver Hofer

Die gute Seele: Heike Mauch

Register

Schwarzwald-Hotels
Durbacher
Kochberg
Spätburgunder
Rotwein
Trocken
Edition